U0611005

「辅国良臣」

伐纣功臣

姜子牙

华惠◎主编

辽宁人民出版社

图书在版编目（CIP）数据

伐纣功臣——姜子牙 / 华惠主编. —沈阳 : 辽宁人民出版社, 2017.4

（辅国良臣）

ISBN 978-7-205-08938-2

Ⅰ. ①伐… Ⅱ. ①华… Ⅲ. ①吕尚-传记 Ⅳ. ①K827=24

中国版本图书馆 CIP 数据核字（2017）第 017830 号

出版发行：辽宁人民出版社

地址：沈阳市和平区十一纬路 25 号　邮编：110003

电话：024-23284321（邮　购）　024-23284324（发行部）

传真：024-23284191（发行部）　024-23284304（办公室）

http://www.lnpph.com.cn

印　　刷：北京晨旭印刷厂

幅面尺寸：710 mm × 1000mm

印　　张：16

字　　数：230 千字

印　　数：1 ~ 6000

出版时间：2017 年 4 月第 1 版

印刷时间：2017 年 4 月第 1 次印刷

责任编辑：陈　昊

封面设计：侯　泰

版式设计：桃　子

责任校对：解炎武

书　　号：ISBN 978-7-205-08938-2

定　　价：43.80 元

前言

姜太公，姓姜，名尚，字子牙，号飞熊。姜尚生于商康丁帝八年农历八月初三，薨于周康王六年农历十月二十日，享年139岁，归葬于今卫辉市太公泉镇吕村。姜太公在辅佐周文王、周武王治国安邦，灭商建周活动中，立下了头等功劳，周武王灭商后，大封功臣谋士，以首功封姜太公于齐，成为中国历史上著名的谋臣贤相。

姜太公是中国历史上一位伟大的政治家、思想家、军事家和韬略家，他还有很多“头衔”：周朝军师、齐国始祖、百家宗师、千古武圣、韬略鼻祖，等等。

姜太公的思想对后世产生了极其深远的影响，像齐国的管仲和田穰苴，前者佐齐桓公成就了春秋五霸之首，后者“文能服众，武能威敌”，“大兵无创”而退燕、晋之师，都是在继承和发扬“太公遗法”的基础上取得成功的。

战国谋略家苏秦，曾挂六国相印拒强秦，使秦国15年不敢窥视山东，他也是因为学了姜太公的谋略才有如此成就的。

从秦汉至明清，被尊为“三大军师”的张良、诸葛亮、刘伯温，也无一例外地受了太公谋略的影响。

北宋神宗元丰年间，《六韬》被列为《武经七书》之一，为武学必读之书。16世纪传入日本，18世纪传入欧洲，现已翻译成日、法、朝、越、英、俄等多种文字。

今天，姜太公的思想依然深刻地影响着我们的现实生活，而且在国外影响也非常大。西方的一些论著把他称为“东方谋略始祖”，有的还把他列为“影响世界历史进程的25位谋略家”之首，由此可见，他的谋圣地位得到了人们的一致尊崇。

姜太公的一生，在政治、军事、经济等方面都显示出高超的谋略，被称为“谋圣”，尊为“韬略鼻祖，百代宗师”。姜太公还是“有志不在年高”，也就是老年奋斗的楷模。他还是民间驱邪扶正的偶像，是民俗正义的化身，被历代百姓称为“神祖”，所以，姜太公受到世代人们的崇拜与尊敬。久而久之，人们还将他神化了，民间有“姜太公在此诸神退位”“姜太公在此百事大吉”之说法，并且，这种习俗沿袭至今。

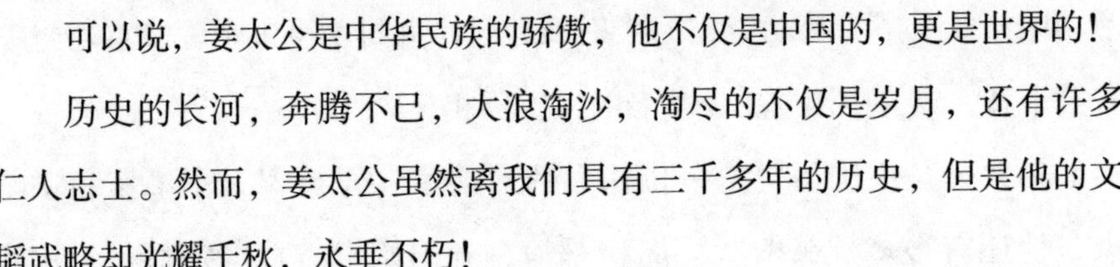

可以说，姜太公是中华民族的骄傲，他不仅是中国的，更是世界的！

历史的长河，奔腾不已，大浪淘沙，淘尽的不仅是岁月，还有许多仁人志士。然而，姜太公虽然离我们具有三千多年的历史，但是他的文韬武略却光耀千秋，永垂不朽！

第一章
商纣暴虐失民心
静观时势待出山

殷商末年，殷纣王惨无人道，拒谏杀忠，草菅人命，引起世人的极大愤慨，因此，推翻纣王暴政是人心所向。在这个时候，姜太公正是人生坎坷的时候，他静观时势，等候明主，以待时机。后来，姜太公听说周文王姬昌礼贤下士，求贤若渴，于是，他就隐居在渭水河边，也就是当时的西岐，终日佯装在渭河垂钓，以期文王来访。后来，终于等来了文王姬昌，姬昌把他带回国都，封为“太师”。文王死后，周武王姬发继位。姜太公见灭商纣的时机一到，就与八百诸侯率领西夷联军，一举推翻了统治天下554年的殷商王朝，功劳显赫，彪炳青史。从此以后，中国社会由奴隶社会开始进入封建社会。

第二章

周师齐祖安天下 治国有道匡社稷

姜太公在辅佐周文王、周武王治国安邦、灭商建周活动中立下了头等功劳，周武王灭商后，大封功臣谋士，以首功封姜太公于齐。作为周朝的“太师”，齐国的始祖，姜太公对时局产生了重大而深远的影响。姜太公主政齐地后，治理有方，恩威并施，发展生产，壮大国力，兼并东方35国，并击退莱夷侵扰。正是因为齐国的强大，巩固了西周政权对东方的统治，并对后来的东周列国历史产生了重大的影响。

第三章

韬略鼻祖美名传 千古武圣威天下

姜太公被后人尊崇为韬略鼻祖，是因为他的谋略思想涉及了政治、经济、军事、文化、外交等诸多方面，并且自成体系。在中国封建社会的三千多年里，姜太公的谋略思想始终影响着王朝更替、历史演进的进程，其韬略鼻祖地位，也在不断地加强。因此说，姜太公作为中国韬略鼻祖、千古武圣，其文韬武略、经国治军，理民化俗之论、之策、之术，都为后人奠定了良好的基础，并为华夏民族所称颂、效法。

第四章 太公文韬泽后世 百代宗师济苍生

太公文韬主要是指姜太公的治国方略中的一些基本原理、原则，主要内容、政策等。而且，姜太公在文韬方面对后世的影响是非常巨大的。姜太公在文韬方面之所以具有永恒的价值与值得借鉴的现代价值，是因为姜太公的治国方略内容丰富，思想全面，政策合理，措施得当，这是几千年来的历史事实证明了的。可以说，太公文韬泽后世，百代宗师济苍生。

第五章 太公武略称于世 兵家师法传千古

太公武略是姜太公的用兵谋略中的一些基本原理、原则，主要内容，作战方法。其实，太公在军事韬略方面对中国兵略的历史贡献、思想影响，以及后世兵家对其继承发展、效法应用等方面都有非常深远的影响。因为他的军事谋略不仅在历史上对军事家运筹战争、指挥作战、建设军队起着积极的指导、规范作用，而且对现代的治军用兵者依然具有重要的借鉴与参考意义。

第六章

太公德业后世颂
丰功伟绩垂青史

姜太公能够“顺天应人”，审时度势，倾商立周，兴周盛齐，建立永垂青史的丰功伟绩，不仅造福于当时，而且能够泽及后世，为后世所称颂。这正是因为他的治国方略在道德功业方面为后世为政者树立了榜样，为后世带来了恩泽。所以，他才能被后人称为“韬略鼻祖”“千古武圣”“百代宗师”等。本章将从姜太公的传奇经历与他的丰功伟绩方面出发，以及历史典籍、历代诸子百家、文人墨客、兵家武士，在史料典籍、诗词文论、兵书战策等，择其要者，以此来评赞太公，进一步揭示太公的思想影响和现代价值。

第七章

著作概论放光芒
光辉思想耀千秋

姜太公作为周朝的军师，齐国的始祖，千古武圣，兵家鼻祖，其文韬武略，文治武功，德业风流，为后人所称颂。但是，对于姜太公的著作，后人各有所持，各有所论，歧义较多，甚至是真假难辨。世人尤其争论不一的著作，则是兵书《六韬》。世传《六韬》一书，是通过周文王、周武王与太公对话的形式，论述治国、治军和指导战争的理论、原则，是一部具有重要价值的兵书，对后世产生了重大影响，也可以说，这部著作是一部综合性的百科全书式的杰作。自古以来，后世对《六韬》一书的作者及其成书年代产生歧义，众说纷纭，莫衷一是。但是，本章的主旨并不在考据辨伪，因此对此不作深究，仅将姜尚的相关文献展示出来。

第一章

商纣暴虐失民心
静观时势待出山

殷商末年，殷纣王惨无人道，拒谏杀忠，草菅人命，引起世人的极大愤慨，因此，推翻纣王暴政是人心所向。在这个时候，姜太公正是人生坎坷的时候，他静观时势，等候明主，以待时机。后来，姜太公听说周文王姬昌礼贤下士，求贤若渴，于是，他就隐居在渭水河边，也就是当时的西岐，终日佯装在渭河垂钓，以期文王来访。后来，终于等来了文王姬昌，姬昌把他带回国都，封为“太师”。文王死后，周武王姬发继位。姜太公见灭商纣的时机一到，就与八百诸侯率领西夷联军，一举推翻了统治天下554年的殷商王朝，功劳显赫，彪炳青史。从此以后，中国社会由奴隶社会开始进入封建社会。

商纣暴虐，大失民心

商朝是中国历史上的第二个奴隶制朝代，约从公元前1600年至公元前1046年，经历了三个大的阶段。第一阶段是“先商”，第二阶段是“早商”，第三阶段是“晚商”。前后相传17世31王。商朝处于奴隶制鼎盛时期，奴隶主贵族是统治阶级，形成了庞大的官僚统治机构和军队。奴隶主对奴隶既可以买卖，也可以随意杀死，奴隶主死后还要让奴隶殉葬。

商族是一个历史悠久的部落，在夏朝末期逐渐强盛起来。商的始祖名契，据传说契之母简狄，一作简易、简迈，她偶出行浴，吞燕卵而生契。契在尧、舜时代做司徒，掌握教化百姓之权。自契至汤14代，迁居8次，大多在山东、河南境内的黄河两岸。公元前 14世纪左右，商王盘庚把都城迁到殷（今河南安阳市西），才稳定下来。历史上把此后的商朝，称为“殷商”，从此以后，商的国势日益强大。

商朝建立于汤的时代，他与有莘氏通婚，重用媵原伊尹为相，在伊尹的辅佐下，更强大了。商汤以亳（今河南商丘）为前进据点，积极准备灭夏。他采取逐步分化、削弱和孤立夏桀势力的策略，如利用有缗民（今山东金乡东北）公开反对夏桀，借葛伯仇饷为由，吊民伐罪，发动了一系列的战争。

相传夏桀非常残暴，百姓已不堪忍受。与此同时，兴起于东方的商族则有较大发展，并逐渐强盛起来，在商汤的领导下已积蓄了灭夏的实力。汤，又名成汤或成唐，甲骨文称他为大乙。商族经过长期的发展，力量逐渐壮大起来，至汤时，迁居于亳（今河南商丘），进行灭夏的准备。终于，成汤于公元前1600年左右联合各方国和部落征伐夏桀。出发前，汤发表誓师词，即今天保存在《尚书》里的《汤誓》。

其实，汤的征伐战争，是从葛国开始，出征11次，而天下无敌。向东方出征作战，西方的人便不高兴；向南方出征作战，北方的人便不高兴。民众都盼望他早日征伐，这如同大旱之年盼望雨水一样。征战之时，做买卖的商人不曾停止，锄地的农夫不曾躲避，杀掉那些暴虐的君主，安慰爱护受苦的民众，这和及时雨一样，万民非常高兴。由于商汤解救万民于水火之中，故受到人民的拥护，而联合了各个部落同盟，最终灭掉了夏朝。

由于夏朝统治者，尤其是以夏桀为代表的奴隶主贵族，骄奢淫逸，挥霍无度，作恶多端，人民反对，诸侯叛离，大失民心，人民宁肯与其同归于尽，也不肯支持暴君夏桀，所以孟子说："《汤誓》曰：'时日言表，予及女偕亡。'民欲与之偕亡，虽有台池鸟兽，岂能独乐哉？"（《孟子·梁惠王上》）夏桀曾说自己会像太阳那样长久，太阳什么时候消灭，他才什么时候死亡，"而诸侯多畔夏桀不务德而武伤百姓，百姓弗堪"（《史记·夏本纪》）。《汤誓》中记载着老百姓的怨歌："太阳啊！你什么时候消失呢？我宁肯与你一道死亡！"孟子指出："一个国家的帝王，竟使广大民众怨恨到不想再活下去而愿意与其一起灭亡的程度，他即使有高台深池，奇禽异兽，难道还能够单独享乐吗？"当然不能。百姓的唯一出路是起来反抗，与其共亡。相反，"汤修德，诸侯皆归汤，汤遂率兵以伐夏桀。桀走鸣条，遂放而死"（《史记·夏本纪》）。

夏灭后，商汤在三千诸侯的拥戴下登上天子之位，宣告商王朝的成立。商汤吸取了夏桀的教训，以身作则，勤政爱民，受到各地诸侯的欢迎。商朝的建立，大大促进了生产力的发展，使古代文明的进步获得转机，使中国成为文明古国之一。

商朝由于宰相伊尹综理国事，连保汤、外丙、中壬三朝，经过太甲而巩固起来，社会经济进一步发展，物质财富日益增加。商朝的高度文明是由广大奴隶的辛勤劳动创造出来的，是以奴隶主对奴隶的残酷剥削而积累起来的。奴隶主贵族们不仅生前过着奢侈豪华的寄生生活，而且死后还要把全部享乐生活带到坟墓中去，不仅有大量的贵重物品、各种他们喜爱的动物陪葬，而且还让侍候他们的臣妾、保卫他们的武士和大量的奴隶陪葬。每当祭祀神灵和庆祝胜利时，都要杀掉一批奴隶或战俘作为人牲或人祭，少则几十，多则上千，残暴至极。商朝奴隶主的暴虐和残酷，理所当然地要遭到奴隶们的反抗和斗争，这些反抗和斗争沉重地打击了商朝奴隶主贵族的统治。

到了商朝末年，以商纣王为首的奴隶主统治集团更加暴虐淫侈。据《史记·殷本纪》载，纣王“好酒淫乐，嬖于妇人。爱妲己，妲己之言是从。于是使师涓作新淫声，北里之舞，靡靡之乐。原赋税以实鹿台之钱，而盈钜桥之粟。益收狗马奇物，充仞宫室。益广沙丘苑台，多取野兽蜚鸟置其中，慢于鬼神。大取（聚）乐戏于沙丘，以酒为池，县（悬）肉为林，使男女裸相逐其间，为长夜之饮”。商纣王唯妲己之言是从，并和宠妃们与奴隶主贵族们群居在琼宫瑶台，日日夜夜，听着颓靡的音乐，吃着美味佳肴，喝着卮酒，尽情享乐，过着奢侈腐朽的生活。他不理朝政，拒绝一切谏诤之言，比干因为对他提出劝告，而被他“剖腹观心”。最终他众叛亲离，成为孤家寡人，独夫民贼。

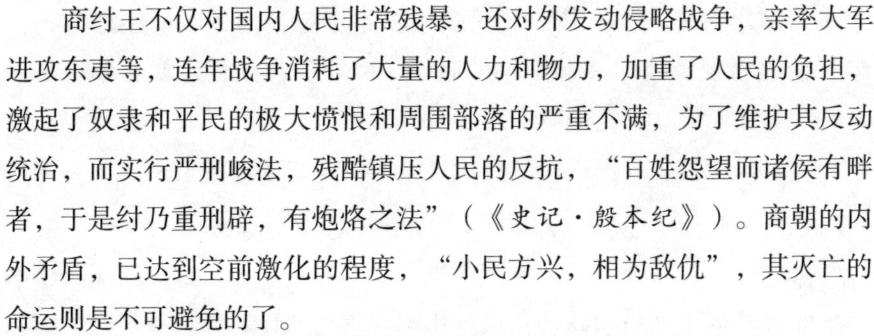

商纣王不仅对国内人民非常残暴，还对外发动侵略战争，亲率大军进攻东夷等，连年战争消耗了大量的人力和物力，加重了人民的负担，激起了奴隶和平民的极大愤恨和周围部落的严重不满，为了维护其反动统治，而实行严刑峻法，残酷镇压人民的反抗，“百姓怨望而诸侯有畔者，于是纣乃重刑辟，有炮烙之法”（《史记·殷本纪》）。商朝的内外矛盾，已达到空前激化的程度，“小民方兴，相为敌仇”，其灭亡的命运则是不可避免的了。

正当商朝内外交困，穷途末路之时，商的属国周在西方兴起。周在西伯侯姬昌（周文王）的率领下，对周围部族发动了一系列的战争，尤其是灭崇以后，周的势力日益强大。文王为巩固已有的胜利，而继续向东发展。

周的发展壮大，引起了商朝统治者的警觉，并与商朝产生了矛盾，于是“纣囚西伯羑里。西伯之臣闳夭之徒，求美女奇物善马以献纣，纣乃赦西伯。西伯出而献洛西之地，以请除炮烙之刑。纣乃许之，赐弓矢斧钺，使得

征伐，为西伯。而用费仲为政。费仲善谀，好利，殷人弗亲。纣又用恶来，恶来善毁谗，诸侯以此益疏。西伯归，乃阴修德行善，诸侯多叛纣而往归西伯。西伯滋大，纣由是稍失权重”（《史记·殷本纪》）。文王制定了一系列的政治、经济、法律制度及措施，而使周的势力不断发展壮大。

与此同时，纣王却更加腐朽、反动，尽听奸臣谗媚之言、阿谀之语，不听忠臣治国之言、忠谏之语，依然胡作非为，淫乱不止。

文王晚年，周的疆域更加广大，国力更加强盛。相反，商朝政治腐朽，各种矛盾激化。周与商两大政治势力之间的矛盾不可调和，其决战时刻日趋迫近。文王认为，灭商条件趋于成熟，并嘱咐其子武王积极准备完成灭商大业，取而代之。

文王死后，武王姬发遵父命，继续积聚力量，准备伐纣灭商。武王为了壮大军力，扩大军威，又联合了受纣王欺压的庸、蜀、羌、雾、微、鲈、濮等方圆部落，而组成联军，对商朝发动了总攻。周师出了潼关，渡过孟津，向商都朝歌进发。一路上没有遇到商军的重大抵抗，就进抵距商都七十里地的牧野，陈师牧野，准备大战。

直到周军兵临城下之时，纣王才从轻歌曼舞中清醒过来，停止了歌舞欢乐，讨论应对之策，想把远在东南作战的商军调来牧野抵抗周军，但为时已晚。商朝统治者在仓皇之中，只好把大批奴隶和从东南捉来的战俘武装起来，开赴牧野前线抗拒周军，“帝纣闻武王来，亦发兵七十万人距武王”（《史记·周本纪》）。商、周两军在牧野展开了激战，“武王使师尚父与百夫致师，以大卒驰帝纣师。纣师虽众，皆无战之心，心欲武王亟入。纣师皆倒兵从战，以开武王。武王驰之，纣兵皆崩畔纣”（《史记·周本纪》）。这是说，武王授师尚父姜太公为军师、元帅以全权指挥周军与敌交战，太公与众将士怀着必胜的信心、意志，指挥“戎车三百五十乘，士卒二万六千二百五十人，有虎贲三千人”（唐张守节《史记正义·周本纪》）。周军不论是“四万五千人”也好，还是“二万六千二百五十人”也好，对商军 “七十万人”来说，都是极少数。商、周两军，经过激战，商军纷纷倒戈，发动起义，无心再战，背叛纣王，欢迎武王，周军在太公指挥下顺利进战朝歌。“甲子日，纣兵败。纣走，人登鹿台，衣其宝玉衣，赴火而死。周武王遂斩纣头，县之[大]白旗。杀妲己。释箕子之囚，封比干之墓，表商容之闾。……殷民大悦。于是周武王为天子。”（《史记·殷本纪》）商朝灭亡，周朝建立。

追根溯源，炎帝远裔

姜尚，姜姓，吕氏，名望，字子牙，号飞熊，商朝末年人。因炎帝生于姜水（陕西岐山西），以水命姓为姜。炎帝裔孙伯夷（姜太公先祖），因辅佐禹治水有功，被封于吕（河南南阳）建立吕国，复赐以主姓姜，从其封地为氏，故曰吕尚。姜太公为姜姓诸氏之承前启后的枢纽。追根溯源，姜太公为炎帝神农氏54世孙，伯夷36世孙。为周文王、武王、成王、康王四代太师，封齐王，妻名申姜，共有13子（丁、壬、年、奇、枋、绍、骆、铭、青、易、尚、其、佐），女邑姜封周武王妃、皇后。公元前1211年，殷朝庚丁八年己酉年出生于东海上（《史记·齐太公世家》）；有记载说他卒于公元前1072年戊辰年，周康王六年，岁寿139岁。

其实，关于姜太公的族姓、称谓、世系、出生地等，史书上虽然有记载，可是，诸家各有所论，说法也不同。本文仅择其要者，略作论述。

关于姜太公的族姓。姜太公是炎帝的后裔，炎帝是中华民族的始祖。据各种史籍记载：姜炎族在远古时代就在现在陕西宝鸡渭水流域的姜水之畔生息繁衍，在距今五千多年的原始社会，便诞生了一位伟大的历史人物——炎帝。春秋末年的左丘明在其所编著的《国语》中，多次提到炎帝之事。说以前少典娶有蟜氏为妻，生了黄帝、炎帝。黄帝靠姬水长大而成功，炎帝靠姜水长大而成功。长大成功以后，他们的德行不同，所以黄帝姓姬，炎帝姓姜，于是二帝之间发生了战争，这是因为德行不同的缘故。姓不同德行就不同，德行不同就不同类，不同类就可以相互接近，男女可以成婚，为的是生儿育女。

姓相同德行就相同，德行相同就想法相同，想法相同就志向相同。志向相同时在婚配上要避开，男女不可成婚，是怕亵渎了恭敬之情。亵渎了就会产生怨恨，有了怨恨就会产生灾祸，灾祸产生就会毁灭同姓，所以同姓不同婚，是害怕产生灾祸。所以说德行不同可以合二姓之好而成婚，德行相同就会是恩义的结合，恩义相合则会生利，有利则可以使同姓富厚。这样姓和利便相互连续发展，永固不散，保持稳固，守住自己的土地和居住的处所。

也就是说，炎帝、黄帝为同父母——少典与有蟜氏所生，由于其生长和成功的地域不同，而产生了不同的德行，所以取不同的姓氏。炎帝以姜水成，故为姜姓；黄帝以姬水成，故为姬姓。炎、黄二帝成为中华民族的始祖。

关于“炎帝以姜水成”，而“为姜姓之祖”，其他典籍，亦多有记载。如《帝王世纪》云：“炎帝神农氏，姜姓也。母蟜氏之女，名女登，为少典正妃，游于华山之阳，有神龙首感女登于常羊，生炎帝，人身中首，长于姜水，因以氏焉。”《说文解字》云：“姜，神农居姜水，以为姓。”《世本·氏姓篇》云：“姜氏，炎帝生于姜水因氏焉。”种种文献记载表明：炎帝生长、居住于姜水，故姓姜而为姜姓之祖。

关于“姜水”的地域，历来有两种说法：一为郦道元《水经注》条下引《淮南子》云：“岐水出石桥山，东南流。……二川并逝，俱为一水，南与横水合，自下通得岐水之目，俗谓之小横水，抑或名之米流川。迳岐山西，又屈经周城南，城在岐山之阳而近西，所谓居岐之阳也。非直因山致名，亦指水取称矣。又历周原下，此则中水乡成周聚，故曰有周也。……水北，即岐山矣。昔秦盗食穆公马处也。岐水又东经姜氏城南为姜水。”此“姜水”在今陕西岐山县、扶风县的交界处，即为“渭水”的一条支流。另一种说法，“姜水”指今宝鸡市“渭水”南面的“清姜河”。

对于“姜水”的这种说法，虽有分歧，但各有所据。不管怎么说，不论是渭水北的一条支流，还是渭水南的一条支流，都肯定姜水是今宝鸡地域内渭水的一条支流。我们对此不必过于拘泥，不可僵化看死，从古至今，沧海桑田，地理变化，地名变迁，故很难确定。一个可以确定而无歧义的事实是：炎帝作为姜姓始祖，“以姜水成”，而在这个广大地域生活、繁衍、壮大，以至于成为中华民族的始祖之一。

关于姜太公的世系，由于史料不详，实为难确。《帝王世纪》说：“（炎帝）纳奔水氏女，日听訞，生帝临魁，次帝承，次帝明，次帝直，次帝来，次帝哀，次帝榆罔，凡八世，合五百三十年。”此为炎帝之帝系。八世为五百三十年，其中显然有遗缺。《山海经·海内经》说：“炎帝之妻，赤水之子听訞生炎居，炎居生节并，节并生戏器，戏器生祝融，祝融降处于江水，生共工，共工生术器，术器首方颠，是复土穰，以处江水。共工生后土，后土生噎鸣。”

《国语》书中提到有关“姜姓”的两个重要人物，一个是“共工”，贾逵注云：“共工，诸侯，炎帝之后，姜姓也。”共工是炎帝孙中很有影响的一位重要人物，由于他治水不当，而与鲧犯了同样错误，故历史典籍、传说中的共工，多与水灾有关。再一个是“四岳”，因四岳帮助大禹治水有功，帝赐姜姓。韦昭注云：“炎帝世衰，其后变易，四岳有德，帝赐之祖姓，使绍炎帝之后。”因姜姓后裔伯夷曾居于太岳（今宝鸡吴山），为姜氏部族祭祀太岳山神的大祭司，所以伯夷又被称为太岳。他的后代又分为四支，因此又有四岳之名。据《正本》载：“祝融曾孙生伯夷，封于吕，为舜四岳。”四岳之后，先秦时期，有申、吕、许、齐诸国。而在武王举兵伐纣的战争中，申、吕、许等姜姓部落都立下大功，其中尤以吕尚——姜太公为最，因他在灭商伐纣中立了首功，而被封到齐国，成为齐国始祖。

由上述可知，姜太公是炎帝神农氏的远裔，是伯夷的后裔。舜、禹之世，洪水泛滥，伯夷帮助大禹治水有功，被舜举为四岳，封于吕。姜姓一支从伯夷起为吕氏，故姜太公为吕尚、吕望。因此，司马迁在《史记·齐太公世家》中说：太公望吕尚者，东海上人。其先祖尝为四岳，佐禹平水土甚有功。虞夏之际封于吕，或封于申，姓姜氏。夏商之时，申、吕或封枝庶子孙，或为庶人，尚其后苗裔也。本姓姜氏，从其封姓，故曰吕尚。

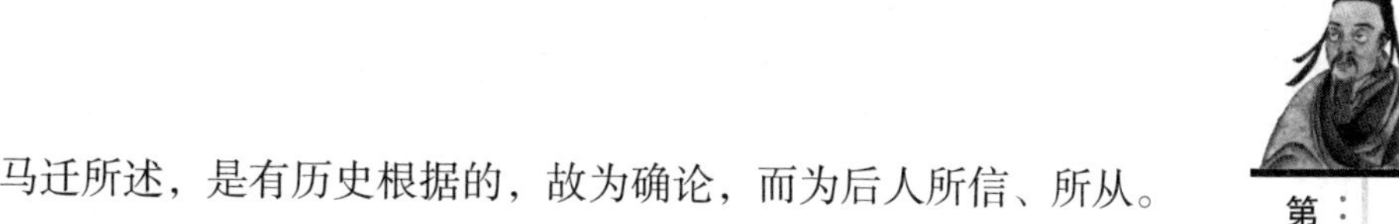

司马迁所述，是有历史根据的，故为确论，而为后人所信、所从。

关于姜太公的称谓，史籍所载，诸家所述，各有不同。《尚书》称“吕尚”“师尚父”，《逸周书》称“尚父”，《诗经》称“太公”“师尚父”，《孙子》称“吕牙”，《左传》《国语》《礼记》《墨子》《孟子》《庄子》《荀子》《鬼谷子》等称“吕望”“吕尚”“太公”，《战国策》《尉缭子》《吕氏春秋》《淮南子》等称“太公望”。较为详细的要算《史记·齐太公世家》（见前面援引者）的记载。汉代以后的文献所记，诸家所称，不外上述诸种称谓。

综合观之，姜太公姓姜，名尚，字牙，尊称子牙，后文王得之渭水之滨，云：“自吾先君太公曰：‘当有圣人适周，周以兴。’子真是邪！吾太公望子久矣。故号之曰‘太公望。’”（《史记·齐太公世家》）武王尊之号为师尚父，这便是姜太公的称谓缘由。

关于姜太公的出生地，由于历史文献记载不一、不清，加之有些神秘色彩，故很难做出确论，只能根据有关历史文献所记，做初步分析确认：主要有河内说和东海说。

关于河内说。《吕氏春秋·首时》篇说：“太公望，河内人也。”历史上第一个给太公故里定位的是东汉史学家高诱（涿县人），他在注释《吕氏春秋·首时》和《淮南子·汜论》时，两度把姜太公注释为“河内汲人”。《史记·齐太公世家》：“太公望吕沿者，东海上人。”西晋汲郡出土的《竹书纪年》专载姜太公为“魏之汲邑人”。《水经注》载：“（汲县）城西北有石夹水飞湍峻急，人亦谓之磻溪，言太公尝钓于此也。城东门一北侧有太公庙，庙前有碑云：太公望者，河内汲人也。县民故会稽太守杜宣白令崔瑗曰：太公本生于汲，旧居犹存，君与高，国同宗，载在《经》《传》。城北三十里有太公泉，泉上又有太公庙，庙侧高林秀木，翘楚竞茂，相传云：太公故居。”

宋代著名学者罗泌在所著《路史·发挥》中说：“太公望河内汲人也。”清朝王昶在《金石萃编》载：“去汲县治北二十五里，崇岗巉岩，林木丛茂，有泉渝然，其下距泉复二里许，相传吕太公墓在此，故名其泉为‘太公泉’，士人即其建庙以祀焉……”清乾隆二十年《汲县志》载：“太公泉在县治西北二十五里，流十余里，伏流入地。太公泉东，太公之故居也。”

关于东海说。《孟子·离娄上》说：“伯夷辟纣，居北海之滨……太公辟纣，居东海之滨……二老者，天下之大老也。”《吕氏春秋·首时》篇说：“太公望，东夷之士也。”《后汉书·郡国三》注引《博物记》云：“太公吕望所出，今有东吕乡。又钓于棘津，其浦今存。”《水经注·汶水》云：“（汶水）又北过淳于县西，故夏后氏之斟灌国也。周武王以封淳于公，号曰淳于国。”《水经注·齐乘》云：“莒州东百六十里有东吕乡，棘津在琅邪海曲，太公望所出。”

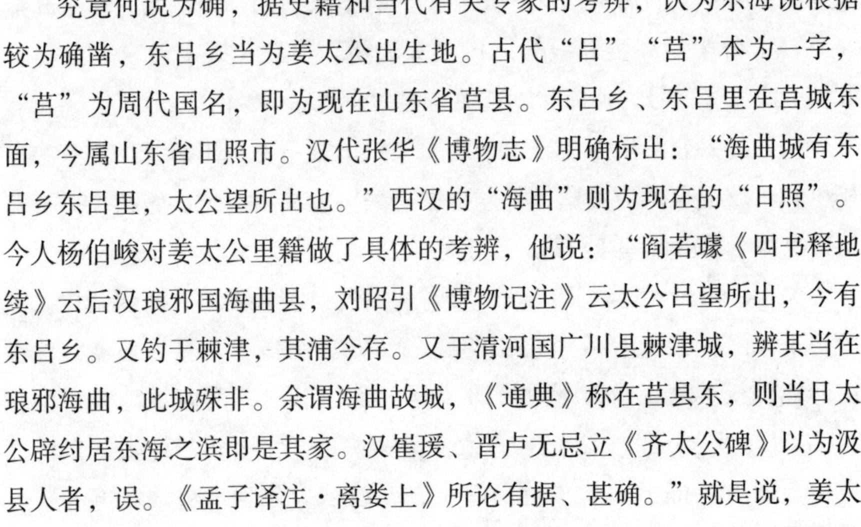

究竟何说为确，据史籍和当代有关专家的考辨，认为东海说根据较为确凿，东吕乡当为姜太公出生地。古代“吕”“莒”本为一字，“莒”为周代国名，即为现在山东省莒县。东吕乡、东吕里在莒城东面，今属山东省日照市。汉代张华《博物志》明确标出：“海曲城有东吕乡东吕里，太公望所出也。”西汉的“海曲”则为现在的“日照”。今人杨伯峻对姜太公里籍做了具体的考辨，他说：“阎若璩《四书释地续》云后汉琅邪国海曲县，刘昭引《博物记注》云太公吕望所出，今有东吕乡。又钓于棘津，其浦今存。又于清河国广川县棘津城，辨其当在琅邪海曲，此城殊非。余谓海曲故城，《通典》称在莒县东，则当日太公辟纣居东海之滨即是其家。汉崔瑗、晋卢无忌立《齐太公碑》以为汲县人者，误。《孟子译注·离娄上》所论有据、甚确。”就是说，姜太公的出生地在当今山东省东部黄海之滨的日照、莒县一带，亦正是司马迁所说的“东海上人”之义。

半生坎坷，静观时势

关于姜太公青壮年时期的生活情况史料很少，只有西汉韩婴的《韩诗外传》里，记有孔子十大弟子之一的冉求（字子有）对鲁哀公说的一

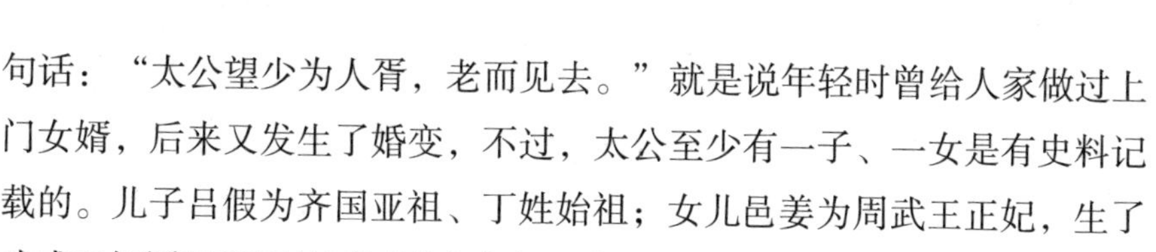

句话："太公望少为人胥，老而见去。"就是说年轻时曾给人家做过上门女婿，后来又发生了婚变，不过，太公至少有一子、一女是有史料记载的。儿子吕假为齐国亚祖、丁姓始祖；女儿邑姜为周武王正妃，生了武成王姬诵和晋国的开国君主唐叔姬虞。

关于姜太公的早年活动，民间传说很多，流传甚广，主要有"渭川坐钓""屠牛朝歌""卖食孟津"等。这些传说无非是说他命运不济，不会种田，不会经商，不会谋食，做事不成，事事倒霉，偏偏又娶了一位刁悍不讲理的老婆，他又是倒插门的女婿，受到轻视，将他逐之门外。被逐之后，自己在外，处处坎坷。对此类传说，要做具体分析，以求贴近实情。

关于姜太公的家庭出身，主要有两种说法。一说姜太公出身望族，一说姜太公吕望出身贫寒，早年曾当过屠夫，以宰牛杀猪贩卖茶水糊口。但是，人们大都认为他是贫寒出身。为此，民间还编出了一些有趣的传说。

1. 充满神秘色彩的出身

传说殷商时期，姜塬的姜氏和西岐姬氏已经有了密切联系，两个部落首领同朝辅商主，结为莫逆之交，并互通婚姻。到了文丁帝，姜氏部落首领姜发的姐姐嫁给了西伯侯季历为妻，两家更是亲上加亲。

文丁帝后期，朝中奸臣诬告季历谋反，刚愎自用的文丁帝对季历处以斩刑，并把在御林军为大将的姜发也削职为民，送回故乡种地去了。

姜发为人忠厚，正直勤劳，他娶姬氏族中一个名叫姬凤的女子为妻。两人恩恩爱爱，相依为命，只是四十多了还没有子女，两口子十分遗憾。

且说有一年，天宫中发生了一件奇事。天帝御池中供玩赏的一只金龟忽然得道成精，隐形飞出南天门，偷偷下凡人间。看管御池的白玉龙因在王母娘娘的蟠桃会上多饮了几杯酒，不觉沉醉睡着了，醒来不见金龟，心中恐慌不安，害怕天帝问罪，也悄悄下界了。

一天，巡查官到御池巡查，不见了金龟和白玉龙，慌忙奏知天帝。天帝让巫师推算祸福，巫师屈指一算，奏道："天帝，大事不好！白玉龙已在西伯侯王府出世，金龟也已经落入商宫投胎，怎么办？”天帝道：“金龟原有一帝，但是殷商尚有八十年江山，前六十年盛世应是帝乙为王，后二十年才能传给金龟乱世。金龟既已下界投胎，也只好如此了，特赐他孕胎四十年。白玉龙八十年后原也有一帝，只是他早下凡四十年，并已出世，这西周帝业只好留给青龙接替了。”说罢传旨太公望，说：“你本应四十年后同白玉龙下界，辅佐白玉龙替代殷商江山。不想白玉龙偷偷下界投胎转世，天意如此，太公也只好下界。只是八十岁的世寿虚度了，这样，本帝再给你添上六十岁，你前八十岁艰苦度日，养性学艺，后六十年佐周王统一天下，勿负朕望。”随即传旨天兵天将，将太公望调遣下界候用。

且说姜发和妻子姬凤被酋长安排在一片荒野看管姜园，隆冬时节，北风刮个不停。姜发、姬凤住在四面透风的小草庵中，久久不能入睡，于是就把门外的柴草抱进屋里取暖。熊熊大火把屋内照得通明，两口子边烤火边唠家常，不觉又扯到生儿育女的事。闲话引起了心思，两口子就把火堆当香，双双跪下祈祷，二人想起南极仙翁，就天长地短地向南极仙翁求儿女。

话说太公在天庭将下界的事宜安排停当后，径直出了南天门。他只顾低头走，不觉踏错了云路，撞着了南极仙翁。南极仙翁问太公何去，太公就把玉帝旨意说了一遍，太公说道：“贫道意欲下凡西岐，不知仙翁有何指教？”南极仙翁摇头说道：“不妥，不妥，商汤尚有八十年气数，江山像铁桶一般，朝内不乱，外边难破呀！依贫道之见，不如到朝歌附近，早晚窥视商宫，一旦有变，便集西岐兵，提兵灭商，易如反掌也！”太公称谢道：“仙翁见教，当记肺腑。”二人正说着话，南极仙翁只觉得一缕香气冲入脑门，睁开慧眼一看，只见莽莽原野上一座泥草土庵里，一男一女正在焚香祷告，便笑着对太公说：“太公，搭救生灵，为民请命，要忍辱负重了。”说着，一把将太公推下云路。太公跌下云路，高呼：“雷公助我，贫道去也！”一道紫烟坠下云头，说时迟，那时快，月明如昼的天空霎时乌云密布，雷鸣电闪。大约过了三个时辰，只见空中一个磨盘大的火球，把原野照得如同白昼，随即飘入土庵不见了。顿时，云消雾散，雷停

电止，月明如故，此时凡间正交三更。

话说那夜姜发和妻子姬凤以火为香对天祷告，不想天变得那么快，雷鸣电闪间，一个火球直向姬凤的怀里滚来，入怀即刻不见了。这下把姬凤吓坏了，昏昏沉沉一病不起，一直病了三年零十个月。一天正在下雪，皑皑白雪把大地盖得严严实实，姜发见妻子忽然神志清醒，喜出望外，他赶忙给姬凤端水倒茶，问寒问暖。正在这时，只见一个跛脚僧笑哈哈地走过来，用手在柴门上拍了三下，向姜发喊道："大喜了！你的姜雪天出芽了！"姜发一听姜园的姜雪天出芽了，慌忙跟跛脚僧向姜园跑去。到了姜园，那僧向地下一指说："你看！"姜发顺着僧人指的地方低头一看，果然白中带青的姜芽破土而出，姜发喜欢得不得了，但等他抬头和跛脚僧说话时，那僧已不见了踪影。当时，姜发的妻子姬凤也想出来看个稀罕，便挣扎着想站起来，她一用力，只觉腹内一阵剧痛，"哇哇……"一个婴儿出世了。姜发又惊又喜，抱起来一看，是个儿子。夫妻俩高兴得不知怎样才好，妻子笑着对丈夫说："孩子他爹，你给咱的宝贝儿子起个名字吧。"姜发低头寻思：我家生子，而地里的姜又在雪天出芽，就叫姜子牙吧！原来那金龟四十年后在商宫里投胎出世，就是后来的殷纣王，白玉龙就是周文王，跛脚僧人正是南极仙翁。

2. 坎坷的前半生

民间之所以更喜欢姜太公是贫寒出身，是因为人们普遍认为，成大事的人必定要经历一番磨难。也只有贫寒出身的姜太公才更符合人们的心理预期，更符合普通大众的生活。

据说是姜子牙学艺后，回到故里姜塬（今卫辉西北一带），拜见了父老乡亲。但眼前所见，着实让他心酸不已。看看吧，自己的旧宅已成为一片废墟，连生身父母的尸骨也不知安葬在哪里，触景生情，姜太公不觉潸然泪下。到哪里去安身落脚呢？他想来想去，想到了在家时的朋友宋异人，他决定先投奔他家，暂时找个栖身之所。

宋家庄离姜塬只有二里来地，很快他便来到了宋异人家。这时的宋异人已是70多岁的人了，家境尚可，人称宋员外。他见姜子牙两鬓斑白，几乎认不出来了，姜子牙一番自我介绍，宋异人高兴异常。当夜宋异人摆酒设宴为姜子牙接风，两位久别知己敞开心怀，侃侃而谈，一直谈了几天几夜。

且说子牙在此住了月余，想到依靠朋友周济，心中很不是滋味，他想找个落脚的地方安个家，自食其力。宋异人看出了他的心事，高兴地说："离这里不远有个马家庄，庄上马员外有个闺女，年已六十八岁，还是个黄花闺女，与你结亲成家岂不两全其美？"姜子牙想了想，觉得这门亲事不错，便欣然应允，姜子牙很快和马氏结为夫妻。新婚蜜月，俩人恩恩爱爱，十分快活。后来，马氏提出："咱们经常吃住在别人家里，也不是个法儿，还是找个挣钱门路吧。"姜子牙见夫人说得在理，十分赞同，便出门去做生意。可是他到孟津开店卖肉没多久，由于"地头蛇"的敲诈，生意便做不成了。回到家后，马氏又劝他到朝歌去开店卖饭，又因一些地痞、贪官吃饭不给钱，结果亏了本。又一次转回家来，马氏又气又急，但终不能待在家里坐吃山空，就从娘家借了几斗麦子，夫妻二人搭黄昏起五更推磨，磨了一些面，让姜子牙到朝歌城里去卖。

第二天天刚亮，姜子牙就担着面向朝歌城走去，走出不多远，只见天空盘旋着一群乌鸦，"呱呱"叫个不停。姜子牙心想：乌鸦叫，祸来到，难道今天还要败兴吗？他来到朝歌东关一棵大树下，将担子放下，摆摊卖面，这时只见大街上要饭的成群结队，面放了半天也无人问津，姜子牙唉声叹气，心中十分着急。正在这时候，走来一个光头秃脑的人说道："卖面的，给我称点面。"姜子牙揉了揉惺忪的睡眼，乐滋滋地说道："发利市的来了，你要买多少面？"那个买面的说："我老伴在粘鞋帮，没糨子用了，她叫我来称一文钱的面。"姜子牙听了，心里凉了半截，但还是喜形于色，买多买少，总算是碰见买主了，也算是生意开了张。于是，姜子牙拿起秤就去称面，谁知道这个买面的不讲理，硬说姜子牙缺斤短两没给够数，掂起秤杆，"咔嚓"一下撅成了两截，还要拉着姜子牙去打官司。正在这时，忽然传来了人喧马叫声，原来是黄飞虎带着御林军的马队巡街来了，只听一个人大声喊："卖面的老头，快些闪开，马队过来了！"说时迟，那时快，一匹枣红马飞奔而来，一蹄子跳入扁担上的绳套里，把筐里的面袋拖了老远，面撒了一地。姜子

牙一看，心疼得不得了，连忙蹲下身子捧面。刚捧了几小堆，又呼呼地刮起东南风，像扫地一样，把地上所有的面吹得一干二净。姜子牙气得捶胸顿足，仰面长叹："老天啊！你为什么偏与我作对呀？"

这真是人要倒霉了，喝口水都硌牙。

就在他仰面长叹之际，天空中正好飞来一只老鸹，拉了他一嘴的屎。姜子牙又气又急，弯下腰捡个瓦块就掷老鸹，不料瓦块下藏着一只大蝎子，狠狠地蜇了他的手指头。他气急了，奋力将瓦块朝老鸹投过去，不偏不正，瓦块正好投在树上的马蜂窝，一群马蜂一下子朝他飞过来。他边退边打，又一头撞在墙上的一个木头橛子上，头上扎了个大窟窿，鲜血直流，顿时昏了过去。

过了好大一会儿，姜子牙被一阵斥骂声惊醒了。原来是御林军沿街抓民夫修王宫，他又被抓去做苦力。干了几个月，他趁看守不注意，悄悄溜出来逃跑了。

回家的路上，他思前想后，如今穷困到了这个地步，还不如死了好。他一边唉声叹气一边慢腾腾地向前走，突然一条小河挡住了去路，咋想不如死了的好，于是他便向河边走去。当他正要跳到河里时，一个老头儿拦腰抱住了他。这老头儿不是别人，正是好友宋异人。宋异人拉他坐下开导说："不必这样，不必这样，青年贫困，中年坎坷，年逾古稀必成大器。"子牙摇头说："这都是废话，我报国无门，不能施展才能，现在又贫困到这般地步，还能成啥大器？"宋异人又说："不要泄劲，说不定你将会遇到贵人哩。"

从此以后，姜子牙就按宋异人所说，每天到朝歌大街相面算卦，果然，有一天比干发现了他，把他带到朝里当了大官。

当然，以上是民间的传说，符合民间大众的心理预期。

3. 史料中的姜太公

史料中对姜太公的前半生叙述也不多，只能从只言片语中知道一些大概。

姜太公作为"东夷之士"（《吕氏春秋》卷十四《首时》），自幼聪颖好学，习礼喜阵，熟读兵法。稍长，精研数术之学，深究天地变化之道，通晓人事成败之要。又因其为共工、蚩尤之后裔，故崇尚祖先共工、蚩尤之武略、武功及用兵之道、之术，并深察黄帝胜蚩尤的战法、阵法。姜太公通过学习、研究、演练用兵谋略、布阵、战法，总结前人的经验教训、胜败得失，而认识了战争的规律和取胜的谋略，这就为他以后的军事谋略理论和战争指挥实践奠定了坚实的基础。

姜太公通过研究天、地、人的学问，仰观天文，俯察地理，中究人事，而将自然之理与人文诸事作为一个整体加以考量、深察。在社会人事中，他深知：天下者是天下人的天下，非一家一姓所独有；国家者是国中人的国家，非一人一家所独占。因此，他对纣王以天下为己有，以国家为私财而挥霍民财、荒淫无道、胡作非为之行，深恶痛绝，恨之入骨，从而使他不仅离去之，而且筹划倾覆之。与此同时，他在避纣隐居之地，深入研究历代兴衰之因、治国安民之道、用兵制胜之略、胜敌战阵之法。为此，他拜师访友，多方求知，择善而从，选优而取，以求建立伟业，实现"屠国"之志，有利于国，有益于民，故而能孜孜以求，自强不息，虽连蹇不遇，但动心忍性，等待时机。他所处的时代，是一个暴君、民贼当政的黑暗、残暴时代，在这个王朝末日的时代，君不像君，臣不像臣，使出身"寒贱"而满腹宏论的英雄豪杰却无进身之机和用武之地；他家贫难娶妻而只好成为马氏赘婿，这种夫人妇家的倒插门女婿，在当时自然为妇家和外人所轻视，这种政治上的不得志，家庭中的受轻视，便是姜太公大半生"侧微"的根本原因。

赘婿妇家是齐地流行的一种婿俗，赘婿在妇家多为邻人冷看和外人轻视，故需要尽力劳作、置产理家、会治产业，否则就要被弃置和逐出。姜太公具有治国安邦之志、用兵制胜之略，以吊民伐罪为任，以康国济民为业，只思"上屠屠国"，不会"下屠屠牛"，所以全身心着力于为国为民的大事公利，而无意于为家务劳作、增殖私产、理财管家的小事私利，当然是经营不善，常常失败，等待他的只能是责问、奚落，最终因"田不足以偿种，渔不足以偿网"，而被老妇逐出家门，这是太公的不幸。

姜太公被逐后，在海滨隐居数年，静观、明察天下大势，审知、明

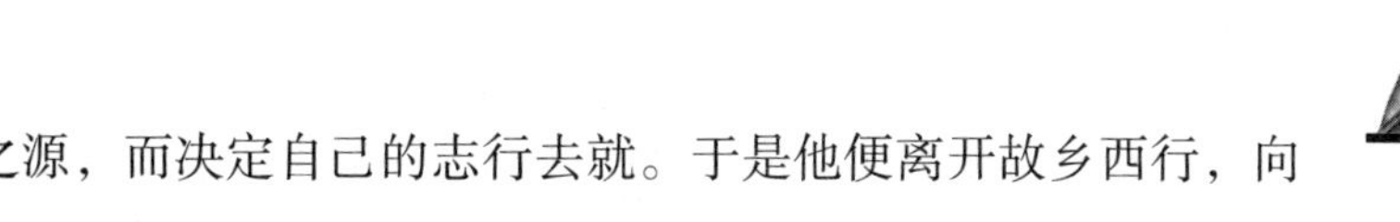

辨国家治乱之源，而决定自己的志行去就。于是他便离开故乡西行，向殷都朝歌进发，以求灭殷除暴，实现报国之志。

渭阳垂钓，待遇明主

姜太公虽然“有其才不遇其时”，不为暴君所用，又为老妇所逐，但是他怀有“治天下有余智”的雄才大略，故能遇坎坷、处逆境，而心不乱志不衰。他已逾“而立”之年，在以后的三十多年中，一直奋发进取，探求治国安邦之道、用兵制胜之略，以求进身入世，康国济民，为民兴利除害，诛暴救民。

姜太公在西进朝歌（今河南淇县）的路上，由于路途遥远，步履维艰，生计困难，行走多日，到达棘津。棘津是黄河渡口，商朝军事重镇。姜太公决定在此暂居，观察风云，领略时势，审视商朝政治动向和纣王暴虐情况，以求待机入世，倾覆商朝，消灭纣王，建功立业。

姜太公在棘津观势待机之时，由于投门无路，生活无着，居无定所，只好在街头卖饭，但因经营无方，照顾贫弱，多予少取，故难以维持，只好停业。于是姜太公只能卖身为佣，卖力为生，而成为“棘津迎客之舍人也”（《说苑》卷八《尊贤》），受人轻视、凌辱，仍无进身之机。棘津待机，依然不成，他便沿黄河西行到了孟津。

姜太公到了孟津后，地近商朝国都朝歌，大众物华，消息灵通。为了养生糊口，结交俊杰，了解时势，他便开了一个小饭店。开张之初，食客颇多，稍有盈利。因食客多是平民小贩，只求廉价吃饱，不求精细吃好，加之姜太公怜济贫民，重义轻利，而使饭店赔本关闭，他的“卖食孟津”便以失败而告终。

姜太公从东吕乡的海滨隐居到棘津，再到孟津；从被逐到卖饭，再到卖佣，再到开店等，一路艰辛、坎坷，遭人白眼、凌辱，使他亲身体会到了人间的世态炎凉，人情淡薄；深刻认识到了殷王朝的政治腐朽，官吏贪暴；目睹了民众的生活疾苦，政治苦难。这一切都进一步增强了他的吊民伐罪、解民倒悬的使命感、爱民心、报国志。因此，他便决定离开孟津而去朝歌，为倾商讨纣做好准备。

姜太公到了朝歌便开始涉足政界，从事政治活动。到朝歌之初，他的生活依然穷困，靠设摊维生。朝歌是商朝国都，人物云集，商旅会聚，官邸林立，市面繁华，交通方便，消息灵通。

然而，映入姜太公眼帘的却是两种截然不同的景象：一面是以纣王为首的王公贵族的荒淫无耻、挥金如土，达官显贵的高冠博带、花天酒地；一面是平民百姓的饥寒冻馁、饿殍满野，广大奴隶牛马不如、任人宰割。耳闻目睹此情此景，姜太公毅然决定撤掉摊贩生意，而以“屠牛”为业，小试身手，以求实现“屠国”之志。所以《楚辞·天问》云：“师望在肆昌何识？鼓刀扬声后何喜？”王逸注云：“吕望鼓刀在列肆，文王亲往问之，吕望对曰：‘下屠屠牛，上屠屠国。’文王喜，载与俱归也。”（《绎史》卷十九引《楚辞注》）关于姜太公屠牛卖肉，遇到文王，从此二人暗中往来，计议倾商伐纣一事，《尉缭子·武议》篇说：

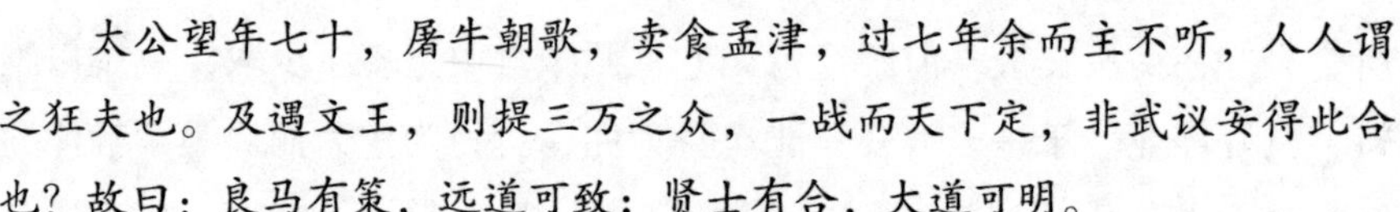

太公望年七十，屠牛朝歌，卖食孟津，过七年余而主不听，人人谓之狂夫也。及遇文王，则提三万之众，一战而天下定，非武议安得此合也？故曰：良马有策，远道可致；贤士有合，大道可明。

这是说，姜太公到七十岁时，仍在朝歌以宰牛为业，在孟津以卖食品维生，这样过去了七年多的光阴，亦没有得到商纣王的任用，人人都说他是一个狂人。当他遇到了周文王而得到重用后，便能统率三万人的军队，在牧野一战就消灭了商纣王，平定了天下。如果没有文王、武王的用兵之道与姜太公的高深谋略结合，是不会成功的，是文王、武王重用贤能之人，而使姜太公有施展才能的机会。所以说：良马需要鞭策，才能到达远方的目的地；贤能之人要得到贤明君主的重用，才能实现清明的政治主张、方略。武王伐纣成功，就是明君与贤士结合的结果。姜

太公以“屠牛”为业，来实现其“屠国”之志。他虽然“屠牛”而“肉上生臭不售”，但是“屠国”而“治天下有余智”。

另外，姜太公为了实现其“屠国”之志，又以占卜算卦、预测吉凶为业，他以此传道说教，观察政情，窥测朝政，了解民意，掌握民情，宣传民众，以求进身人世，伺机出山，解民倒悬。由于他精研《易》理，深通《易》术，故每占必应，有疑必解，指点迷津，极为灵验。因此，一时名震朝歌，求占预卜者甚众，这为姜太公实现其宏图伟业，准备了主观条件。

商纣王即位后，刚愎自用，听信奸佞，残害忠臣，贪恋酒色，宠爱妲己，言听计从，荒淫无道，无恶不作，大兴土木，厚赋重刑，天怒人怨，诸侯叛离。

暴虐君王，独夫民贼，残酷无道，罪大恶极之行，观之触目惊心，令人胆战心寒。姜太公此时身居朝歌，颇有声名，深有众望。王子比干来访，他陈言治国安邦之道和正君化民之策，深得比干赞同，比干向纣王举荐，纣王与太公政见大相径庭，语多不合，只因比干反复推荐，只任命为下层小吏，这便是姜太公“尝事纣”一说之据。

姜太公在殷为小吏后，“纣愈淫乱不止。微子数谏不听，乃与大师、少师谋，遂去。比干曰：‘为人臣者，不得不以死争。’乃强谏纣。纣怒曰：‘吾闻圣人心有七窍。’剖比干，观其心。箕子惧，乃详狂为奴，纣又囚之。殷之大师、少师乃持其祭乐器奔周。”（《史记·殷本纪》）姜太公经过博闻、面观、亲历，而深知、实感“纣无道”而遂“去之”。

姜太公弃殷避纣之时，已是七十余岁，游历七十余国的足识足智、满腹经纶、精通天文地理、深熟文韬武略的匡世老人。为了免遭纣王加害，他也只好佯狂装痴，以求待时乘势，择明主而建伟业。

时机终于到来了，恰在太公避祸为民期间，发生了殷纣王囚周文王于羑里的政治事件。事情的起因是纣王“以西伯昌、九侯、鄂侯为三公。九侯有好女，入之纣。九侯女不意淫，纣怒，杀之，而醢九侯。鄂侯争之强，辩之疾，并脯鄂侯。西伯昌闻之，窃叹。崇侯虎知之，以告纣，纣囚西伯羑里”（《史记·殷本纪》）。文王被囚后，为解救文王之危，散宜生、南宫括、闳夭三人素知太公足智多谋，而拜访太公讨求救文王之策。他们议定：“求美女奇物善马以献纣，纣乃赦西伯。”（《史记·殷本纪》）“周西伯拘羑里，散宜生、闳夭素知而招吕尚。吕尚亦曰：‘吾闻西伯贤，又善养老，盍往焉。’三人者为西伯求美女奇物，献之于纣，以赎西伯。西伯得以出，反国。言吕尚所以事周虽异，然要之为文、武卿。”（《史记·齐太公世家》）文王得救之后，开始了倾商的活动。从此散宜生、南宫括、闳夭三人拜太公为师，学习祭天地、宗庙之礼和治国用兵之策、之略。姜太公亦在为倾商兴周而积极活动，所以《孙子·用间篇》说：“用之兴也，吕牙在殷。故惟明君贤将，能以上智为间者，必成大功。”姜太公在商朝搜集情报，了解情况，为倾商兴周做准备。

由于姜太公对商纣王及商朝的各种情况极为熟悉，了如指掌，所以能以计救文王而获成功。因为纣王爱美女、奇物，故以此献纣而使文王得救，这亦是“用间”制敌、胜敌的范例。周文王不仅因此得救返国，而且取得了商纣王的信任，任用文王去讨伐崇国，授予征伐之权。姜太公以计谋救文王，而使文王深知太公的智谋韬略，故把倾商兴周的大任寄托于太公，太公亦“闻西伯贤”而有投奔明主之意，而把大展宏图之志寄托于文王。因此，周文王便以姜太公“为文、武师”。于是文王便暗中迁太公全家归周，从此姜太公开始了一系列的倾商兴周活动，创造了一代伟人的勋业。

姜太公西迁归周，并没有正式成为周文王的朝中谋臣。为了掩人耳目，了解实情，广结豪杰，等待时机，适时应策，他一面教文王施行仁政，实行德治，报恩百姓，得民心而得天下的道理，一面观察商朝的政情、民心。纣王更加荒淫无道，残暴已极，惨杀忠良，重用奸佞，众叛亲离，气数已尽，倾商时机终于到了。姜太公分析综合了各种条件，确定了伐纣倾商的战略、策略。

姜太公离开朝歌后，为了不露形迹，暴露意图，而到渭水之阳隐居，“隐才于屠钓之间”，以等待文王来访，共谋灭商大计。

据说姜太公隐居在渭水河边，也就是当时的西岐，终日独自在渭河垂钓。渭水之畔风景秀丽令人心旷神怡，的确是反思人生的好去处。只见峰峭谷深，云蒸霞蔚，河畔杨柳婆娑，林荫如盖，野花争奇斗艳，一湖碧水，波光粼粼，简直是人间仙境。

但更让人称奇的是，太公的鱼钩是直的，上面不挂鱼饵，最特别的是鱼钩不放入水中，只是离水三尺。他一边钓鱼一边念念有词："不想活的鱼儿呀，你们愿意的话，就自己上钩吧！"路过的人见了，都嘲笑这人不会钓鱼。可是姜尚并不理会，只笑道自己不但要钓一条大鱼，还要钓一个王侯。太公钓鱼的奇特方法传到了西伯侯姬昌那里，姬昌知道后，派了一名士兵去传姜尚来。太公并不理睬这个士兵，只顾自己钓鱼，并自言自语道："钓啊，钓啊，鱼儿不上钩，虾儿来胡闹！"姬昌听了士兵的禀报后，改派一名官员去请太公来。可是太公依然不搭理，边钓边说："钓啊，钓啊，大鱼不上钩，小鱼别胡闹！"姬昌这才意识到，这个钓者必是位贤才，要亲自去请他才对。于是姬昌斋戒三日，沐浴更衣，带着厚礼，前往磻溪去聘请姜尚。这一请可费了力了，一去就是八次。当姜尚答应出山辅佐时，传说姬昌还亲自为姜子牙驾车八百步，这才有了日后姜尚为周

姜太公钓鱼雕像

朝开创的八百年基业，这就是有名的文王访贤的故事。

至于“姜太公钓鱼——愿者上钩”这句歇后语，不论真假，至少包含着一些处世哲学，也可供今人参考。先看第一层含义，鱼，你愿意被我钓，因为你不是一般的鱼，因为你知道我是姜子牙，知道姜子牙是个神仙。小鱼儿被我钓上来，以后就能借着我的法力让你上天。你知道神仙是不随便吃荤的，就算要吃，也不会吃你这条凡鱼。你不是条笨鱼，而是条聪明的鱼。我不需要多么主动地去找鱼饵和鱼钩，你都会来咬钩被我钓上来。你是自己想被钓，不是我逼你的，更不是我诱惑你的，是你自愿的，这就叫作愿者上钩，这也是这个典故的第一层、最基本的含义。

再看第二层含义，鱼，我想钓你。我姜子牙钓鱼的目的就是为了吸引别人的注意，而不是为了吃鱼。我姜子牙不是凡人，和凡人用一样的方式钓鱼，那我即使不是凡人，也会被别人当成凡人，所以我一定要用凡人做不到、不会用的方式去钓鱼。当然，我用某种不寻常的方式去钓鱼，别人就一定会认为我不是凡人：如果我用无饵直钩钓不到鱼，别人就会认为我是个蠢人；如果我能钓得着鱼，别人就会认为我是个奇人。我的目的就是让别人注意到我是个奇人，所以，鱼我想钓你。鱼，我不会伤害你的，我只是要你帮我做做样子。等我的目的达到了，你还在你的水中自由地游来游去；因为我还有自己的事情要做，我也许不能真的帮你上天成仙，但是我不会忘记你的，因为你帮过我，这就是这个歇后语的前半句——姜太公（要）钓鱼。

最后看第三层含义，鱼，我想钓你，你也愿意被我钓。我姜子牙需要你帮我演完这出戏，达到我的目的。你小鱼儿也希望被我钓上来，接近我，沾沾我身上的仙气。我要把戏演得更成功更吸引人，不能用普通的方式；加上我行动匆忙，一时间找不到合适的鱼饵和鱼钩，你就帮帮忙自己咬钩上来吧。我们这互相帮助，互惠互利。所以这出戏我们少谁都不行。这就是整个歇后语合在一起的意思，姜太公钓鱼——愿者上钩。

且说姜太公垂钓磻溪，周文王见到姜太公并以礼拜之。姜太公钓到玉璞，上面刻有：“周受命，吕佐昌。德合于今，昌来提。”又传姜

太公于磻溪垂钓，三年不获鱼。人们劝他不要再钓了，他说：我之钓鱼之意，不是你们所能理解的。终于钓到一条大鲤鱼，从鱼腹中得到兵书《玉钤篇》。这些说法虽不乏演义夸张、预言附会的成分，但是姜太公以钓鱼为由，待遇明主，等待时机，以求入世，负荷担道，解民倒悬，当为事实。不论是周文王以打猎为名而到“渭水访贤”，还是姜太公“磻溪垂竿”以等待西伯，都说明他们“雄才大略”的一致，故“周西伯猎，果遇太公于渭之阳，与语大说，曰：‘自吾先君。’太公曰：‘当有圣人适周，周以兴。’子真是邪？”

周文王求贤若渴，姜太公择主心切，其所以如此，就在于政局所迫，纣王暴虐，讨伐此独夫民贼刻不容缓，所以他们一见面便志同道合，共图灭商兴周、行仁禁暴、吊民伐罪大业。

后来，太公向周文王提出了一系列的军事谋略、治国方略、化民政策，为倾商兴周做全面的准备。同时，经过太公的论说，亦解除了文王、武王的“犯上作乱”而“用兵不休”之忧。因为纣王暴甚，讨伐独夫，诛杀民贼，救民水火，吊民伐罪，以杀止杀，实为义举，不为叛逆，而为顺天应人。所以姜太公使文王、武王认识了这个道理之后，他便积极地辅佐文王、武王倾商伐纣、兴周伐商。从此姜太公登上了政治历史舞台，并成为这一历史时期政治舞台上的主角和导演。从“观兵孟津”“会盟诸侯”，到“牧野大战”“灭商成功”；从“齐国始祖”“因俗简礼”，到“开源节流”“埋财富国”，而成为“兵家鼻祖”“千古武圣”，创立了轰轰烈烈、流芳千古、泽及万世的不朽功业。

兴周灭纣，功不可没

据《周志》等载，周文王得到吕尚后，真是如鱼得水，如虎添翼。姜太公被周文王请回岐邑后，即被拜为统领三军的太师，于是开始协助周文王“阴谋修德，以倾商政”，为灭商悄悄地做着准备工作。

1. 积蓄实力，等待时机

西周的兴起，曾经引起殷商王朝的警惕，结果导致季历被杀害，姬昌被囚禁，商王加强了对西周的控制。接受这个教训，姜尚建议文王伪装成恭顺商纣而无所作为的样子，在“事殷”的掩盖下偷偷进行兴周灭商的准备。他说：“鸷鸟将击，卑飞敛翼。猛兽将搏，两耳俯伏。圣人将动，必有愚色。”（《六韬·文韬·发启》）文王在这个思想指导下，采取了一系列措施：“求美女、奇物、善马以献纣。”“献洛西之地，以请纣去炮烙之刑。”（《史记·殷本纪》）他率领西部诸侯朝觐纣王，又“为玉门，筑灵活台，列侍女，撞钟击鼓”（《资治通鉴外纪》卷2），制造一种沉沦于酒色的假象。商纣果然被西周的表面姿态所蒙蔽，说：“西伯改过易行，吾无忧矣！”商因而放松了对周的控制与防范，把文王姬昌放回去，还“赐弓矢斧钺，得征伐，为西伯”（《史记·殷本纪》），并把主力军队由西线调往东线。这样，就使西周赢得了时间，并且利用对西线诸侯“得专征伐”的特权，乘机壮大自己的政治、军事、经济力量。结果，“西伯滋大，纣由是稍失权重”（《史记·殷本纪》）。

为了积蓄实力，姜太公在周提倡修德爱民，发展生产，增强自身实力。姜太公认为“国之大务，爱民而已”，“王国富民，霸国富士，仅袁富大夫，亡道之国富仓府”，“利天下者，天下启之，害天下者，天下闭之。天下者非一人之天下，乃天下之天下也”。爱民富民、与民同利，才能取得天下。在姜太公的大力辅佐下，周文王大力发展农业生产，敬老慈少，与民同乐，教化百姓移风易俗，因而使得岐周的国力大为增强，为剪灭商的盟国打下了坚实的基础，“西伯阴行善，诸侯皆来决平，耕者皆畔，民俗皆让长”，便是岐周国强民富、威望空前的绝好证明，这为灭纣打下了坚实的经济与物质基础。

2. 离间商纣，争取同盟

姜太公利用商纣王朝的弱点和矛盾，分化瓦解商纣统治阶层，削弱敌人的实力。商纣王并非庸才，但是他“智足以拒谏，言足以饰非，矜人臣以能，高天下以声”，骄奢淫逸，对百姓暴虐残忍，对诸侯巧取

豪夺。针对这种情况，姜尚建议文、武二王对商纣实行“文伐”，将军事斗争同政治斗争、外交斗争联系起来，并且提出“文伐”的十二种具体措施。其要点是：迷惑、腐蚀、利诱敌国君主，“因其所喜，以顺其志”，“尊之以名”，“塞之以道”，“养其乱臣以迷之，进美女淫声以惑之，遗良犬马以劳之，时与大势以诱之”，助长他的腐败和暴虐行为，诱使他做出对形势的错误判断和决策；离间敌国君臣和诸侯彼此之间的关系，“收其内，间其外”，收买敌国近臣，“赂以重宝，因与之谋”，使其“身内情外”或“一人两心”，“亲其所爱，以分其威”，使其“才臣外相，敌国内侵”，扩大和加剧敌人统治集团内部的矛盾；“阴赂左右，得情甚深”，打进敌统治集团内部，窃取其核心机密情报；“收其左右忠爱，阴示以得，令之轻业而蓄积空虚”，破坏敌国生产，削弱敌国经济实力。姜尚说，运用这些策略，就可以收到军事斗争所不能达到的目的，加速军事斗争的胜利，“十二皆备，乃成武事”（《大韬·武韬·文伐》）。这些策略先后付诸实践，果然收到了显著的效果，助长了商纣王的腐败，扩大了商纣统治集团内部的矛盾，促使殷商属国进一步产生离心倾向。

并且，姜太公还帮助周文王积极争取同盟国，扩大岐周的影响。由于受周人谦让品行的感动，虞、苗等一些小国纷纷归顺周朝。在文王断“虞、苗之讼”的当年，就有四十多国叛商而归周，咸尊西伯为王，并深有感慨地说“西伯盖受命之君”。这样一来，使得岐周的国力和威望大大增强了。

至此，商王朝的政治、军事、经济实力受到削弱，使商纣陷于内外交困、众叛亲离的境地。这样，就从根本上改变了商强周弱的形势，为兴周灭商的战略决战准备了必要条件。

3. 剪商羽翼，扩周势力

殷商后期，对其统治威胁最大的敌人，是东方的夷族和西方的周族。东夷时顺时叛，步步进逼殷商统治中心，是其现实威胁。西周实力弱小，但力图壮大，是其潜在威胁。而对这种两面夹攻的局势，殷商原来设想避免同时和两国作战，采取各个击破，即首先击破一方的战略，先集中力量平定东夷，再对西周实行遏制政策。他们又为西周恭顺的假象所迷惑，长期放松了对西周的控制与防范。西周采用姜尚的谋略，利用商纣赋予的“得专征伐”的特权，乘机发动对商纣西方属国的军事进攻，首先征服西北的犬戎、密须和阮、共（今陕西西部和甘肃泾河流域），消除了后顾之忧。紧接着，周人东渡黄河，征服黎（今山西长治西南）、邘（今河南沁阳西北），消灭了商纣的心腹属国崇（今河南嵩县），为进军商都朝歌扫清了障碍。

随着周国势力的日益扩大，周文王在沣水西岸修建了丰京（今陕西长安区西北）。周的统治中心随即转到沣河西岸，这里是近山平原，接近水道，筑城可自守御乱，更有利于政治发展和军事进攻，周人灭商的主观条件至此业已成熟。

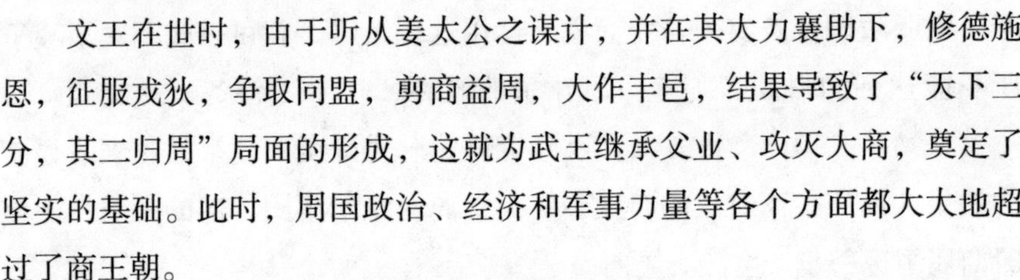

文王在世时，由于听从姜太公之谋计，并在其大力襄助下，修德施恩，征服戎狄，争取同盟，剪商益周，大作丰邑，结果导致了“天下三分，其二归周”局面的形成，这就为武王继承父业、攻灭大商，奠定了坚实的基础。此时，周国政治、经济和军事力量等各个方面都大大地超过了商王朝。

姜太公不仅辅佐文王完成了灭商的准备工作，而且亲自参加了武王灭商的战斗，并担当着三军统帅的要职，为灭商建周立下了汗马功劳。文王死后，武王继位，以“太公望为师怒，薄称为师尚父”，“帅修文王绪业”。他所做的第一件大事，就是进行试探性军事行动以观天下人心向背，从而为灭商决策寻找事实依据。

4. 孟津观兵，商讨灭商

在周武王继位的第二年，就举行了声势浩大的“孟津观兵”活动，武王“东观兵，至于盟津”，而后立即对司马、司徒、司空和各级将领发布了战前总动员令，他慷慨激昂地讲道：“我秉承先父之遗业，续举灭商之大旗，你们各位一定要大力支持，努力作战，我一定会依功行赏的。”在武王的动员令结束后，姜太公作为三军总指挥，向各级将领宣布了严格的军事纪律：“维尔众庶，与舟楫，后至者斩。”此时，“诸侯不期而盟津者八百诸侯”，皆曰：“封可伐矣。”但武王和姜太公认为殷纣王虽然已众叛亲离，但内部尚无土崩瓦解之兆，于是毅然还师归兵。通过这次观兵，使得武王姜太公更进一步认识到殷纣王已是众矢之的，天下的民心向背已转向了岐周的一方，形势对岐周已更为有利，因此更加坚定了武王灭商的信心。这是姜尚以“师尚父”身份协助周武王组织的一次军事演习，目的是测验诸侯对伐纣战争的态度，检查军队的作战准备情况。姜尚“左仗黄钺，右把白旄”，代表武王发号施令，宣布军事纪律。参加孟津之会的八百诸侯同仇敌忾，表示愿意参加讨纣战争，接受武王指挥。这次演习，不仅显示西周在政治上、军事上取得优势地位，而且使未经统一训练的诸侯联军进行了一次协调性行动的演练，为后来的战略决战创造了必要的条件。

5. 武王伐纣，决战牧野

“孟津观兵”过去两年之后，西周时刻注视商纣王朝动向，寻找决战时机。在政治上，殷纣统治集团内部发生了激烈的冲突和分裂。

帝辛四十四年，吕尚辅佐武王伐黎，并将其灭掉。黎国在今山西上党壶关，位于纣都朝歌之西，是一个近王畿的方国。当黎国被灭掉的消息传到朝歌，全朝上下文武百官无不为之震惊。大臣祖尹进谏商纣：“天帝是不是要结束我们殷商？无论从军事上看，还是从占卜上看，都对我们殷商没有什么好的兆头，希望大王洗心革面，体恤民情，近贤纳谏，以附众望，整振国威。”可纣王哪里听得进，认为这是扰乱朝纲，便把他打进死囚牢中。箕子知道纣王对谁的话都听不进去了，为了保存自己，佯装疯癫，装扮成奴隶模样，但还是被纣王囚进牢中。从此满朝大臣谁也不敢进谏，而纣王身边的奸佞却更加肆无忌惮。在这种情况下，殷太师疵、少师强偷偷地抱着祭器、乐器投奔周国去了。商王朝成了“贤者出走”，“百姓不敢怨诽”的政治劣势，在军事上也处于劣势和被动地位，军队的主力陷于东线自顾不暇，自然西方军事力量薄弱，首都朝歌也十分空虚。

此时，姜太公请示武王可以伐纣了。

《史记·周本纪》说：“武王将伐纣，卜龟兆不吉，风雨暴至，群公尽惧，惟太公强之，劝武王。武王遂行。”《文韬》记述伐纣战役说："周武王伐纣师至汜水牛头山，风甚雷疾，鼓旗毁折，王子骖乘，煌震而死。姜尚曰：'用兵者顺天之道未必吉，逆之未必凶。若失人事，则三军败之。且天道鬼神视之不败，听之不闻，智将不法，而遇将拘之。若乃好贤而能用，举事而得时，则不看时日而事利，不假小筮而吉，不祷祀而福从。'遂命驱之前进。"可以看出一个卓越的军事统帅重人事、轻天命、坚定果断的精神。大军已集，战机已熟，哪能被卜兆和天象所动摇？从这里不难看出吕尚的坚毅果断和武王从善如流的气度。于是武王"遂率戎车三百乘，虎贲三千人，甲士四万五千人"，东征伐纣。伐纣大军来到汜水，在这个渡口过黄河，数万名士卒，泛舟河上，真可谓浩浩荡荡。武王与吕尚站在高岸上指挥着千军万马，气概何等豪壮。尽管出兵时恰逢凶日，路上又遇天灾人祸，大军过怀城，遇到城坍。进军路上，又碰上山崩。然而，这正义之师，是任何困难险阻都无法阻挡的。

伐纣大军过黄河后，继续北上。当到达邗丘（今河南沁阳、修武一带）时，据《吕氏春秋》说："天雨，日夜不止，武王疾行不辍，果以甲子至殷郊。"当时大雨三天不止，盾牌折毁为三，武王又产生不祥之虑，便问太公："意者，纣未可伐乎？"意思是说："是不是不应该伐纣的预兆啊？"太公斩钉截铁地说："盾牌为三者，军当分为三也。天雨三日不休，欲洒吾也。"听后，武王心中豁然开朗。全军上下，同仇敌忾，誓与商纣血战到底。

大军继续前进，当来到今获嘉县境内，来聚诸侯已八百有余，大家公推周武王为盟主，太公吕尚为大元帅。各诸侯按自己的身份，用手指蘸着血抹在嘴上，然后指天盟誓，共同高呼："同心协力，万众一心，吊民伐罪，讨伐殷纣，如不尽心尽力天诛地灭。"众军士簇拥着手抱令旗宝剑的太公吕尚，威风凛凛，登上校阅台。一排排步伐整齐的士兵，一列列成阵的战车通过校阅台后，吕尚把令旗一挥，千军万马像离弦的箭一样开向牧野，终于在癸亥日"朝食于戚，暮宿百泉"。在今辉县市埋锅做饭，稍事休息，大军便向前线开去。西周联军到达牧野，已是子夜时分，周武王下令宿夜，士卒欢乐歌舞，以待天亮。《汉书·律历

志》说："庚申二月朔日也，四日癸亥，至牧野夜陈，甲子昧爽而合矣。"总之，周师虽然经过长途行军，却提前一日抵达商郊，而且连夜布阵。《尚书大传》也说："武王伐纣，至于商郊停止，宿夜。士卒皆欢乐，歌舞以待旦。"这时候的朝歌，还是灯红酒绿，一派欢乐景象。直到周师至牧野，军报传来，才惊散了纣王君臣的欢宴。纣王慌忙纠集大批奴隶和俘虏披挂迎战，而商朝军队远在东夷，来不及调回。纣王带领乌合之众匆忙来到牧邑黄土岗上，天色已近黄昏，临时筑起高台，远望周师，但见牧野营火处，烛光闪亮。《尚书·牧誓》曰："时甲子昧爽，王朝至于牧野，乃誓。王左杖黄钺，右秉白旄以麾，曰：'逖矣，西土之人。'"意思是说，帝辛五十二年正月甲子日的黎明时刻，武王率领军队到了商的首都朝歌郊外一处叫牧野的地方，就在那里举行了誓师大会。武王左手拿着黄色青铜大斧，右手拿着做指挥用的白色旗子，说："辛苦了，你们这些从西方远道来的从征的将士们。"在这次临战前的誓师大会上，为了鼓舞士气，武王再一次揭露了纣王的罪行。《诗·大雅·大明》里写道："牧野洋洋，檀车煌煌；驷骠彭彭。维师尚父，时维鹰扬。凉彼武王，肆伐大商，会朝清明。"《史记·周本纪》上也有相似的叙述："（周师）以大卒驰纣师。纣师虽众，皆去战心……纣师皆倒兵以战，以开（启）武王。武王驰之，纣兵皆崩，畔纣。"纣王的军队都没有决战的愿望，纷纷倒戈，引周军打入朝歌，势如破竹。纣王的七十万大军，一下子溃退下来，直到朝歌外城的近郊。周师联军与商军展开了一场恶战，直杀得天昏地暗、鬼哭狼嚎、血流飘杵、沦河（卫辉与淇县的分界河）水赤。纣王见大势已去，逃上鹿台自焚而亡，延续近六百年的殷商王朝宣告结束。

在这场伐纣战争中，吕尚以其卓越的政治方略和天才的军事指挥才能，以少胜多，以弱胜强，为兴周灭商立下了不朽的历史功勋。甲子次日，吕尚令人打扫了通往社坛的道路，社坛在今日卫辉西北18公里处的大寨山，也叫坛山。武王整修了社坛，祭祀殷社，至今这里还流传着"武王祭天"的故事，故被世人视为风水宝地。周武王把象征国家政权的九鼎，由朝歌运往镐京。然后大批大臣簇拥着武王在社坛上举行了隆重的典礼。武王宣布说："周国灭掉了商朝，天帝命令我来治理天下！"公卿捧献清水，卫康叔陈布彩席，师尚父牵牲畜。《史记》载："散鹿台之钱，发巨桥之粟，以赈贫民。封比干墓，释箕子囚。迁九鼎，修周政与天下更始，师尚父谋居多。"

6. 创建齐国，国泰民安

姜太公以其超人的大智慧辅佐周武王讨伐商纣王，完成了灭商兴周大业，并且，在周灭商的整个过程中，"太公之谋计居多"，"师尚父谋居多"（《史记·齐太公世家》），就是说，姜太公是第一功臣。所以，周初实行分封制时，姜太公被首封于营丘，国号曰"齐"。

姜太公受封之后，他即率姜族部众"东就国"。一路上，他晓行夜宿，动作很是迟缓，相向而行的路人就劝谏姜尚道："吾闻时难得而易失，客寝甚安，殆非就国者也。"姜尚听到劝言之后，即刻醒悟，于是连夜赶路，到第二天黎明时分便到了营丘。此时，武王虽然攻灭了商纣的中央军，占领了王都之地，但是边远地区仍然处于混乱无序的状态，所以，营丘附近的莱夷便乘机来攻打营丘，以与姜太公争国。姜太公的到达，成功地粉碎了莱夷的进攻，确保了营丘的顺利占领。

姜太公在营丘稳住脚跟之后，即修明政治，治理齐国。在治国的指导上，他确定了因地制宜的策略，积极发展齐国的经济，使得齐国迅速地强大起来。《史记·货殖列传》说：

> 故太公望封于营丘，地潟卤，人民寡，于是太公劝其女功，极技巧，通鱼盐，财人物归之，繦至而辐凑。

从这段话中可以看出，由于西岐与营丘相距太远，风俗习惯和宗教信仰有很大的差异，这些差异不仅会激化统治阶级与被统治阶级之间的矛盾，而且还会加深民族隔阂。姜太公没有死搬吕氏文化直接运用到齐国去，而是实行了"因其俗，简其礼"的文化政策。他用怀柔的方式来求得民族心理的融合，缓和了民族矛盾和社会矛盾，稳定了社会秩序，从而加速了社会生产的向前发展，有利于经济的发展。"太公至国，修

政，因其俗，简其礼”的治国方针，实际上是出于对东夷人风俗习惯、礼仪制度的尊重，不去强制推行周礼，是对东夷人的爱护；所谓的“因其俗”，就是因袭顺从东夷人的传统习惯、生活方式、礼仪制度而实行的教化手段；所谓的“简其礼”，就是根据东夷人的文化传统观念、社会生产力发展水平，简化政治制度，因地制宜发展地方经济，奠定了齐国政治文化传统中的务实精神和开放意识的基石。他根据齐国的客观条件和地理环境，从实际出发，因俗简礼，优先发展工商业，实行全方位的文化、经济开放政策。

正因为姜太公尊重百姓，爱护百姓，其结果是“人民多归齐”。

齐国地处海滨，“地潟卤，人民寡”，单一的发展农业生产是没有出路的。姜太公便因地制宜，扬长避短，利用齐国的资源条件，让农民辟壤种谷，让妇女织布缫丝，让盐民发展海盐生产，让临海的渔民发展渔业生产，利用一切可以利用的资源优势，充分调动各界劳动人民的积极性，广开致富之道。在很短的时间内，齐国的潟地就变成了米粮川，丝织业、盐业和渔业搞得十分红火，致使齐国一跃成为一个人民生活安定、仓盈库满的东方大国。

姜太公在齐国还推行了一条“举贤上功”的用人路线，把有德有才的人推荐提拔起来，让其充分发挥聪明才智，使国富民强。《汉书·地理志》述曰：“初太公治齐，修道术，尊贤智，赏有功。”除了物质奖励外，还把有功人员选拔到适当的领导位置上。这种“尊贤赏功”的治国路线，具有开放性特征，致使齐在短时间内聚集起相当数量的人才，“财畜货殖”。

由于姜太公能够“因其俗”，积极发展手工业和商业，以至于使齐国成为西周王朝十分倚重的、人口众多的头等强国。到姜太公的十二代孙齐桓公时，齐国便首创霸业，“九合诸侯，一匡天下”。此后，一直保持强盛之势，先后吞并了莱、谭、项、遂、江、郡等三十多个华夷诸侯国，形成东方民族融合的中心，这些与太公打下的坚实基础都是分不开的。

至周成王时，周公辅政，此时，淮夷反叛了西周王朝，于是周公

“乃使召康公命太公曰：‘东至海，西至河，南至穆陵，北至无棣，五侯九伯，实得征之’”。受命之后，姜太公便在东西三千里、南北两千里的广袤地区内，南征北战，平东扫西，实施了强有力的统治，“齐由此得征伐，为大国，都营丘”。

齐国在创立后很短的时间内，即能迅速富强起来，这首先是与太公姜望自身才能出众分不开的，正像《说苑·杂言》中所形容的那样：“太公田不足以偿种，渔不足以偿网，治天下有余智。”其次，是与姜太公正确的用人方针分不开的。太公望和周公旦在一起讨论“何以治国”这个问题时，太公望认为要将国治好，最重要的是“尊贤尚功”。只有尊重有才能的人，崇尚有功劳的人，这些人才能奋发有为，因而才能调动其治理国家的积极性，如此国才能大治。正是因为姜太公本身治国才智有余，再加之采取了因地制宜、尊贤尚功的正确政策，所以，齐国才会在很短的时间内突飞猛进般地发展起来，由此辉煌的成果亦可反衬出太公的才智超群。

第二章

周师齐祖安天下 治国有道匡社稷

姜太公在辅佐周文王、周武王治国安邦、灭商建周活动中立下了头等功劳，周武王灭商后，大封功臣谋士，以首功封姜太公于齐。作为周朝的“太师”，齐国的始祖，姜太公对时局产生了重大而深远的影响。姜太公主政齐地后，治理有方，恩威并施，发展生产，壮大国力，兼并东方35国，并击退莱夷侵扰。正是因为齐国的强大，巩固了西周政权对东方的统治，并对后来的东周列国历史产生了重大的影响。

爱民如子，仁政治国

姜太公作为周师齐祖，深知“民为邦本，民固国兴”的道理，有民则有国，无民则何国可言。因此，他力倡以民为本、仁政顺民的思想。顺民就是“重民”“贵民”。如果国君、人臣和各级官吏，不以民为本，不以民事为务，而敲剥、残害民众，就会使民众离心离德，离之而去，叛之而反。姜太公通过自己长期生活在民众中的亲自经历，不断观察，精心研究，对于民为贵、民为本的思想有深刻的认识，并树立了牢固的民本意识，所以他在出山之前和立国治国之中，都始终坚持以民为本，实行仁政，收服民心，使万民归心。对如何安静、安定天下，姜太公指出：天有其自己的运行规律，民众有其自己的日常生活事业。君主能与民众共同安生，天下就安静，民众就安定了。最好的政治是因民俗、顺民心进行治理，其次是宣传教化，感化民众。民众被教化、受感化，就会服从政令，所以说天道无为而能生长万物、成就万物，民众无须给予而能自己富庶，这就是对人治理天下的高尚道德，亦是无为而无所不为的根本道理所在。

爱民之道，就是以仁义之道，修德惠民，使民和服，如太公所言：“敬其众，合其亲。敬其众则合，合其亲则喜，是谓仁义之纪。无使人夺汝威，因其明，顺其常。顺者任之以德，逆者绝之以力。敬之无疑，天下和服。”就是说，要尊重民意，敬爱民众，聚合宗亲，行仁举义，就会受到民众的拥护爱戴，这样使天下和服，就可以守土、固国而王天下。因此，威服天下者，不必专任武力，不可横暴百姓，而要以仁义为本，修德禁暴。这就是姜太公和《六韬》重视文韬而不轻武略，把经国与治军作为整体而论的高明之处。他治国安民用仁道，施仁政，重教化，因民俗，顺民情，这就充分表现了姜太公治政的出发点和归宿是为

了爱民。《六韬·文韬·国务》云："太公曰：'利而无害，成而无败，生而无杀，与而无夺，反而无苦，喜而无怒。'"从上我们不难看出，"爱民"思想之深，在先秦军事、政治和诸侯君中，也只有姜太公才有如此深刻"爱民"思想。而且，也是由姜太公在齐立国之后，真正把"爱民"思想贯彻到建国的实践当中去，这就是齐国的富民政策。

尤为精辟的是姜太公以民本思想为基础，详细地阐发了使天下归心、万民归附的道理和方法。就是说，天下是天下人共有的天下，不是一个人私己的天下；国家是国中人共有的国家，不是一家一姓的国家。因此，在上者的君主、大臣、百官，要与天下人同其利，与万民同忧乐，不可擅天下之利为己利，为己之享乐而使民忧。

姜太公进一步强调要以仁、德、义、利，作为治国理政、济民救患的根本要务，如此，则可以使天下归心，万民悦服。也就是说，以仁政、道义治国爱民，使天下财富与万民共享，解救人民的死亡、苦难、祸患，与人民同忧同乐、同好同恶，为天下人谋求公利，不为一己私利、享受而剥民、害民，这样天下人就会归附、悦服，这便是人们常说的"得民心者得天下"的道理。

文王看到纣王暴虐已极、滥杀无辜、残害众生的罪恶而召见姜太公，请他辅助讨伐纣王而拯救万民。对此，姜太公通过自己长期的观察、体验、精思、研究，提出了一整套的夺取天下，消灭纣王，治理国家的智谋、方略、办法。

姜太公指出，明君贤臣要讨伐暴虐，夺取天下，治理国家，就必须修德以下贤，惠民以观天道。只有修己，才能待人；只有得民，才能应天；只有惠民，才能合天，因此要惠民以观天道，泽民以应天道。天道没有出现灾殃征兆时，不能率先提出征伐；人道没有出现灾祸征兆时，不可率先谋划用兵。既看到天灾，又看到人祸时，才可以谋划兴师讨伐；既看到他的公开活动，又看到他的秘密活动，方可知道他的内心想法；既看到他的外在表现，又了解他的内心想法，才能知道他的真实意图；既看到他疏远什么人，又看到他亲近什么人，才能知道他的真实情感。如此实行吊民伐罪之道，就可以实现政治目标；采取正确的政治、军事路线，就可以达到战而胜之的政治目的；建立合理的礼仪制度，就能取得成功；确立强大的优势地位，就能战胜强大的敌人。

姜太公进一步分析评论道：现在的商朝，谣言四起，社会动荡，祸乱不已，而纣王却依然荒淫无道，贪色不已，这便是其亡国的征兆。田地里长满了野草，奸臣超过了忠臣，官吏残酷暴虐，无法无天，面对这种乱象危局，朝廷上下依然执迷不悟，不思悔改，商朝已经到了灭亡的时候了。太阳高照天下万物都能沐浴阳光，正义所至天下万物都能得到利益，大军兴起则天下万民都会高兴归服。伟大的圣人之德，能见到这些，才是真正的快乐啊！现在是大兴仁义之师，讨伐独夫民贼的时候了，登高一呼，振臂一举，大军一发，就可以灭纣王而夺取天下，而救民于水火之中，这便是姜太公“开发启迪其忧民之道也”。

在取国、得天下之后，随之而来的则是如何为国、为天下的问题，就是如何治国、平天下的问题。

姜太公深刻地认识到：治理天下和夺取天下的根本道理和基本原则是一样的，就是“得民心者”则“得天下”“治天下”“为天下”，“失民心者”则“失天下”“乱天下”“害天下”，其根本原因就在于“天下者非一人之天下，唯有道者处之”。因此，为君者，必须以爱民为本，恩于百姓，兼利于万民，切不可残害百姓、加害万民，这是治国、为天下的根本要务。

据此，姜太公提出：大、信、仁、恩、权、事六个要素，作为衡量当权者能否治国、为天下的条件。要求治国、为政者，要具备博大的胸怀而兼容天下，诚信的品质而约束天下，仁爱的德行而怀抱天下，恩及百姓而保护天下，恰当使用权力而不失天下，举事不犹疑而能达到目的。只有这六个条件都具备了，才能够治理好国家、天下。因为只有这样，才能“利天下”“生天下”“彻天下”“安天下”，而使天下归一，万民归心；反之，则“害天下”“杀天下”“穷天下”“危天下”，而使天下仇之，万民灾之。所以只有道德高尚、推恩百姓的人，方可身居君位，治理国家，以王天下。

从姜太公始，中国历代的政治家、思想家，都注重民本、爱民、仁

政、德治的问题，并效法太公，在治国为政的实践中贯彻执行。

中国古代的“敬德保民”思想，渊源于殷周之际，其创立者、倡导者，为周初的君臣、智者，太公当然在其中，且为首要者。对于这种“敬德保民”思想，《尚书》中多有记载、论述。

周朝初年，为了巩固周朝的政权，周公、太公总结吸取了夏、商两朝灭亡的历史教训，提出了“敬德保民”“以德配天”的思想主张。

姜太公向统治者提出重民、爱民、养民、利民，是国家成败兴衰、生死存亡的根本。只有以德爱民，执政为民，以政利民，与民同乐，才能收民心，保社稷。这种民本思想，为后世的思想家、执政者，提供了思想规范，奠定了爱民基础。

固守国土，官吏清廉

当明君贤臣倾覆暴君，夺取政权，建立国家之后，所面临的问题就是：如何保守国家疆域，巩固国家政权，不使国土、政权得而复失。这也是个极为重大的问题，有国者对此不可不思虑，不能不谋划。姜太公深明此理，颇有深论，多有谋划，这也是他治国方略的一个重要组成部分。

姜太公指出，以国取天下的基础和前提是固守其国土，不失其政权。要想固守国土，保住政权，就必须修行仁义之德，实行仁义之政，使“天下和服”，万民诚服。

关于如何保守国土疆域，姜太公针对周文王的请教是这样认为的：所谓“守土者，保守吾国之土疆也”（《武经七书直解》）。关于如何固守国土的问题，姜太公有清楚的认识，他明确地指出：守土要亲密而不疏远宗族，尊重而不怠慢民众，安抚而处理好与周边国家的关系，控制住天下四方的局势。牢牢掌握住治国执政大权，不可把治国大权委托给他人，而使大权旁落，大权旁落君主就会失去权威而丢掉政权。不要挖沟壑去堆积土丘，不要舍本逐末，坑害百姓。日至中午，就要抓紧时机曝晒；操刀在手，就要抓紧时机宰割；武器在手，就要抓紧时机征伐。日中不晒，就会丧失时机；操刀不宰，也会丧失时机；武器在手不去征伐，就会被敌人所害。要掌握时机，不误失时机，误失时机，必然招致失败。因为任何事物都有一个发展过程，要防患于微萌之时、未然之中：如涓涓细流不堵塞，将汇成滔滔江河；星星之火不扑灭，就会燃烧成熊熊烈火而无可奈何；刚刚萌发的两片绿叶不铲除，最终会长成大树而用斧头砍伐。所以说君主必须努力使国家富裕起来，民不富就不能实行仁政，不实行仁政，就不能聚合宗亲、民众，疏远宗亲、民众，就会受害、失败。授人以柄，大权旁落，最终会被人所害而不得善终。

所谓“仁政”，就是实行仁义之政，尊重民意，团结宗亲。尊重民意，就会使万民和睦，受到拥戴；团结宗亲，就会使他们喜悦，得到爱戴。这就是实行仁义的根本原则和行动准则。照这个原则去行政治国，就会使天下万民和服，便可以守土固国而取天下了。

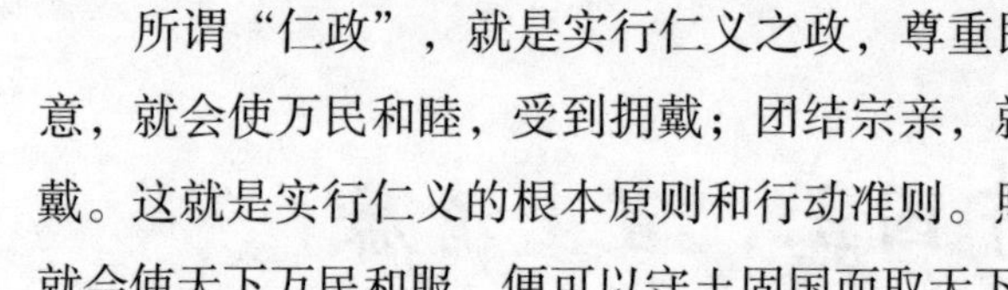

所谓“守国”，是讲“保卫国家之道也”（《武经七书直解》）。至于如何“守国”，姜太公精辟地阐明了“守国”的原则和策略。太公以自然界四时的运行和天地生养万物的法则、规律，说明仁君治国、守国的道理、原则。自然界的四时运行法则是，春天滋生万物，使万物欣欣向荣；夏天成长万物，使万物繁荣茂盛；秋天肃敛万物，使万物果实饱满；冬天储藏万物，使万物潜静不动。万物果实饱满成熟，就要收获储藏，收获储藏之后，则等待来年春天复生。自然界的万物，就是这样周而复始，循环往复，无始无终，无穷无尽，谁也不知道哪里是终点，哪里是起点。仁圣的君主应当效法天地生养万物的自然法则，来治理天下，守卫国家，同时要掌握治国之道，运用治与乱的辩证关系，处理好守国的要务。当天下大治时，仁人圣君要隐藏不动；当天下大乱时，仁人圣君要适时奋起而动，抓住时机，除暴安民，建功立业，这是治国之道。圣人处于天地之间，其地位重要、责任重大。所以圣人要因循常理而观察天下的各种形势、状况，安定民心。民心不安，是发生动乱的契机。一旦出现动乱的契机，各种政治势力就会起来争权夺利，为了自己

的得失而争斗不已。这时圣人就要秘密发展、积蓄自己的力量，待时机成熟就公开出来讨伐暴乱。首先出来倡导除暴安民之策，则必然得到万民拥护，天下响应，必然成功。当暴乱平定，取得胜利，恢复正常，人民安定时，既不进而争功，亦不退而让位，顺天道而应人意，这样保守国家，就可以与天地共存，与日月同光了。这便是效法天地之道而采取的“保卫国家之道也”。

姜太公的《守国》篇的“守国之道”与《守土》篇的“守土之道”，文意相近，而内容则有同有异，二者都是集中论述君主应当怎样治理国家、保住政权的问题：“守土”是从君主如何加强君权、争取民众而保卫政权的政治角度，做出论证；“守国”则是从“天道自然”而引申出“仁圣之道”，以效法天道而治国守国的哲学高度，做出论证。两篇综合观之，可以充分展现姜太公治国、守国的高超智慧、方略。

在姜太公守国的根本原则和策略方法中，我们可以清楚地看到其中充满着朴素唯物论和辩证法的思想内容，他以自然规律引申出守土守国、仁政爱民、仁至之道、和服天下的政治道理，并以自然万物无限发展的根本法则，说明仁圣之君应当仿效自然规律而运用自己的权力处理政务和讲究策略，从而达到固国土、保政权、安民众、和天下的政治目的。

在姜太公看来，要达到守土固国、国治民安的目的，国君必须有崇高的道德品格，对民众宽松，无为而治，不扰民、害民，而要亲民、爱民；官吏必须奉公守法，勤政为民，廉洁自律，清正爱民。君臣生活简朴、轻徭薄赋、奖励农桑、赏功罚罪、执法公正、存养孤独、赈济祸患，使百姓富乐，万民拥戴，这就是帝尧之治、贤君之政、圣君之德。

姜太公所说的贤君之政、圣君之德，要求君主治国从自我做起，严于律己，克己自奉，廉洁自律，以身作则。只有如此，才能教育为官勤政爱民，公正廉明，这便是正人先正己的道理。如果真正做到了这些，就会得到百姓的拥护爱戴，亲近敬爱如同父母。

姜太公的贤君治国、圣君崇德、官吏清廉、勤政爱民、正己正人论，对周朝官制的制订、考核和后世官德的形成、发展，都起着重要的作用，产生了重大的影响。

如周朝明确规定要求各职、各级官吏认真履行自己的职能、责任，治理好国家的内政、外交等各项政务。从治国安邦到教化万民、和谐邦国、平盗除贼、开源节流、侍奉鬼神、积累财富、生养万民等一整套治国、安民方略。各官职都要按规定的职能，尽心尽力，尽职尽责，做好自己的工作，不得怠慢、失职。“以官府之六联”，“凡小事之有联”（《周礼·天官冢宰·小宰》），而组成一个完整的治国安民、和谐万邦的政治体系，使国家机器正常运转。

因为官府的各种职能是由各职之官来行使的，为了使各职各官尽职尽责，必须严格选拔、考核、任用官吏。周朝规定要从六个方面选拔、考核、赏罚、任用、罢免官吏。这就是：

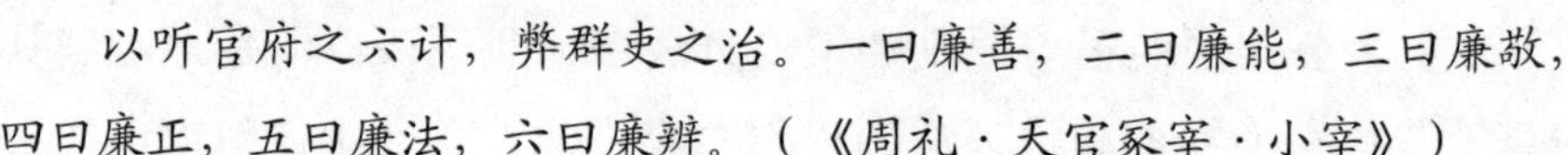

以听官府之六计，弊群吏之治。一曰廉善，二曰廉能，三曰廉敬，四曰廉正，五曰廉法，六曰廉辨。（《周礼·天官冢宰·小宰》）

“听”，治也，平治也。平治官府官吏的标准，有六条来断定、考核，都要以“廉”为本。“廉善”为有德行、有声誉，“廉能”为有才能、行政令，“廉敬”为勤行政、不懈怠，“廉正”为正身行、躬职守，“廉法”为奉公守法、不贪赃枉法，“廉辨”为明辨是非、不欺不惑。这种选人任官的六条标准，是全面而合理的，在今天仍然有其重要的借鉴意义和参考价值。

姜太公的官吏道德论和周朝的官吏考核制，强调做官为吏者，要严于律己，正身执政，勤政守职，爱民仁民，尽心尽力，尽职尽责，不可懈怠、玩忽职守，依法行政，不可迷惑，尤其是必须清正廉洁，不可贪污，为民执政不可苟得妄取，不得敛财受贿，更不得弄权贪赃。

所以说，官吏清廉守法，不贪赃枉法，是为政治国的根本，官吏道德的要则，国家健康的表现，百姓和睦的表现，天下太平的前提。

政治清明，任用贤人

要想使万民和服、亲附，安居乐业，使国家长治久安，天下太平，姜太公主张明君贤臣，以仁道得国，以仁义敬众守土，以仁政爱民执政，以官吏廉明治国。同时，要不失时机地讨伐不义之君，倾覆无道之国，吊民伐罪，解民倒悬，夺取天下，建立新政，这是太公治国方略的主旨和宗向。

姜太公指出，夺取天下，建立政权后，随之而来的便是如何修政、施政，巩固国家政权，使天下太平，万民心悦诚服，而修政、施政、执政的任务，是由官吏来执行和完成的，所以用什么样的人执政、为政和修什么样的政、施行什么样的政等问题，则是太公治国方略的一个重要内容和基本要务。他对此深思熟虑，全面谋划，合理施政，因情治国。因而能辅佐文王、武王夺取天下，治理国家，并使齐国经济繁荣，文化发达，道德提升，国泰民安，成为万民向往的泱泱大国。

姜太公曾目睹亲历纣王的暴政、人民的痛苦、国家的灾难，所以他极力主张治国安民用仁道，施仁政，重教化，因民俗，顺民情，孰民风。正如司马迁所言："太公至国，修政，因其俗，简其礼。"（《史记·齐太公世家》）这就充分地证明了姜太公治国为政的出发点和归宿地，都是为了爱民，都以民事为治国的要务。

姜太公的"修政，因其俗"，显然蕴含着"上行下效""上风下俗"的深刻内容。因此，姜太公极为重视、讲究为君之道，贤君之德，要求国君以帝尧为榜样，做个圣贤君主，仁德君主，不要像纣王那样，做个暴虐君主，成为独夫民贼。圣君、贤君、仁君，必须严于修己正身，生活质朴，轻徭薄赋，奖励农桑；储财富国，藏粮于民，省刑简罚，公平执法，无为而治，顺应民俗。太公除了在《六韬·文韬·盈虚》篇中专论“贤君之德”“贤君之政”“贤君之行”的内容、标准及其与“国治而民安”的密切关系外，在《六韬·武韬·文启》篇中，进一步就如何聚人为国、顺应民俗、施行教化、移风易俗、敦厚民风、纯洁民俗等政教内容，做了进一步的具体说明。在说明中，太公依然把圣明君主的正己修身、与民共生、宽松待民的圣贤之德与仁民爱众、陈其政教、顺其民俗的化民之教融为一体，作为治国方略而加以阐明、申论，由此可见太公治国方略的基本内容和一贯宗旨。

姜太公强调圣君贤臣治国执政要以大事为务，不要多事扰民，因此，他十分重视“圣人”“贤人”在治国中的重要地位、作用，极力主张上贤举贤、选贤任能。他以《上贤》《举贤》两篇，集中阐发了这些思想，在这里充分地展现了太公的治国人才观，并为后世的圣君治国、贤人为政论，开了先河。

其实，姜太公之后的历代各家学者，几乎无人不谈论圣人、贤人的问题，他们把圣人、贤人作为理想人格的首要论题和重要标准。之所以如此，就在于他们企望人们都要成为尧、舜，为人要有智慧、有道德，为政要爱民、惠民，人人都如此，官吏都如此，天下就可以长治久安，人民就可以安居乐业了。

姜太公生活的时代，正是崇圣尊贤的时代，又是君王暴虐无道的时代，在这样的政治思想氛围中，当然需要“圣人”出来吊民伐罪，解民倒悬，结束战争，统一国家，也需要“贤人”辅君治政，救世为民，天下和平，万民共悦。因此，姜太公在《六韬》中，对“圣人”和“贤人”做了具体的论证。他在《六韬·武韬·文启》中提出“圣人聚人而为家，聚家而为国，聚国而为天下，分封贤人以为万国”，“圣人务静之，贤人务正之”的“圣贤”治国论，其“圣贤”，是指明君贤臣，有道德、有才能之人。

尤其应当指出的是《六韬·文韬》中的《上贤》《举贤》两篇，集中体现了姜太公的重贤、上贤、选贤、举贤的圣贤观、治国论。

为了叙述方便，先论姜太公的“上贤”思想，次论其“举贤”思想。

所谓“上贤”，就是尊生、崇尚有道德、有才能的人，贬抑、清除

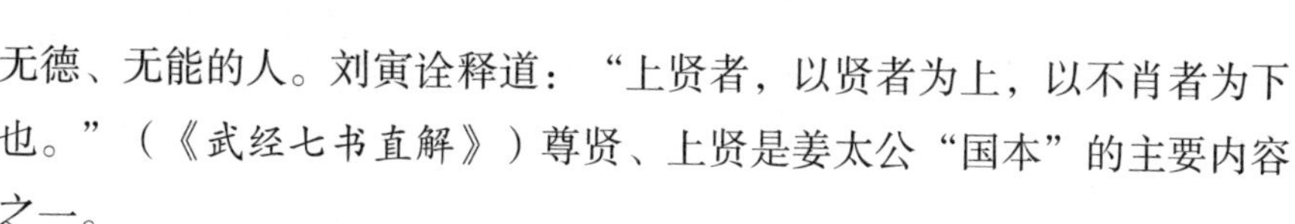

无德、无能的人。刘寅诠释道："上贤者，以贤者为上，以不肖者为下也。"（《武经七书直解》）尊贤、上贤是姜太公"国本"的主要内容之一。

关于"上贤"的思想内容，周文王在请教姜太公应当用什么样的人治理国家时，姜太公提出"上贤，下不肖"的主张，并从正、反两方面加以说明，尤其从反面详细说明了"六贼七害"对国家、民众的危害，以此证明"上贤"的必要性、重要性。

太公深知，作为君主，治理国家必须尊崇德才兼备的贤人，抑制无德无才的庸人；任用忠实诚信的好人，除去狡猾虚伪的奸人；严禁暴乱的行为，禁止奢侈的风气。因此，明君用人应当警惕，防止六种坏事、七种坏人。因为六种坏事的危害是："伤王之德""伤王之化""伤王之权""伤王之威""伤功臣之劳""伤庶人之业"。对七种坏人，绝对不可信用，根据不同情况，切"勿使为将""勿与谋""勿近""勿宠""勿使""禁之""止之"。这种贤人治国，就堵塞了坏人干政、干坏事，奸人危国、害民的途径。

姜太公进一步指出，要根据各级官吏的职能分工的要求条件来选取贤能，再根据各个官职应具备的条件来考核官吏，鉴定其才能的高下，考核其能力的强弱，评定其政绩的优势，使之名实相当，做到名副其实。因此，必须坚持选用贤才、任用贤才的条件、标准，使真正的贤才得到选用，不使庸人混入其间。

关于选拔、任用贤才的标准，姜太公提出了"六守"，即六条标准，具备了这六个条件则为"贤"，否则不可视为"贤"，同时又提出了考核、鉴别贤否的原则、方法。

所谓"六守者，以仁、义、忠、信、勇、谋六者守之，而不失也"（《武经七书直解》）。就是说，具备仁、义、忠、信、勇、谋这六个条件的人，才为"贤人"。以贤人治国理民、保国守权，才能使国家守之而不失。考查、鉴别贤否的原则方法是：使之富贵而观察其是否作恶犯法，不作恶犯法者为贤；使之尊贵而观察其是否骄横傲慢，不骄横傲慢者为义；使之担当重任而观察其是否怀有二心，不怀有二心者为忠；

使之奉命出使在外而观察其是否隐私欺骗，不隐私欺骗者为信；使之身临危境而观察其是否惶恐变节，不惶恐变节者为勇；使之处理各种不断变化之事视其能否应变无穷，能应变无穷者为谋。这就是人君取士、选贤、鉴贤的六条标准和方法，必须坚持这六条标准和方法。

姜太公雕塑

与这六条标准相反者，或不具备这六条标准者则不可选，不能用。奸猾谄佞而媚上求宠者，内心贪婪而善于伪装者，假公济私而欺上瞒下者，图谋私利而排挤他人者，结党营私而任人唯亲者，无德无能而嫉贤妒能者，对这六种人，要坚决抑之、去之、除之。只有以此“上贤，下不肖”，才是真正“得举贤之道”；只有真正贯彻“举贤之道”，才能为国家得贤才；只有得贤才、用贤者，才能达到国强民富的目的。

姜太公明确指出，国君上贤、举贤，旨在任贤、用贤。如果上贤、举贤，却不任贤、用贤，则只是有举贤之名，而无用贤之实。这种停留在名义上、口头上的上贤、用贤，是不会获其功而救其乱的，相反则会使时政愈乱，以致造成国家的危亡。所以上贤、举贤，任贤、用贤，要做到实当其名，名当其实，名实相符。

在姜太公的“圣人”“明君”之“举贤”“用贤”的人才治国论中，清楚表明，他是按照“将相分驭”的原则来举贤、用贤的。他对文臣的要求是以“仁、义、忠、信、勇、谋”的“六守”选贤、用贤，以“六贼七害”而“下不肖”；对武将的要求是以“勇、智、仁、义、忠”的“五材”选将、立将，以“八征”“十过”考查、任用将帅。这种将相分职，文武有别，各有侧重，见贤而举，真贤实用的贤才治国、统兵治军的人才观，是全面而具体，科学而合理的。

姜太公的“修政，因其俗”（《史记·齐太公世家》），“尊贤智，尚有功”（《汉书·地理志下》）的因俗、尊贤治国论，使周朝及其所开创的齐国，既得其政，又得其民，更得贤才，所以能获致其功，创一世之基业，开万世之太平，而泽及后世，流芳百世。

政教兼施，礼法并用

“无规矩不成方圆”。治国理民，必须把礼义道德教化与政治刑罚结合起来，二者不可偏废，缺一不可。政教兼施，礼法并用，这是中国自古以来“一以贯之”的治国安民之道。姜太公当然深通此道，并在执政治国的实践中加以实施、运用。

姜太公的治国方略、政教措施，是在继承和发展“五帝”“三王”治道的基础上而形成的。《世变论》说：“德多刑少者，五帝也；刑德相半者，三王也；刑多德少者，五霸也；纯用刑而亡者，秦也。”（《太平御览》卷六十二元引）《商君书·更法》篇说：“伏羲、神农教而不诛；黄帝、尧、舜诛而不怒；及文、武各当其时而立法，因事而制礼。”中国历史上凡是有德、仁圣之君，都是以道德教化为先，以刑罚惩治为后；以德治仁政为主，以刑法处罚为辅。因时制宜，因事制礼，当时立法，不易其俗。这是治国安民的成功之道，亦是姜太公治国安氏的基本要道。因为太公辅佐文王、武王灭商兴周，治国安民，所以“文、武各当其时而立法，因事而制礼”的治国方略、安民政策，实则是太公的治国之道、之策。

姜太公论政、治国，重礼治，亦重法治，主张赏罚分明，令行禁止，利国利民。

姜太公进一步指出，以法治国，依法治国，做到令行禁止，赏罚分明，奖惩公平，是一个重要而必须贯彻的原则。只有做到“所憎者，有功必赏；所爱者，有罚必罚”（《六韬·文韬·盈虚》），才是贤君之德，达到赏有功而罚有罪的目的。赏罚的目的在于有利于民生，使人无罪，感化天下，不是为了严惩酷刑，杀戮众生，太公的一切治国方略、措施，都是为了治国利民。

尤其可贵的是姜太公在说明赏罚必须公正、公平的同时，还强调罚不避亲，赏不避仇，杀贵大，赏贵小的赏罚原则。只有如此，才能树立起当政者、统兵者的威信。

姜太公的礼法并用，文武相兼，刚柔相济，赏罚分明，令行禁止等治国方略、化民之策，不仅辅佐文王、武王和治理齐国，取得成功，开创伟业，而且为后世明君贤臣治国树立了榜样，受到历代政治家、思想家的推崇和广大民众的敬仰，并对中国几千年的政治思想产生了广泛的影响。

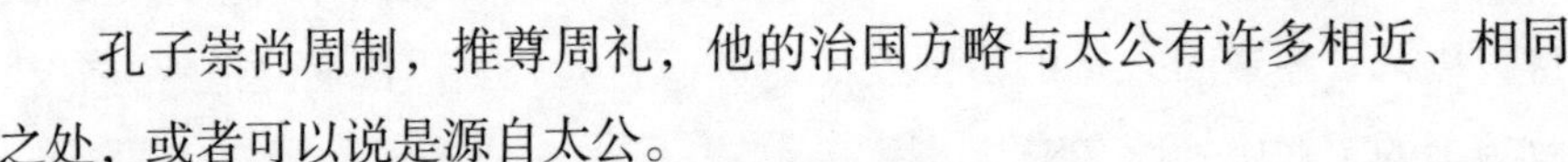

孔子崇尚周制，推尊周礼，他的治国方略与太公有许多相近、相同之处，或者可以说是源自太公。

其实，荀子作为齐国稷下学宫三任祭酒，吸取了太公的礼法并用的治国思想，明确主张“隆礼重法”，礼法结合的治国论。

李觏继承和发展了《周礼》《礼记》和荀子的《礼论》思想，尤其是太公的“礼法并用”的治国方略。

李觏在抬高了“礼”的地位同时，扩大了“礼”的范围，扩充了“礼”的内容，把“礼”视为范围广大、无所不包的极广大者。他认为，“礼”是穷天地，括阴阳，亘万世，贯古今，通人事的广大无限者。

李觏的“礼”为本、“法”为支，各有其用的礼法治国安民论，是对太公、周公、《周礼》、荀子有关思想的发展，亦为后来的治国者所

继承和发展，这是中国古代的民本论所必然引出的政治论。这种以礼为主，礼法并用，刚柔相济的治国论、政治术，具有时代性的意义，在当今仍有其借鉴意义。

理财富国，富民强国

姜太公不仅精通政治治国方略、军事谋敌韬略，而且深通理财富国之道、务本通末之策，所以制定了一整套的理财富国、富民强国的措施。

姜太公极为重视国家的经济建设和财富蓄积，十分关心民众的经济利益、物质生活，因此，他特别注意经济领域的各种问题，以及民众生产、生活中的实际问题，并提出了一系列的发展经济的措施、政策、主张，而理财富国，开源节流，富民强国，则是其中的一个重要内容。

姜太公从民本论出发，引申出仁政论，礼治论，而理财富国、富民，则是仁政、强国的经济基础。他把理财富民，聚民阜财，发展生产，流通货物，作为立国、强国之本，并付诸实践。

姜太公治齐兴国的政策、措施，与齐地的自然环境和历史传统有密切关系。他能根据齐国的地理条件、自然环境的具体情况，因地制宜发展生产，又能弘扬优良传统文化，修政简俗，聚众富国。

姜太公封于营丘之初，由于齐地膏壤千里，东有胶东，西有济南，南有泰山，北有清河以南等大片土地，皆宜桑麻，适合耕织，却“少五谷而人民寡”。所以太公至国修政，从实际情况出发，因地制宜，“乃劝以女工之业，通鱼盐之利”，“通利末之道，极女工之巧”，动员“五民”士、农、商、工、贾，发展生产，流通货物，增加财富，从而使邻国相交，冠带衣履天下，齐为泱泱大国，海岱之间联袂而往朝焉。

姜太公治国理财，既根据自然地理条件采取发展经济的政策、措施，又根据社会风俗文化情况采取因礼简俗的道德、法规，故能收到佳

姜太公宝鼎

绩。正如当代学者刘斌、徐树梓所说：“据《禹贡》及《地理志》等史籍记载，齐地既是粟、麦、稻、菽、黍、稷等多种谷物盛产之地，又是桑蚕、丝绸、鱼盐、铜铁冶铸、陶瓷制作等业发展发达的故乡。以此为人类的早期开化、为文明时代的先期到来提供了物质条件。正是上述的地理环境和历史传统，培养成了太公阜财殷民、生财聚人和‘聚人守位’的政治思想。太公继承与发展了其先人的遗教，认为治国安民必须行仁政、施德治。而仁政、德治的核心就是富民。所以他告戒（按：应为诫）周文王守土、守国的根本原则是说：人君必务于从事致富和生利，‘不富无以为仁’；人君必务于广施博济，但不富无以施予和赈济。不施予不赈济又无法‘敬其众’‘合其亲’，‘敬众’‘合亲’便是‘仁义之纪’；不能‘敬其众’‘合其亲’就不能守土或守国。但敬众、合亲必须是物质利益的施予，而不是空洞的说教或精神的劝慰，所以，仁政、德治的实体就是富民。治国以仁政，安民以富足，这就是太公对传统治道的发扬光大。”（《姜太公本传》，山东人民出版社1996年版，第102页）这个评论是符合姜太公治国富民、仁德施政的思想宗旨和齐国发展、壮大、富强的实际情况的。

姜太公深知，治国之道，除政治上施行仁政、德治、爱民，收归民心，聚居民众之外，在经济上要实行合理的经济政策，因地制宜，因物制用，发展生产，流通货物，增加财富，利用厚生，这就是他的理财富国、生财富民、开源节流的发展经济的方针、政策。

姜太公认为，国家要爱民，就必须利民，不能害民；利民必须予之，不能夺之；予之必须有财富，才能施予；财富靠发展生产而来，不是靠掠夺而来，更不是靠刮民而来。所以说，姜太公的富国富民政策与仁政爱民思想是紧密相连，融为一体，不可分离的。

《六韬·文韬·国务》和《说苑》卷七《政理》集中记述、表达了姜太公的政治理论、治国要务、施政方针，即“治国之道”“爱民之道”“富国之要”“富民之策”。综合观之，可以看到姜太公的理财富国、王国富国的经济思想，其内容是十分全面而丰富的，主要内容有以下几个方面。

第一，君主简朴，官吏廉洁。

姜太公指出，明君贤臣，各级官吏，治理国家，理财富国，必须从自身做起，以身作则，不可只顾自己贪图享乐，花天酒地，追求奢华，挥金如土，而不顾百姓疾苦、承受能力，却肆意侵掠、搜刮民财。要做到国富政理、官吏廉明，国君要生活简朴、端正身行、做好样子，一定要“俭宫室台榭”，“不幸宫室以费财”，“不多观游台池以罢民”，“不雕文刻镂以逞耳目”，不为一人享受而耗民财民力，这才是贤明君主为政之德。

姜太公的君行官德论、惩治贪官污吏论非常精辟，并为后世为君做官者所效法，在当今依然有其重要的思想价值。

第二，不失民务，不夺农时。

姜太公深知，理财富国，增加货殖，积累财富，关键在于发展生产，而发展生产，必须实实在在真做实干，不是空言虚语所能达到的。在中国古代农业社会中，农桑生产是增加财富的根本要务，所以必须劝民众尽力于农桑，务于耕织，不可失民务以害民。而农桑生产是有很强的季节性，时间要求很严格，这就要求当政的理财者们，必须做到不失农时，不误农时，使广大农夫、桑女，有其务，适其时，以利之。所以姜太公说“民不失务则利之，农不失时则成之”，“民失其务则害之，农失其时则败之”（《六韬·文韬·国务》），“不以役作之故，害民耕绩之时”，而要对“尽力农桑者慰勉之”（《六韬·文韬·盈虚》）。要鼓励广大农夫、桑女，人人都从事农桑之业，各有其务，各出其力，适时耕织，男人耕种，女人织红，春种、夏锄、秋收、冬藏，不失本业，不误农时，便可以使“万民富乐而无饥寒之色”，“国无流饿之民”，这样国可富而民得治，这就是贤君之治、贤君之务。

姜太公的这个劝农桑以富国富民的思想，对后世产生了很大的影响。

第三，省刑轻役，不苦民力。

姜太公治国施政，理民聚财，注重教化，不废刑禁，使用刑罚，做到适宜，不可严苛，不能滥用。这不仅有利于治国安民，保持安定，而且有利于保护民力，发展生产。在姜太公看来，民有罪者要量刑而罚之，或轻刑、少刑之；有罪而重罚，或无罪而罚之，就是杀戮万民。如果先德治而后刑，重教化，轻刑罚，就会使万民得以生存，有利于保护社会生产力。因此，姜太公积极主张省刑罚，极力反对重刑罚，这样可以生民、利民，而不杀民、害民。他所说的“省刑罚则生之”，“有罪者重其罚，则杀之也”，“无罪而罚则杀之”等，就是这个意思，都是为了爱民而保护社会生产力。

姜太公在力主省刑罚，反对重刑罚，保护社会生产力，不破坏社会生产力的同时，还力主轻徭役以宽民力，反对重徭役而苦民力。

姜太公深刻地认识到，如果当政的最高统治者为了自己的穷奢极欲，追求无度的生活享乐，大兴土木建设，修筑宫室台榭，频征徭役，则是疲惫民力，苦杀民众，这不仅消耗了大量的社会财富，而且严重地破坏了社会生产力，不利于经济发展，有害于国民生计。因此，姜太公主张“俭宫室台榭”而使民“乐之”，反对“多营宫室台榭以疲民力则苦之”，“多徭役以罢民力则苦之”。

姜太公的省刑罚、轻徭役、宽民力而不杀民、不害民、不苦民力的千年遗训，为中国历代统治者提供了宝贵的借鉴意义。秦朝施行暴政，大造宫殿，则二世而亡；隋炀帝大兴土木，频征徭役，修建宫殿，最终招致杀身之祸，如此等等，都证明太公的治国方略，思想主张的高明、正确，当为万世所法。

第四，薄赋节敛，勿夺民财。

与省刑罚、轻徭役而不苦民力的爱民治国、富民富国思想主张紧密相连的是薄赋节敛、勿夺民财的理财富国富民主张。

姜太公指出，当权的最高统治者为了花天酒地的生活而聚敛私财，无疑是夺民之财，害民之甚，这种掠夺民财，不顾民众饥寒冻馁、贫病死活的当权者，最终要与纣王一样，成为“独夫民贼”，遭到覆灭的下场。因此，姜太公教告周文王、周武王，为国治民、理财富民的要务之一是薄赋节敛而勿夺民财。

姜太公认为，薄赋敛是给予民财，重赋敛是夺取民财，与民财而不取于民者，使民富而能与之，最终能取得天下；夺民财而取于民者，使民贫而去夺之，最终则会丧失天下。这就是与天下者，天下与之；利天下者，天下利之；夺天下者，天下夺之；害天下者，天下害之的道理。

因此，姜太公告诫人君治国理政富民，要“薄赋敛而与之”，不可“重赋敛则夺之”。

第五，充实仓廪，惠施于民。

姜太公理财治国、富民强国的根本目的、思想主旨，是为了推恩于百姓，惠施于民众。治国富民，爱民利民，是太公治国方略的出发点和归宿地。

姜太公认为，“治国之道，爱民而已”，“国之大务，爱民而已”，一言以蔽之，治国之道，就是“爱民”二字，离开“爱民”，则非治国之道。所以明君贤臣治国要务就是为了实现“爱民之道”，达到“爱民”目的。

姜太公指出，“爱民之道”不是空言虚语，说说而已，而要做到真正爱民，实际爱民，视民如父母之爱子，如兄长之爱弟。爱民必须有实际行动、具体内容和真情实感。要设身处地为民众着想，为民众办实事，这才是真正的善于治国理财的人。

姜太公主张通过发展生产，积累财富，充实府库，赈济灾民，救济鳏寡孤独、老弱病残，做到“官无腐蠹之藏，国无流饿之民”，这才是“贤君之治国也”。相反，如果国家仓廪实，府库充，腐蠹藏，而人民却饥寒冻馁，饿殍满野，流离失所，背井离乡，则是害民、夺民、杀民。

姜太公以此教诫君主，理财富国，积财殖货，意在推恩于百姓，施惠于万民，不是为了自己聚敛财富、搜刮百姓，这实在是大政治家的理财治国之道，积财富民之略。因此，为后世所效法，为后世所推崇。

六守三宝，开源节流

姜太公的理财富国、富民足民的发展经济的思想主张是全面而周到、精辟而深刻的。《六韬·文韬·六守》载：太公曰：“人君有六守三宝。”六守：仁、义、忠、信、勇、谋。三宝：大农、大工、大商。农一其乡则谷足，工一其乡则器足，商一其乡则货足。三宝各安其处，民乃不虑。无乱其乡，无乱其族。臣无富于君，都无大于国。六守长则群昌，三宝完则国安。这三宝在齐立国之后，也是列入建国方针之一，即“通商工之业，便鱼盐之利”，农工商同时发展，重点又是发展工商业，因而，后来的齐国才发展或为一个民富国强的大国。

姜太公在“三宝并重”“本末并利”“上下俱足”“广开财源”的基础上，提出了他的货币政策，确保财货正常流通、赋税正常缴纳、促进经济发展、市场繁荣，这种开源节流的经济、货币政策，实为国家经济发展的上策。姜太公深知农、工、商三业对国计民生的重要意义，国无农无食不稳，国无工无器不富，国无商无货不活，故要农、工、商并重，协调发展，使人民有业可从，衣食饱暖，器具足用，财货流通，财政充裕。姜太公的“三宝”思想，不仅是周朝经济发展的基本方针政策，而且为齐国的强大奠定了政治、物质基础，这种发展经济的指导思想，延续至当今世界。

姜太公以“三宝”为中心的开源节流、发展生产、富民强国、安民固国的经济思想，内容丰富，蕴意深刻，政策合理，措施得当，其主要

旨意是：

第一，三宝并重，协调发展。

姜太公把农、工、商称为国之“三宝”，并以“大农、大工、大商”称之。“大”者，“重”也。以“大”称“三宝”，表示此三者在国家社会经济生活中的规模、地位、贡献的重要，亦表示姜太公的尊敬、推崇、注重、重视之意。

姜太公深知农、工、商三业对国计民生的重要作用和意义，国无农无食不稳，国无工无器不富，国无商无货不活，三者缺一不可，所以要农、工、商并重，同时并举，协调发展，携手共进，使人民有业可从，衣食饱暖，器具足用，财货流通，财政充裕。这是为国者的大务，亦是富民强国的根本。如果执政为国者不懂得这个道理，不抓住这个根本要务，却成年搞政治运动，成天喊政治口号，则必然是愚蠢者，当然亦是失败者。太公之教，当为历代治国者所法。

对于齐国、齐地以丝织、刺绣为代表的工业，史籍多有记载、描述，史家多有评论、称赞。《汉书·地理志下》称齐人精于“织作冰纨绮绣纯丽之物”，齐国“号为冠带衣履天下”。

齐国工业，不仅丝绸、刺绣、绵帛之业发达，而且冶炼、器具、车辆诸业都很发达。仅就《六韬·龙韬·农器》等，所列农器、战具而言，已有铁蒺藜、蔽橹、矛戟、甲胄、干盾、镘、锸、斧、锯、杵、臼、铁锤、铁耙、铁叉等，这些同临淄地区多处发现的周代炼铜、冶铁、铸器、车马等遗址一起综合观之，可以充分地证明齐国、齐地工业的发展盛况，这当然与姜太公的重工政策、措施有着直接而密切的关系，亦可以说是其重工、大工政策的必然结果。

重商、大商。与重工、大工政策紧密相连的是姜太公的重商、大商政策。因为工业发展，财富增加，货物增多，必然要求加强货物交流，促使金融流通，促进经济繁荣，这同样是太公“通工商之业，便鱼盐之利”，“劝其女功，极技巧，通鱼盐”的结果。因为这是姜太公的富民强国政策的一个重要内容，故予以高度重视。

姜太公重视农业，以农为本，注重发展农业，商业虽然为末，但不轻视商业，而是同样重视，亦尊为国之“三宝”之一，从而使农、工、商协调发展，彼此共进，使国家经济繁荣。因此，姜太公强调发展商业，要求本末并重，本末并利，并以此作为富民强国的一个根本保障。

为了发展商业，姜太公除了强调“通末业”之外，还采取了有力的措施，保证商业的正常发展，“太公重商而能富强的保证有两点：一是资源保证。桑蚕丝织和广阔丰饶的海产鱼盐是主要的资源，在长期不变的重商政策下，齐国丰富的自然资源都得到了合理的开发、合理的利用。二是政治保证。太公重商业贸易，必使齐国货物遍利天下，如‘冠带衣履天下’，即走出国门，货通四海，发展与各国的通商贸易，广泛交流，要做到推出去，引进来，通过货利往来的途径，以实现财畜（蓄）货殖、富民强国的目标。而要达到这一目标，其根本保证就是政治开放。如果以关门、排外的方式而求富民强国，那只能使自我萎缩以至于枯竭。太公则强调齐国是齐国人的齐国，他在倡导天下人共同治理天下的同时，更倡导由齐国人共同富强齐国，实行‘先疏后亲’的举贤任能的方针，从而树立起了政治开放的典范，开辟了务实图强的道路”（《姜太公本传》，山东人民出版社1996年版，第125—126页）。这个评论是中肯而符合历史实际的。

姜太公根据齐国东临大海，西有济南，南有泰山，北有清河以南等辽阔海域、膏壤千里，且产鱼盐，宜桑麻，利耕织的自然条件；齐人慧巧，善于丝麻纺织、刺绣缝纫等具体情况，动员“五民”：士、农、商、工、贾，各尽其能，各出其力，开发自然资源，广取山海之利，促进货物流通，广交天下朋友，从而使齐国财富不断增加，货物源源流出。这种不单取农桑之利，而“通山川之利”，“擅鱼盐之利”的“通来利”，使齐国成为民富国强的泱泱大国，“人民多文采布帛鱼盐，临菑亦海岱之间一都会也”（《史记·货殖列传》）。

姜太公的重商政策和保证措施，不仅在当时对齐国商业发展、市场繁荣起了积极的巨大作用，而且在今天亦有其借鉴意义和思想价值。正因为其正确、合理，所以为后世所采纳，且受到后人的称赞。

第二，生财有道，布德于民。

姜太公指出，聚人生财，发展经济，繁荣市场，是为了富民强国，利民利国，有利于天下，不是为了一人一家聚敛财富，贪图享乐，挥霍浪费。因此，他在以农、工、商全面发展繁荣，多途径富民富国的基础上，讲究生财有道，施惠于民，布德于民的道理。

姜太公之大德，就经济领域而言，则是通过生财有道，而发展生产，增加财富，以德富民，积财为民，推恩于民，康健保民，从而使万民归顺，天下归附，促成武王伐纣，解民倒悬，除暴安民，这是其富民强国政策的宗旨目的和必然结果。

姜太公的仁政、善德、富民的治国之略、生财之道，旨在爱民，推恩百姓，惠施万民，布德天下，而不是与民争利，夺取民财，聚敛财富，据为己用，因此，受到当时和后代人的推崇、尊敬。

姜太公的农、工、商"三宝"并行发展、本末并重，是通过全面发展经济，多途增加货殖之道，精心筹划，多种经营，"此筹计之所致，非独耕桑农也"，以此实现其爱人者"爱屋及乌"的富民强国的政治目标。齐国的发展、强大，充分证明了其经济、政治政策措施的正确合理，而且泽及后世，为万世法。就是说，多途理财，本末并利，农、工、商并重，彼此协调，不可偏废，就可以做到上下俱足，民富国强，有利于民，有德于民，自然有利于国了。

其实，姜太公之后的齐国，依然继承、继续采取太公发展经济、富民强国的政策。国家全面发展生产，使经济繁荣，又掌握经济命脉，"通轻重之权"，使粮食等货物能够合理蓄积、流通、集散。做到以丰补歉，以有余补不足，调节市场，平稳物价，不使富商大贾乘民众之危，囤积居奇，垄断市场，抬高物价，坑害百姓，这是有功于民、推恩于民、布德于民的"善政""仁政"。正因为如此，才使齐国"世为强国"，到管仲相桓公之世，便能"九合诸侯，一匡天下"，这是太公所建"国本"的传承。

第三，丰衣足食，利于教化。

姜太公的"三宝并重""本末并利""上下俱足""多途理财"的理财、积货而富民强国的经济主张，蕴含着一个深刻而有价值的思想内容，就是人民丰衣足食，安居乐业，则思想稳定，利于教化，即物质经济基础决定道德意识品质。

姜太公指出，国家不注重发展生产、理财蓄财，无以致富生利，“不富无以为仁”，国家没有充足的物质财力，就不可能惠施于民、推恩于民，人民吃不饱、穿不暖，就会铤而走险，起来造反，更无礼义道德可言。只有国富财丰，以雄厚物质财富为基础，才能惠施于民，做到“敬其众”“合其亲”；只有“敬其众”“合其亲”，才能“化其民”“民化而从政”。否则，民众不会服从国家政令的。

司马迁曾经评论道：“‘仓廪实而知礼节，衣食足而知荣辱。’礼生于有而废于无。故君子富，好行其德；小人富，以适其力。渊深而鱼生之，山深而兽往之，人富而仁义附焉。”（《史记·货殖列传》）这里蕴含着物质决定意识道德的唯物史观的基本原理，是千古不易、不可更改的科学真理、智者发现。它充分显现了姜太公等中国古圣先哲的思想智慧。

九府圜法，发展经济

姜太公在“三宝并重”“本末并利”“上下俱足”“广升财源”的基础上，又提出了他的货币政策和管理办法，进而确保财货正常流通，赋税正常缴纳，促进经济发展和市场繁荣。这种既开源又节流的经济、货币政策，实为保证国家经济发展、繁荣的上策。

姜太公的货币政策，主要是他制定的九府圜法。所谓“九府圜法”，颜师古《注》云：“《周官》大府、玉府、内府、外府、泉府、天府、职内、职金、职币皆掌财币之官，故云九府，圜谓均而通也。”姜太公所建立的“九府圜法”，是用行政手段保证财货的均衡流通和合理出入，使钱币与布帛不断流通，聚散适宜，无积滞，无匮乏。国以之富，民以之足。

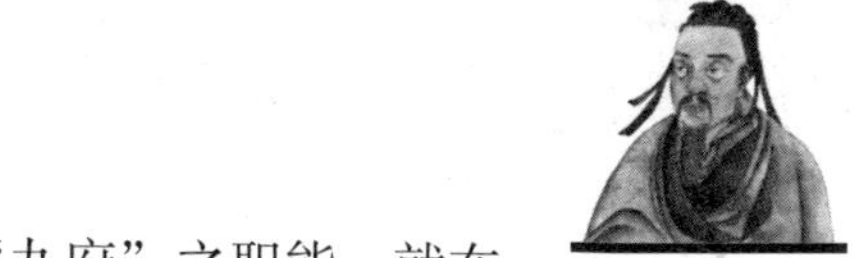

“九府”是“掌财币之官”，查《周礼》的“九府”之职能，就在于“通货币，易有无”。

姜太公的财政经济政策和金融管理制度，不仅为周朝的经济管理、经济监督、赋税收纳、货物保藏等建立了完整、严密的管理体系、管理制度，而且为齐国的强大、为齐桓公和管仲的“九合诸侯，一匡天下”的霸业奠定了基础。姜太公的生财之道、理财之策，即开源节流之制，是富民强国之道、为万世治国兴邦之正道，万事不易之治道，故为万世法。

诸家都肯定“太公为周立九府圜法”，“太公既立之于周”而“又立九府圜法”。就是说，“立之于周”而行之于周、齐的“九府圜法”，是由姜太公创立的货币管理制度和流通政策，这是确定无疑的。

姜太公所创立的“九府圜法”，是国家用行政制度手段保证财货的均衡流通和合理出入，使钱币和布帛不断流通，聚散适宜，无积滞、无匮乏，从而达到国以之富，民以之足的目的。

“九府”为“皆掌财币之官”，查《周礼》中关于“九府”的职能，则是“通货币，易有无”。下面对之做具体说明。

大府，《周礼·天官·大府》云：

大府掌九贡、九赋、九功之贰，以受其货贿之入，颁其货于受藏之府，颁其贿于受用之府。

“大府”又称“太府”，为周官之一，掌管府藏出入事务，即财货的收入之藏和支出之用。具体职责是掌管“九贡”“九赋”“九功”的贡纳与分配，“岁终，则以货贿之出入会之”（《周礼·天官·大府》）。分论之则有如下的具体内容。

“‘九贡’是王朝所征缴的九种贡物，‘致邦国之用’。一是‘祀贡’（指牺牲、包茅之属），二是‘嫔贡’（嫔也作宾，皮帛之属），三是‘器贡’（指宗庙之器），四是‘币贡’（即绣帛），五是‘材贡’（即木材），六是‘货贡’（指珠贝自然之物），七是‘服贡’（即祭祀礼服），八是‘斿贡’（指羽毛），九是‘物贡’（指九州之外，各以其所贵为贽）。”（《姜太公本传》，山东人民出版社1996年版，第107页）“九贡”之收入、调用，视情、按制而行，“凡邦国之贡，以待吊用；凡万民之贡，以充府库”（《周礼·天官·大府》）。严格管理，不得随便调出、动用。

“九赋”是姜太公规定的按制征收的九种赋税，“以九赋敛财贿”，赋敛财贿要有一定的式法、制度，不能乱征、滥用，这就是：“凡颁财，以式法授之。关市之赋，以待王之膳服；邦中之赋，以待宾客；四郊之赋，以待稍秣；家削之赋，以待匪颁；邦甸之赋，以待工事；邦县之赋，以待币帛；邦都之赋，以待祭祀；山泽之赋，以待丧纪；币余之赋，以待赐予。”（《周礼·天官·大府》）“九赋”：关市之赋、邦中之赋、四郊之赋、家削之赋、邦甸之赋、邦县之赋、邦都之赋、山泽之赋、币余之赋，按照规定征收，依据地域远近、不同行业征收的赋税，以作不同之用，不得相互挪用。

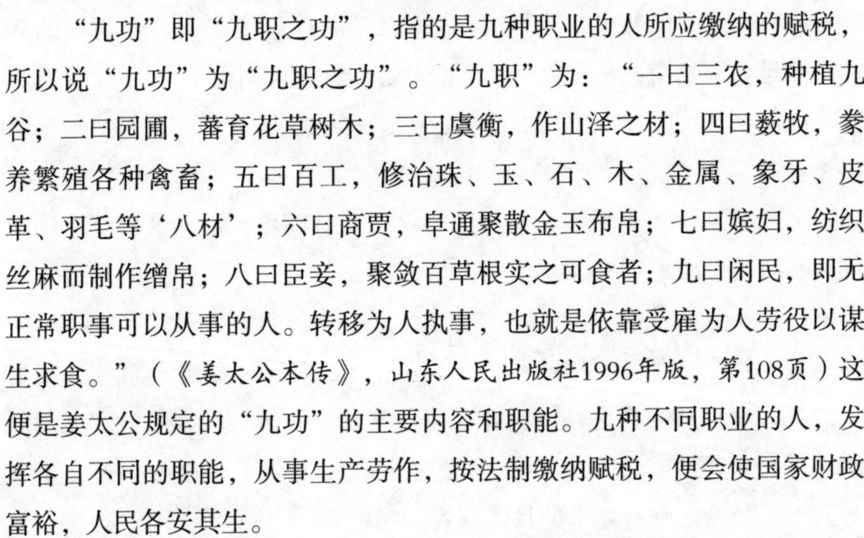

“九功”即“九职之功”，指的是九种职业的人所应缴纳的赋税，所以说“九功”为“九职之功”。“九职”为：“一曰三农，种植九谷；二曰园圃，蕃育花草树木；三曰虞衡，作山泽之材；四曰薮牧，豢养繁殖各种禽畜；五曰百工，修治珠、玉、石、木、金属、象牙、皮革、羽毛等‘八材’；六曰商贾，阜通聚散金玉布帛；七曰嫔妇，纺织丝麻而制作缯帛；八曰臣妾，聚敛百草根实之可食者；九曰闲民，即无正常职事可以从事的人。转移为人执事，也就是依靠受雇为人劳役以谋生求食。”（《姜太公本传》，山东人民出版社1996年版，第108页）这便是姜太公规定的“九功”的主要内容和职能。九种不同职业的人，发挥各自不同的职能，从事生产劳作，按法制缴纳赋税，便会使国家财政富裕，人民各安其生。

所谓“大府掌九贡、九赋、九功之贰，以受其货贿之人，颁其货于受藏之府，颁其贿于受用之府”，按《周礼》规定的“大府”的这些职能原则，具体说来则为：“大府掌大宰的副贰，按九贡、九赋、九职之功贡赋的原则收受货（金玉）贿（布帛）人府库，然后将货（金玉）颁发给内府等部门，使其收藏备用。通常，货贿的精良者供王用，其余供邦国使用。大府收入的货贿按式法颁授予有关部门：关市税收供国君膳食服装费用，邦中（即畿内）赋税收入供接待宾客费用，四郊赋税收入供马牛饲养即好‘刍秣’费用，家削（即大夫采邑）税收供赏赐群臣费用，邦甸的赋税收入供营造、建设、制作等事业的费用，邦县的赋税收入为馈赠慰劳宾客的费用，邦都的赋税收入供各种祭祀的费用，山林坡泽的税收供诸侯、诸臣丧葬含禭、赠尊、赙赠之类的费用，币（敝）余之赋即旧残物品折价出卖而得的税收，则供宴饮有所爱好、自以欢乐而有所赐予之用。《周礼》所谓大府颁发财货‘以式法授之’不同部门，即按‘祭祀之式’‘宾客之式’‘表荒之式’‘羞（馐）服之式’‘工事之式’‘币帛之式’‘刍秣之式’‘匪颁之式’和‘好用之式’等九种方式把财货分发给有关部门，以供所谓‘王之膳服’‘宾客’‘稍秣’‘匪颁’‘工事’‘币帛’‘祭祀’‘丧纪’‘赐予’之用。大府把财物‘以九式’或‘以式法授之’有关部门的目的在‘均节财用’，具有实际的经济意义和目的，是积极而有效的节流措施。”（《姜太公本传》，山东人民出版社1996年版，第108—109页）这种节约而不浪费财货的制度规定和法定方式，既使财物货贿流动有法有序，不得浪费，

姜太公钓鱼台

又使贪鄙、奢侈者不能钻空子而损公肥私，掠取财贿，使国家财物不能流失而化为己有，从而保证财贿丰而国足用。姜太公的“大府”之制，不仅显现了他治国通货的高超才智，而且为后世的财政货币管理做出了规范。

姜太公的财政经济政策和金融管理制度，确实为周朝经济管理、经济监督、赋税收纳、货物保藏、资源开发、矿藏保护等建立了一整套的完整、严密的管理体系、规章制度、法律规范，当其行之于齐国，又为齐国的强大，为齐桓公和管仲的“九合诸侯，一匡天下”的霸业奠定了坚实的政治、经济基础。

姜太公的生财之道、理财之策既是开源节流之制、严管金融之法，又是富民强国之道、繁荣经济之策，而为万世治国兴邦之正道，亦为万世不易之治道，理所当然地受到后人的称赞，而为后世治国者效法。

第三章

韬略鼻祖美名传 千古武圣威天下

姜太公被后人尊崇为韬略鼻祖，是因为他的谋略思想涉及了政治、经济、军事、文化、外交等诸多方面，并且自成体系。在中国封建社会的三千多年里，姜太公的谋略思想始终影响着王朝更替、历史演进的进程，其韬略鼻祖地位，也在不断地加强。因此说，姜太公作为中国韬略鼻祖、千古武圣，其文韬武略、经国治军，理民化俗之论、之策、之术，都为后人奠定了良好的基础，并为华夏民族所称颂、效法。

文韬文伐，胜过武攻

《六韬》虽然是兵书，注重兵略，讲究攻守，但并非单纯论兵、尚武，而是尚“文韬”、讲“文伐”，以仁义道德收服民心，不以穷兵黩武征服天下。

姜子牙

这是因为姜太公深知用兵之道在于吊民伐罪、惩恶扬善，用兵之略在于不战而胜、以谋取胜，所以他极为重视军事韬略，讲究不战而胜的谋略。这是说，吊民伐罪，夺取天下的策略，要在政治上争取民心，军事上求得不战而胜。因为民众是胜利之本，所以要想不战而胜，无伤而胜，就要依靠民众，与民众共甘苦、同好恶，上下同心，相互救援，如此方能攻守自如，“不战而屈人之兵”。这就是“与人同病相救，同情相成，同恶相助，同好相趋。故无甲兵而胜，无冲机而攻，无沟壑而守”之义。

姜太公为了达到不战而胜的目的，非常重视“文伐”的作用。所谓“文伐”，就是“以文事伐人，不用交兵接刃而伐之也”，即用非军事手段讨伐、征服、战胜敌人。《六韬·武韬·文伐》篇中，姜太公提出了十二种“文伐”的方法，具体说明了“文伐”的内容、方法、策略、目的等。其主旨是采取各种方法，利用敌人的内部矛盾，收买、分化、瓦解、离间、麻痹、削弱敌人，转化敌我情势，造成有利于我、不利于敌的态势，然后取而代之。以“文伐”为“武伐”准备条件，奠定基

础，开辟道路。只有将“文伐”与“武伐”结合起来，方能达到战胜敌人的战略目的。所以结论是“十二节备，乃成武事，所谓上察天，下察地，征已见，乃伐之”。

实际上，姜太公的“文伐”之略、之法，在灭商兴周的过程中，一贯注意运用、实施，早在“周西伯拘羑里”时，上述有的方法就已得到采用，并取得了成功。当时散宜生、南宫括等人向姜太公请教、商量救文王之策，太公献计以美女、奇物、珍宝献纣王，使之赦免文王，文王归国后，实行仁政，收归民心，以待纣之失，最终“乃遂其谋”。文王之谋，乃太公之谋，这与“文伐”和“武伐”的“十二节”中的不少内容是相同的，究其实则为姜太公一人所思所谋。

由此可见，姜太公一贯注重“文伐”“谋胜”，主张因势利导。《六韬·武韬·三疑》篇武王与太公的问对中，太公作了具体的说明。武王想建立功业，却有三种疑问：恐怕力量不足以进攻强大的敌人，不能离间敌方国君的亲信，不能瓦解敌国军民。针对武王所问，太公提出了攻强、离亲、散众的策略，即攻强以强，离亲以亲，散众以众。具体措施是：因之，慎谋，用财。就是说，要因势利导，慎用计谋，使用钱财。袭击强大的敌人，必须采取各种谋略、计策，去怂恿敌人、收买敌人、离间敌人、瓦解敌人，使敌人营垒分化，骄横强暴，争夺利益，淫乐迷乱，彼此怀疑，上我圈套。我运用计谋，敌人却不了解我的真实意图；我取得了胜利，敌人却不知。这就是智谋可以产生财富，养育万民，辅佐君主“以王天下”的道理所在。

《六韬》重谋胜，姜太公重“文伐”“韬略”，旨在求不战而胜，这是中国历代兵家和论兵者所崇尚的用兵之略。兵圣孙武，注重战略，尤贵谋胜，主张不战而获全胜。他认为，虽然“兵贵胜，不贵久”，但是最上策则是以“谋”取胜，做到不战而胜，所以他力主谋攻，并以此为基础建立了他的军事谋略思想。即对敌作战，即使百战百胜，也不是最高明的计策，只有“不战而屈人之兵”，才是上上策，所以要以“谋攻”取胜，不战而胜。这才是中国兵家“贵谋”的原因，亦是其智慧的显现与华夏民族的优秀传统。

得道多助，失道寡助

“得道多助，失道寡助”的原因正是重视“人和”的结果。实际上，中国历代的哲学家、思想家，都重视“和”，并做了大量的论述。他们强调天地和谐，阴阳和合而化生人和万物。在这个哲学思想的内涵中，包蕴着天、地、人的内容，自然物要“和”，人间事更要“和”，和而不同，为君子之道，因此，“和”成为人们认识自然万物和对待政治伦理生活的重要法则。孟子吸取和发展了其思想先行者的“和”的思想，在论述战争与政治的关系时，明确提出了“天时不如地利，地利不如人和”（《孟子·公孙丑下》）的光辉思想，并对之做了具体的论证。他说：“域民不以封疆之界，固国不以山溪之险，威天下不以兵革之利。得道者多助，失道者寡助。寡助之至，亲戚畔之；多助之至，天下顺之。以天下之所顺，攻天下之所畔；故君子有不战，战必胜矣。”（《孟子·公孙丑下》）孟子把“和”引申到“人和”，用以说明“人和”——人心向背在战争中的决定性作用。

中国哲学的“和”，由“和实生物”的哲学之“和”，到“人和”而“战之必胜”的军事之“和”，完成了天、地、人贯通一体，重视人的作用的引申、升华。在这个思想体系中，不仅看到了注重天时、地利的思想，而且表明了尤其重视人的思想。当把这个思想用来说明“人和”而“战必胜”的战争观点，更显现了真正的军事思想价值。它揭示了“得道者多助，失道者寡助”“顺天应人”的“义战”（人和）者“必胜”的深刻道理。

所谓“人和”，就是统治者之意与民众之心相一致，政治上得民心，人民与统治者一致，战争得到人民拥护，则必定能取得胜利。这个思想历来为中国哲学家所推崇，为军事家所运用。所谓“师克在和不在

众”（《左传》桓公十一年），“道者，令民与上同意也”（《孙子·计篇》）等，都是讲“人和”而“战必胜”的问题。

应当承认，作为“千古兵家之祖”的姜太公，其用兵之道，制胜之略，既重视天时、地利，尤其重视人和，并对此做了具体的论证。

姜太公用兵取胜的战略、策略，是将天、地、人诸因素融为一体，全面思虑，统筹谋划，但比较而言，则是不遗天时，重视地利，尤夷人和。其所以如此，就在于姜太公深知“天道去人高远，视之不见，听之不闻，索之不得”，与战争胜负有关系，但却不能决定战争胜败，不能控制人的生死，“故顺天道不必有吉，远之不必有害”；失去地利，则士卒迷惑，人心不稳，士气不振，故地利重于天时，“地利为宝”；人和最重要，人事不仅易得，而且为“最急”“最先”的要务，“人事不和，则不可以战”，“若失人事，三军败亡”，“人事”“人和”是决定战争胜败、三军生死的重要因素，所以姜太公一再强调“人和”在战争中的重要地位、作用。

姜太公强调“人和”在战争中的重要地位、作用，并没有排斥其天时、地利的作用。他始终是把天时、地利、人和作为一个整体而加以运筹，谋划战争、战略问题。他主张决策、指挥战争的国君、将帅，都必须“上知天道，下知地理，中和人事”（《六韬·虎韬·垒虚》）。所以要“恭天、静地、和人”（孙同元所辑《（六韬）佚文》）。非如此者，不可以胜敌。

姜太公在《六韬·龙韬·王翼》篇中，在讲述“王者行师，必用人以为羽翼”（《武备志》卷5《兵诀译·六韬·龙韬·王翼题解》），“王者行师，必用人以成威神，贤才固王者之羽翼也”（《武经七书汇解》）的道理和人员设置时，就明确规定：“天文三人，主司星历，候风气，推时日，考符验，校灾异，知天心去就之机。地利三人，主三军行止形势”利害消息，远近险易，水涸山阻，不失地利。就是说，在“王者帅师”的司令部中，专设主管“天文三人”，其职责是主管观察日月星辰的运行，测度风向气候的变化，推测时日的吉凶，考察祸福的征兆，校核灾异的现象，测知人心的向背。所设“地利三人”，其职事是主管察明军队行军与驻扎的地理形势，获取有利与不利的信息，观察路途远近、地形险易、江河水流和山地险阻等，确保部队作战时不失去地利。如此知天时，得地利，则会取得战争的胜利。至于“人和”，《王翼》更有详尽的规定、说明，使不同职能的人，各尽其职，各负其责，为整个战争胜利做好自己的工作。

不仅如此，在用兵布阵时，亦要按照“天、地、人”而设置“三阵”。就是说，用兵布阵，即要考虑天候（天时）、地形（地利）等自然条件，更要考虑人的诸种因素。如此，上知天道，下取地利，中和人事，巧妙布阵，才能胜利。

在姜太公的“人和”思想中，包含着一个重要的思想内容，就是“义战必胜”。因为太公深知战争的重要性、目的性及其危害性，战争死人、损物、耗财，只能“不得已而用之”，为了除暴禁恶，吊民伐罪，只好举义兴兵，为民除害。这种正义战争必然得到广大人民的拥护，壶浆相迎，上下齐心，讨伐不义，所以“得道多助”，而必然胜利。

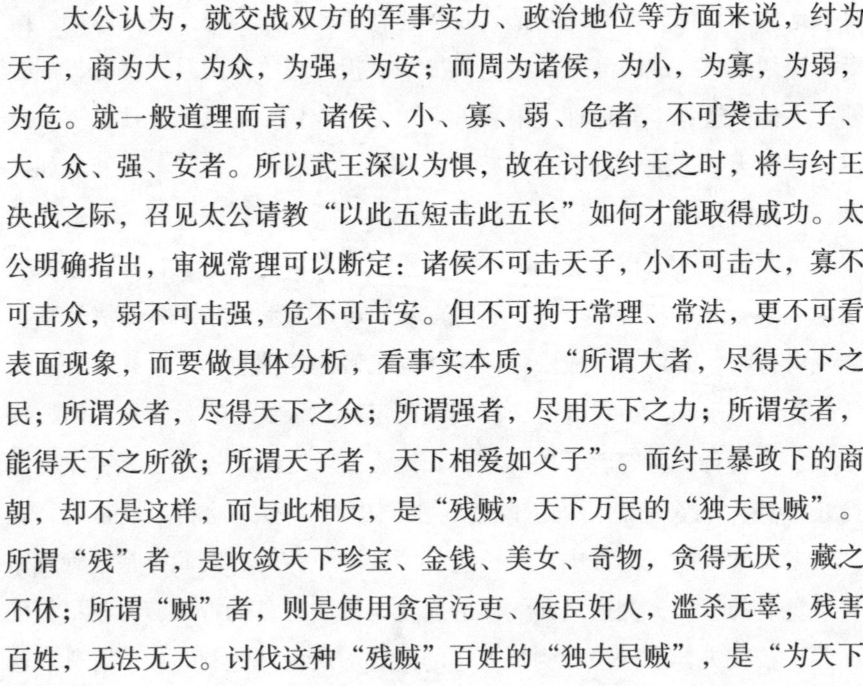

太公认为，就交战双方的军事实力、政治地位等方面来说，纣为天子，商为大，为众，为强，为安；而周为诸侯，为小，为寡，为弱，为危。就一般道理而言，诸侯、小、寡、弱、危者，不可袭击天子、大、众、强、安者。所以武王深以为惧，故在讨伐纣王之时，将与纣王决战之际，召见太公请教“以此五短击此五长”如何才能取得成功。太公明确指出，审视常理可以断定：诸侯不可击天子，小不可击大，寡不可击众，弱不可击强，危不可击安。但不可拘于常理、常法，更不可看表面现象，而要做具体分析，看事实本质，“所谓大者，尽得天下之民；所谓众者，尽得天下之众；所谓强者，尽用天下之力；所谓安者，能得天下之所欲；所谓天子者，天下相爱如父子”。而纣王暴政下的商朝，却不是这样，而与此相反，是“残贼”天下万民的“独夫民贼”。所谓“残”者，是收敛天下珍宝、金钱、美女、奇物，贪得无厌，藏之不休；所谓“贼”者，则是使用贪官污吏、佞臣奸人，滥杀无辜，残害百姓，无法无天。讨伐这种“残贼”百姓的“独夫民贼”，是“为天下

除患去贼”，这种“得众人之心”的正义战争，有道义的战争，一定会胜利，所以“不战而知胜矣”。就是说，合乎道义，深得民心，除患去贼，吊民伐罪以义战，必定胜利。武王伐纣的战争结局，证明太公见解的科学正确。

知己知彼，百战不殆

中国历代的军事家和战争的谋划者，对战争的认识，则是肯定可知、能知，知而战，战而胜。知与不知，知深与知浅，知全与不全，则是知胜负、决定胜负的一个关键问题，所以他们都强调知兵、料敌、知彼、知己的问题。

姜太公深刻地认识到：两军交战，要想战胜敌人，夺取胜利，就必须做到知己知彼。比较而言，知彼比知己难，故要审知敌人，先知敌人。知敌要知道敌人的全部情况，不仅要知道敌人的兵力部署、将士优劣、武器装备等种种情况，而且要“知其心”，“知其意”，“知其情”，尤其要将天、地、人的全部情况加以审知、全知。在这个基础上，定下决心，周密谋划，合理用兵，适时行动，迅速出击，方可取胜。为此，要知道敌人营垒中的种种情况。

知敌不仅要从天、地、人等方面综合考察敌情，审知其营垒的虚实，而且还要从察知敌军士气、战阵治乱、军纪严弛、行动迟速等因素来测知、判断敌人的强弱，通过这些征候，就可以预见战争的胜负。以此为据，再决定战与不战，可战则战，不可战则止，战之必胜。

在姜太公看来，只有通过对敌情“察之”，才能“知之”，只有“知之”，才能“战之”，如此“战之”，才能“胜之”。否则，不能“战之”，“战之”亦必“败之”。因为“用兵之道”，其“大要”在于“知兵”、“由势”，所以太公说：“吉之善战者，非能战于天上，非能战于地下，其成与败，皆由神势，得之者昌，失之者亡。”“不知战攻之策，不可以语敌；不能分移，不可以语奇；不通治乱，不可能语变。”（《六韬·龙韬·奇兵》）我知敌之情，不使敌知我之情，才能“守则固”，“战则胜”，所以知敌、知战，是取得战争胜利的前提。

姜太公的这种知战而胜利的思想，为其后继者所重视、所发展。太公之后的中国兵家论兵，都强调知兵。如《孙子》十三篇就是如此。从第一篇《计篇》讲察兵、经事、索情，到第十三篇《用间篇》讲如何“用间”“先知”，“先知者，不可取于鬼神，不可象于事，不可验于度，必取于人，知敌之情者也”（《孙子·用间篇》）。在一定意义上说，就在一个“知”字，即“知己知彼”。只有知而谋，谋而战，战才能胜，这才是“知胜负”者。只有这种“知胜负”者，才能做到“胜乃可全”。孙武说：

知胜有五：知可以战与不可以战者胜，识众寡之用者胜，上下同欲者胜，以虞待不虞者胜，将能而君不御者胜。此五者，知胜之道也。故曰：知彼知己者，百战不殆；不知彼而知己，一战一负；不知彼，不知己，每战必殆。（《孙子·谋攻篇》）

“知”包括“知己知彼”，知“道、天、地、将、法”，知可以战与不可以战，知利害之较，知攻守之策等，只有如此“全知”，才能求“全胜”。这是兵家的千年古训，亦是不可更改的真理。

抓住战机，智勇者胜

战争是敌我交战双方的智慧、勇力之争。两军相抗，要想战胜敌人，保存自己，就要与敌人进行智力和勇力的竞赛，愚蠢的武夫不行，胆怯的懦夫也不行，只有智勇双全者，才能克敌制胜。

作为伟大的军事谋略家、指挥者，姜太公深知此理，深通此道，善

于用兵打仗的人，不用展开军队就能取得胜利，能够在无形之中取得胜利，最高明的智者不用战斗就能使敌人屈服。经过与敌人白刃相杀殊死搏斗而取得胜利的不是良将，战败之后而补救过失的不是智者，智慧与众人相同的人不是国师，技艺与众人相同的人不是国工。军事行动最重要的是攻必克，用兵作战最重要的是保守机密，攻击敌人最重要的是出其不意，谋敌制胜最重要的是计不失误，这样就可以未战先胜，收到事半功倍之利。姜太公进一步指出，善于指挥作战的人，能够按兵不动，等待战机，不受干扰，伺机而动，看到取胜的时机，就要抓住战机，毫不犹豫，无所畏惧，以迅雷不及掩耳之势，如疾风闪电，惊马奔驰，所向披靡，打击敌人，战胜敌人，这才是机智的指挥者。如果犹豫不决，害怕狐疑，就会贻误战机，招致失败。所以聪明的指挥者就会抓住战机而不放过，机智的指挥者一旦决计就毫不犹豫，这样才能无往而不胜。

姜太公肯定用兵之道在于集中统一，兵胜之术在于密察敌情，抓住战机，出其不意，取胜之道关键在于把握战机，利用态势。因此要掌握时机，夺取胜利。这就是“兵道”，即用兵之道。用兵打仗、克敌制胜中，姜太公针对周武王之问，具体用兵之道、兵胜之术的内容、要旨，强调了统一指挥、存亡转化、示形用机、乘胜出击对战争胜利的重要作用，如此用兵，变化多端，神妙莫测，无往不胜，这才是智者之胜。

在《六韬·犬韬·武锋》篇中，姜太公在回答周武王的“用兵之要”时，列举了十四种打击敌人的有利战机，使我必胜，敌必败。这十四种打击的情况，是在审察、密察、明察敌人行动变化的基础上，从其变化中见其可击之机，以使“敌人必败”。由于战场形势千变万化，有利战机转瞬即逝，因此捕捉、把握战机，适时、乘机打击敌人，是取得胜利的关键。姜太公深知此理，深通此术，故强调抓住战机，适时出击，取得胜利。姜太公的这些军事理论和指挥艺术，充满了智慧，显示了智慧。

姜太公还明确指出，要战胜敌人，既要智胜、斗智，又要武胜、斗勇，该出击时就出击，这就需要讲究“必胜之道”，因为他深知“勇斗则生，不勇则死”的道理。这就是说，夜间偷袭敌国境内，突破敌人四面包围时，要在审知敌人各种不同的情况后，采取不同的战法，奋勇战斗，英勇杀敌，使敌人不能阻挡我军的突围，因此，需要“勇力”和“勇斗”。在渡过江河溪谷时，要想突破大水、广堑、深坑之阻，也要靠“勇力”“勇斗”。要明确告诉士卒：“勇斗则生，不勇则死。”这样就会使三军英勇杀敌，勇往直前，无往不胜，“吾三军皆精锐勇斗，莫我能止”。

在姜太公所提倡的“勇力”“勇斗”之“勇”中，我们可以清楚地看到，这种“勇”不是愚夫鲁莽、草率之“勇”，而是在“审知敌人”、明察地形、了解自己、巧妙指挥的基础上，才实施勇猛突围，并设下埋伏，阻敌追兵，我军“若从地出，若从天下”，这种用兵入神，运用之妙，存乎一心，非智者不能为。所以说姜太公的“勇”，是与“智”紧密相连的，是以“智”为前提的“勇”，是智勇双全的“勇”。只有智勇双全，才能攻取战胜，这便是智勇者胜敌的战法。

善用战术，以弱胜强

在战争中，一般情况下，强者胜，弱者败；势均力敌时，智勇者胜，愚怯者败。但这不是金科玉律，亦不是不可改变的公式。事情往往不是这样，古今中外的历代战争中，以弱胜强，以少胜多者，屡见不鲜，史不绝书，举不胜举。中国历代的军事谋略家和战争的指挥者，都注意以弱胜强、以少胜多、以小胜大的战略战术。姜太公作为伟大的军事韬略家，当然深通此略，精于此术，在这里更显现了他的智谋大略、胜敌之术。

姜太公论兵用兵，在战略上深谙用兵之道、制胜之略的同时，在战术上也重视作战之法、兵胜之术，所以他非常注重战术、战法的问题，而对以弱胜强的战术、战法，不乏精论。因为处于弱势的“小邦

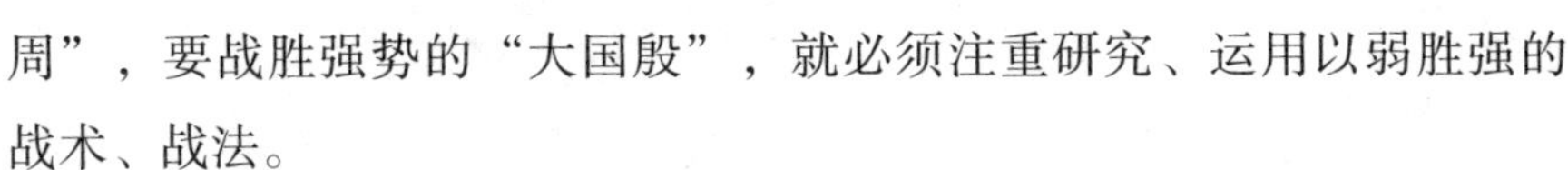

周”，要战胜强势的“大国殷”，就必须注重研究、运用以弱胜强的战术、战法。

姜太公认为，在与敌人交战之前，则必须“先知敌人之强弱，预见胜负之征”，而“胜负之征，精神先见”。就是说，作战之前，通过审观、密察敌人的精神活动和行动上的种种表现，来判断其强弱、胜负之征兆，以此决定战与不战，如何战而胜之。

姜太公指出，战争的指挥者，必须注意研究不同作战条件下的不同作战方法，应当根据森林、山地、江河、泽湖、险阻等不同地形、动物，采取不同的战术、战法，有效地打击敌人，达到以少胜多，以弱胜强，消灭敌人，保存自己的目的。在《六韬·豹韬》中的《林战》《突战》《敌强》《敌武》《乌云山兵》《乌云泽兵》《少众》《分险》等篇中，分别论述了在不同的作战环境条件下所应采取的不同战术、战法，其思想主旨在说明以少胜众，以弱击强，以弱胜强的作战方法。下面对各种作战方法，简略做些分析论述。

关于“林战”之法，姜太公认为，深入敌国境内，遇到大片森林，与敌人各占一片森林而相拒，在这种情况下，要想“以守则固，以战则胜”，就必须讲究“林中交战之法”。

“林战”之法为：将我军使用矛戟等不同兵器的士兵，混合组编战斗分队。森林中树木稀疏，就以骑兵辅助战斗，把战车布置在前，有利便战，无利便止。林密地险之处，设置冲击阵形，防备敌人前后夹击。战斗打响后，全军将士迅速勇猛投入战斗，这样，敌军虽然众多，亦会被我击败逃走。我军轮番作战，轮番休息，各按其编队行动，这就是林中作战的一般原则、方法。

关于“突战”之法，武王问太公：当敌人长驱直入我国境内，侵略我土地，驱赶我牛马，其三军直逼我城下，而我士卒大为恐慌，民众被敌拘禁而成为俘虏，在这种紧急情况下，我要想“以守则固，以战则胜”，应当怎么办呢？太公回答道：这种情况，叫作突然击袭的军队，其中马必然缺少饲料，士卒没粮食，所以向我发起凶猛袭击。在这种形势下，应当命令我驻扎在远方的其他部队，挑选精锐士卒，迅速袭击敌人的后方，精心选择会战时间，在黑夜里与我守城部队会攻，全军上下一齐迅速同敌人展开决战。这样，即使敌人众多，其将领也会被俘虏。

关于“敌强”之法就是说，遇到强大的敌人，我处于弱势，如何做到以弱胜强？

所谓“敌强”，是说“敌人强勇而与交战之法”（《武备志》卷6《兵诀译·六韬·豹韬·敌强题解》）。引兵深入敌人境内，与敌人突击部队正面遭遇，且敌众我寡，敌强我弱。敌人乘夜间来攻击我，或攻击我军左翼，或攻击我军右翼，使我军震惊恐惧。在这种情况下，要“以战则胜，以守则固”。姜太公认为，对待这种“震寇”，必须适时出击，不可被动防守。挑选材士强弩，以战车、骑兵为两翼，迅猛攻击敌人正面，急速打击其侧后，或冲击其阵外，或冲入其阵内，致使敌营混乱，敌将恐惧而必败。如果敌人在远处阻挡我的前方，急攻我的后方，截断我精锐部队，阻击我救援的材士，使我军内外失去联系而被敌扰乱，又无斗志，无守心。在这种情况下，要明审号令，选出精锐士卒，手持火炬，两人同击一鼓，探知敌人所处之地，然后发起攻击，或攻击敌人内部，或攻击敌人外部。攻击时，我军佩戴暗号，彼此相识，扑灭火炬，停止击鼓，内外策应，按约行动，全军疾战，勇猛出击，敌军必然失败灭亡，这就是遭遇到敌人强兵而出奇与敌交战的方法。

关于“敌武”之法就是说，遇到“武勇”的敌人与之作战的方法，“敌武者，敌人武勇，卒与相遇，欲设计而与之战也”（《武经七书直解》）。

卒兵深入敌国境内，突然遭遇到人数众多且武勇凶猛的敌人，面对“敌众我少，敌强我弱”的态势。如果善于用兵的人，能够因敌取胜；不善于用兵的人，可能于此而败亡。姜太公指出，敌人表面上虽众虽强，但却是可以战胜的。对这种敌人，应当埋伏材士强弩，并将战车、骁骑部署在两翼。当敌人来追击我军时，我军车骑齐发，冲击敌左右两翼，使敌军大乱，我军可胜。如果敌军阵势整齐，车骑与我相当，但总兵力则是“敌众我少，敌强我弱”，这就要挑选材士强弩，做好埋伏，以战车和骑兵坚固阵势，严密防守。当敌人进入我伏击圈时，万弩

齐发，车骑猛攻，迅速打击，前后左右，同时攻击，敌人虽众，必定失败，这是与武勇之敌交战取胜之法。

关于“少众”之法，所谓“少众者，以吾兵之少，遇敌兵之多，欲设奇而取胜也”（《武经七书汇解》）。就是讲以我少数兵力抵御敌人众多兵力的作战方法。

要想以少击众，必须在夜幕降临之时，把部队埋伏于深草丛林地带，在隘路关口上截击敌人；要想以弱击强，必须得到大国的帮助，邻国的支援。如果没有这些条件，就应当采取虚张声势、引诱欺骗等各种手段，乘机击之，同时还要争取大国、邻国的支援。

关于“分险”之法。所谓“分险者，遇险阻之地，与敌人分守相拒也”（《武经七书直解》）。

就是说，在敌我双方各据山水交错的险阻隘地对峙相拒，此种情况下，要想“以守则固，以战则胜”，就必须处山之左，急备山之右；处山之右，急备山之左，防敌包围，乘隙袭击，同时利用山路、水道，向敌发动进攻。从水路进攻的先头部队渡河之后，广开道路，设置战场，将武冲战车配置前后，以材士强弩摆列正面，建立坚固的阵地，阻绝敌人退路，高置旌旗，组成车城。以武冲战车为前锋，大橹为后卫，强弩为两翼，占据有利地形。左、中、右三军，齐头并进，轮番进攻，轮番休整，便可胜敌，这就是遇险阻与敌分守而胜敌之战法。

关于“乌云山兵”之法，所谓“乌云山兵者，遇高山磐石与敌相拒，必结为乌云之陈以取胜也”（《武经七书直解》）。率领军队深入敌境，路遇高山巨石，群峰高耸，没有草木，四面受敌，全军恐惧，士兵惶惑，在这种情况下，要想“以守则固，以战则胜”，姜太公认为：如果把军队部署在山顶上则被敌人孤立，把军队部署在山底下则被敌人囚禁。既然在山地作战，就必须把军队布列成“乌云之阵”。所谓“乌云之障”，就是山的阴阳之处都要严加戒备，军队“或屯其阴，或屯其阳。处山之阳，备山之阴；处山之阴，备山之阳；处山之左，备山之右；处山之右，备山之左”。凡是敌军可能攀援而上之处，都要设防守备。明令三军，密守军情，严阵以待，构成山城。部署完善，运用奇正，运用“乌云之阵”，变换不动，“三军疾战，敌人虽众，其将可擒”（《六韬·豹韬·乌云山兵》）。这就是处山之兵，利用“乌云之陈”而战胜敌人的战法。

关于“乌云泽兵”之法，所谓“乌云泽兵者，遇斥卤之地与敌相拒，必结为乌云之陈以取胜也”（《武经七书直解》）。率领军队深入敌境，与敌人临水相拒，我又居斥卤之地，四周无城邑，又无草木，三军无给养获取，牛马无饲草供给，敌富而众，我贫而寡，逾水击敌而不能前进，想坚持日久而少粮。这种情况，要寻找机会，诱敌、诈敌而迅速转移，并在后面设伏兵，阻止敌人袭击。如果敌人不受我诈诱，又知我伏兵，大军不出击，只派小股部队渡河偷袭我军，使我三军惶恐。

巧妙布阵，设置伏兵，占据有利地势，强弩击敌两翼，战车、骑兵分为“乌云之陈”，戒备前后，时机已到，发起急攻，全军奋战，四面出击，敌人虽众，必被我败。用兵作战的基本原则、主要战法是：面对敌人作战时，必须把部队编列成冲阵，部署在便于战斗的地方，然后再把战车和骑兵分列为“乌云之陈”，这就是用兵的奇妙之处。所谓“乌云之陈”，就像乌散而云合，灵活机动，变化无穷，神妙莫测。

总之，姜太公在《豹韬》诸篇中，从各个不同层次、侧面、角度，论述了面对敌众我寡、敌多我少、敌强我弱、敌利我害等不利形势，如何做到“以守则固，以战则胜”，致敌必败，使我必胜的作战原则、基本战法。其要则是合理用兵，巧妙布阵，尤其是根据不同敌人、地形、地物、战势等情况，灵活多变，变化多端，神妙无穷，隐藏自己，消灭敌人，《豹韬》之义，就在于此，“豹从七日寡中变出，乃隐物也。此《豹》中多深入藏微脱险之局，故取名焉”（《武经七书汇解》）。隐微藏变，伺机出战，不仅脱离险境，而且击敌取胜。

姜太公的这一系列的战术、战法，意在攻取、守固，以少击众，以弱胜强，其灵活多变之法中充满了智谋。

兵不厌诈，诱敌取胜

一般来说，战争所独具的特殊性，即诡诈性、多端性、无常性，交战双方常常以诈用兵，制造假象，欺骗对方，诱敌上当，取得胜利，这便增加了军事认识需要以超常的能力去认识、思考、驾驭战争；更需要透过敌人活动的现象、制造的假象识破敌人的意图和设计、制造假象欺骗敌人，诱敌上当，这便是用兵的诡诈性所在。

姜太公在《奇兵》篇中，专门论述了出奇制胜的问题，并在其他的有关诸篇中，从各方面具体论证了施诡诈，用奇谋，出奇兵，欺迷敌，以胜敌的策略。具体说来，主要有以下几个方面。

第一，制造假象，声东击西。即制造各种假象，隐蔽真实意图，欺骗敌人，迷惑敌人，引诱敌人，欲其西，袭其东，这就是用兵之道、诡诈胜敌的方法。第二，出其不意，攻其不备。密察敌人的各种情况，采取适当的战术、战法，出其不意，攻其不备，或击其左，或击其右，往来不止，不断挑战，或袭其内，或击其外，使敌不知所守，不知所备，我军击之，敌人必败。第三，做好准备，疾战突破。对待大军压境、兵临城下、突然侵略的敌人，要乘其全军未到之机，做好战争准备，各类兵卒进入战斗状态，当敌人来临时，使我轻装部队与敌交战而佯败退走，引诱敌人，令我守城部队采取各种办法做好准备，使敌人误以为我主力守城，而迫近城下，这时我突然出动伏兵，袭击敌人，发动疾战，击其内外。同时急令三军，击其前后、左右，使敌将惊骇，敌卒大乱，勇者不得斗，轻者不及走，敌人虽众，必然败逃，这就是“三军疾战，敌人必败”的战法。第四，妄张诈诱，荧惑敌将。兵为诡道，兵以诈立，战阵之间，不厌诈伪。面对强大的敌人，不能与其死打硬拼，而要虚张声势，诈骗敌人，扰乱敌人，令其上当，贻误战机，我则适时出击，制敌取胜。运用虚张声势，引诱诈骗敌人的手段，迷惑敌军的统帅，诱使敌人迂回绕道，令其必定经过深草地带；引诱敌人误走远路，延误时间，令其日暮之时同我会战。乘敌人前行部队未过河，后续部队未及宿营，发动我伏兵，迅速打击敌人的左右，命令车骑扰乱敌人的前后，这样妄张诈诱，欺骗敌将，就可以做到以少胜多。第五，施行诡术，瓦解敌军。为了欺骗敌人，瓦解敌军，要在军队的组织建制中，设立专人司行此职。

姜太公依据“兵为诡道”“兵不厌诈”“兵以诈立”的原则、特点，对于施行诡诈，诱敌取胜的原则、方法，从各个方面进行了论述、规定。这些原则、方法，为后代兵家所重视、发挥、运用。姜太公不仅从理论上主张施行诈术欺骗敌人，而且在军队指挥部的编制上设立各种人士专门施诡诈之术，迷惑敌人，从而达到欺骗敌人，取得胜利的目的。兵为诡道，兵以诈立，语其观变，出奇制胜，为历代兵家所重视、推崇。

分合之变，奇正之法

姜太公指出，用兵之法，三军之众，兵率之动，必有奇正之法，分合之变。因此，他对奇正、分合问题，做了具体而精辟的论述。

关于“分合之变”，太公在《六韬·犬韬·分合》篇中，做了专门阐发、规定。

太公认为，一般的用兵方法，由于三军人数众多，必然有兵力分散与集中的变化。主将要先确定作战的地点和时间，然后将战斗檄文下达给各部将领，明确规定要攻打和包围的城邑，各军集结的地点、作战的日期及到达的时间。主将先到达部队集结的地点后，设营布阵，立标杆观日影，计算时间。清理道路，消除障碍，等待各部将官报到。各部将官到达时，要核实其先后到达的次序，先期到达的给予奖赏，过期到

达、误失战期的斩首示众，这样就会使远近驻军奔驰集结，三军全部按期到达，就可以集中全力与敌人决战了。这种“分合之变”，强调的军令、法纪，不可因误时而错失战机，失去与敌人决战的时机，故必须申明军纪、军法。在具体战斗中，亦有“分合之变”，要视敌、观势、用变，做到集中、分散灵活机动。分散扰乱敌人有利时，就用小股兵力袭而扰之；需要集中兵力进攻、冲击敌人时，就要合兵而攻击敌人。总之，要恰当地运用“分合之变”，以有效地打击敌人。

用兵作战，既有“分合之变”，又有“奇正之法”。要想战胜敌人，不仅要分合灵活，按期守时，而且要用奇谋、奇计，出奇制胜。而奇谋、奇计、奇胜，来源于人的无穷智慧、谋略，有了智慧、谋略，可以收到事半功倍的奇效、奇胜。

战争的态势随着敌人行动的变化而变化，两军对阵，彼此较量，相互对抗，要想胜敌而不为敌所胜，就必须运用奇正的策略、战法，而奇正的策略、战法，来源于战争决策者、指挥者的智慧、谋略，智慧、谋略无穷，奇正的策略、战法也随之无穷了。因此，要保守军情机密，做到我知敌，而敌不知我，这样我才能施用智谋、奇计、奇法，出敌不意，往来不定，变化无常，神妙莫测，变化无穷，以奇用兵，出奇制胜，这样与敌人决战，就可以取得事半功倍的效果、胜利。

据此，姜太公在重视诡诈欺敌、分合胜敌的同时，极为强调出奇兵以出奇制胜的策略、战法。他在《奇兵》篇中，专门论述了出奇制胜的策略、战法，并作为用兵之道、作战之要，归纳出二十六种运用奇兵胜敌之法。

太公认为古代善于用兵作战的人，并不是能战于天上，也不是能战于地下，其成功与失败，全在于能否遵循运用神妙莫测的态势。得到这种态势者就胜利，失去了这种态势者就失败。当两军对阵交锋之时，却卸甲陈兵，放下武器，放纵士兵，行阵混乱，这是为了以变诈诱敌；占领草木茂盛之地，这是为了隐蔽遁逃；占据溪谷险阻之地，这是为了阻止敌人的战车和骑兵的行动；占领要塞山林之地，这是为了以少击众；占领水泽低坳幽暗之地，这是为了隐蔽行动意图；占领平坦开阔明显之

姜太公纪念馆

地，这是为了同敌人展开勇斗；疾如飞箭，猛如发机，这是为了迅速打击敌人，击破其神机妙算；诡设伏兵，巧布奇兵，虚张声势，诱骗敌人，这是为了破敌之军，擒敌之将；四面分军，多处出击，这是为了击敌圆阵、破敌方阵；乘敌惊慌害怕之机打击敌人，这是为了以一击十；乘敌疲劳困倦，夜间宿营之机打击敌人，这是为了以十击百；利用奇妙的技术架桥造船，这是为了越过深水，渡过大江河；使用强弩和长兵器，这是为了过水作战；在边远地区设置关卡，派人侦察，迅速行动，隐遁而去，这是为了降敌之城邑；击鼓喧嚣混乱无序，这是为了扰乱敌人施行奇谋；冒着大风暴雨出击敌人，这是为了击其前而袭其后；伪称敌人使者潜入敌后，这是为了截断敌人的粮道；诈用敌人号令，穿着敌人服装，这是为了便于撤退；以正义之战动员官兵出战，这是为了激励士气战胜敌人；尊封官位，加重奖赏，这是为了劝勉官兵奋勇效命；实行严刑重罚，这是为了促使疲惫的官兵继续坚持战斗；利用喜与怒、与与夺、文与武、徐与疾的相辅相成关系，这是为了协调三军的各种关系，统一三军的意志和行动；占据宽敞宽阔的地形，这是为了有利于警戒和守备；保守险阻要隘的地势，这是为了防备；占领山林茂密的地

形，这是为了隐蔽部队的往来行动；深挖沟池，高筑堡垒，多储粮食，这是为了进行持久作战。所以说，不懂得攻战的策略，就谈不上对敌作战；不能机动灵活调动兵力，就谈不上出奇制胜；不通晓军队的治乱关系，就谈不上临敌应变。

姜太公以这二十六种运用“奇兵”的作战方法，把战争中的灵活机动、随机应变、神妙莫测、出奇制胜等一系列战法，活灵活现、淋漓尽致地展现出来，以此出“奇兵”，方能取“奇胜”。因此，太公用兵的分合之变，奇正之法，为历代兵家所推崇、运用。

兵种相参，百战百胜

在战争中，要想克敌制胜，既需要有周密谋略策划，知己知彼，讲究战法，出奇制胜，又需要合理调动、使用兵力，协调各个兵种的相互关系，使其在不同的战争条件下各发挥其优长，并相互配合，共同对敌，这便是相兼、相参使用各个兵种的作战原则、方法。在中国古代的兵种中，主要有车兵、骑兵、步兵三种，对于如何调动、使用这三种兵力，姜太公做了具体的论述、规定。

姜太公认为，战斗力是一种综合的实力，战争的决策者和指挥者，必须了解、掌握车兵、骑兵、步兵的不同特点、地位、作用及其相互能力的对比，从而做好兵力配备、部署，并使之在不同战争的条件下，采取不同的战术，使其发挥不同的作用。

姜太公指出，战争中车兵、骑兵、步兵三个兵种，要相互参用、兼用，各有其用。战车是军队的羽翼，具有强大的战斗力，用来攻坚陷阵，截击强敌，阻敌退路；骑兵如同军队的耳目，用来侦察敌人，追击败退敌军，切断敌人粮道，袭击流窜逃亡的敌人。如果战车和骑兵使用不当，不能发挥其优势，则使一名骑兵抵不上一名步兵。如果全军布成阵势，战车、骑兵、步兵配合得当，在平坦地形作战的法则是：一辆战车可抵挡步兵八十人，一名骑兵可抵挡步兵八人，一辆战车可抵挡骑兵十人。在险阻地形作战的法则是：一辆战车可抵挡步兵四十人，一名骑兵可抵挡步兵四人，一辆战车可抵挡骑兵六人。战车和骑兵，在军队中具有强大的威力，十辆战车可以击败敌人千名步兵，百辆战车可以击败敌人万名步兵。十名骑兵可以击败敌人百名步兵，百名骑兵可以击败敌人千名步兵，这些只是大概的数字。主要是强调根据平坦开阔地形与险阻隘塞地形的不同，而用不同的配备和战法。总之，配备要合理，战法要灵活。

姜太公在对车兵、骑兵、步兵的相参、相兼的作战原则、方法，作了论证之后，又进一步对各个兵种的作战方法进行了论述。

关于“车兵”，姜太公指出，要进行车战，必须选择“车士”。

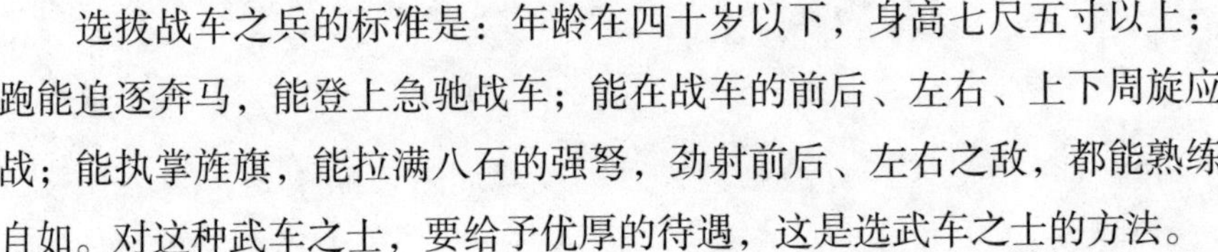

选拔战车之兵的标准是：年龄在四十岁以下，身高七尺五寸以上；跑能追逐奔马，能登上急驰战车；能在战车的前后、左右、上下周旋应战；能执掌旌旗，能拉满八石的强弩，劲射前后、左右之敌，都能熟练自如。对这种武车之士，要给予优厚的待遇，这是选武车之士的方法。

选拔了车战之兵后，在与敌人进行车战时，则必须注意占据、利用有利地形。姜太公明确指出，“车战，贵知地形”，“凡车（战）之死地有十，其胜地有八”。“十死之地”为：“往而无以还者，车之死地也；越绝险阻，乘敌远行者，车之竭地也；前易后险者，车之困地也；陷之险阻而难出者，车之绝地也；圮下渐泽，黑土黏埴者，车之劳地也；左险右易，上陵仰阪者，车之逆地也；殷草横亩，犯历浚深者，车之拂地也；车少地易，与步不敌者，车之败地也；后有沟渎，左有深水，右有峻阪者，车之坏地也；日夜霖雨，旬日不止，道路溃陷，前不能进，后不能解者，车之陷地也。此十者，车之死地也。故拙将之所以见擒，明将之所以能避也。”（《六韬·犬韬·战车》）进行车战一定要注意避开十种不利的作战地形：死地、竭地、困地、绝地、劳地、逆地、拂地、败地、坏地、陷地。笨拙的将领，不知道这十种地形的危害，而不能避开它们，所以只能失败而被擒拿；聪明的将领，则了解这十种地形的危害，而能巧妙地避开它们，所以能取得胜利。

“八胜之地”为：“敌之前后行陈未定，即陷之；旌旗扰乱，人马数动，即陷之；士卒或前或后，或左或右，即陷之；陈不坚固，士卒前后相顾，即陷之；前往而疑，后往而怯，即陷之；三军卒惊，皆薄而起，即陷之；战于易地，暮不能解，即陷之；远行而暮舍，三军恐惧，即陷之。此八者，车之胜地也。将明于十害八胜，敌虽围周，千乘万骑，前驱旁驰，万战必胜。”（《六韬·犬韬·战车》）指挥车战，要抓住这八种有利地形，“八胜之地”，立即攻击敌人，必然取得胜利。最后总结道：将帅深明十害八胜之地，抓住有利战机，即使敌人重兵四面包围，车骑向我进攻，我也能左右突围，反击敌人，百战百胜。

关于“骑兵”，姜太公指出，要进行骑战，必须选择“骑士”。

选拔骑兵的标准是：年龄在四十岁以下，身高七尺五寸以上；身强力壮，动作敏捷迅速，本领技能超过一般人；能骑马奔驰并在马上弯弓射箭，能在前后、左右与敌周旋，进退自如；能策马越沟堑，登山丘，冒险阻，过大泽，驱强敌，乱众敌。对这种武骑之士，要给予优厚的待遇，这是选骑士之法。

选拔了战骑之后，在与敌人交战时，要注意把握战机，占据有利地形，避开不利地形。根据骑兵快速机动的特点和强大的突击力，“贵知别径奇道”（《六韬·犬韬·战车》）。据此，姜太公指出：骑兵作战有“十胜九败”——十种胜机、九种败地。要想胜敌，就必须抓住胜机，避开败地，而使自己立于不败之地。

“十胜”为：“敌人始至，行陈未定，前后不属，陷其前骑，击其左右，敌人必走；敌人行陈整齐坚固，士卒欲斗，吾骑翼而勿去，或驰而往，或驰而来，其疾如风，其暴如雷，白昼如昏，数更旌旗，变易衣服，其军可克；敌人行陈不固，士卒不斗，薄其前后，猎其左右，翼而击之，敌人必惧；敌人暮欲归舍，三军恐骇，翼其两帝，疾击其后，薄其垒口，无使得人，敌人必败；敌人无险阻保固，深入长驱，绝其粮道，敌人必饥；地平而易，四面见敌，车骑陷之，敌人必乱；敌人奔走，士卒散乱，或翼其两旁，或掩其前后，其将可擒；敌人暮返，其兵甚众，其行陈必乱，令我骑十而为队，百而为屯，车五而为聚，十而为

群，多设旌旗，杂以强弩，或击其两旁，或绝其前后，故敌将可虏。此骑兵之十胜也。”（《六韬·犬韬·战骑》）所谓“战骑者，以骑与敌战而欲取胜也”（《武经七书直解》，《六韬直解》卷6《犬韬·战骑题解》），说的是运用骑兵与敌人交战，而战胜敌人的作战原则、策略、方法。

姜太公认为，指挥骑兵作战，有十种情况可以战胜敌人，使敌人必走、可克、心惧、必败、必饥、必敌、可擒、可虏等。针对敌人的不同情况，利用骑兵机动快速，抓住战机，及时出击，就可以败敌军，擒敌将，而取得胜利。

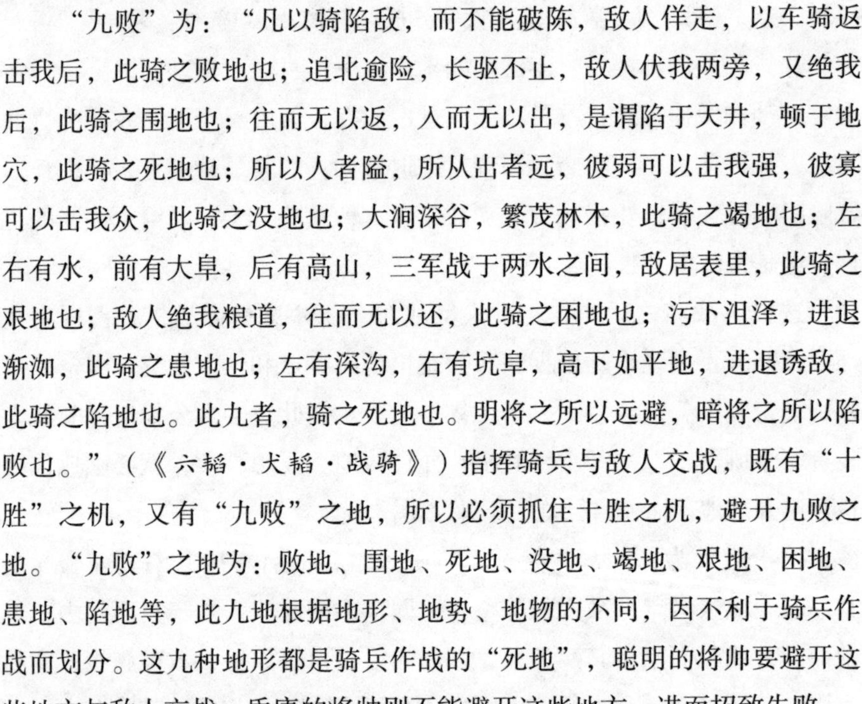

“九败”为：“凡以骑陷敌，而不能破陈，敌人佯走，以车骑返击我后，此骑之败地也；追北逾险，长驱不止，敌人伏我两旁，又绝我后，此骑之围地也；往而无以返，入而无以出，是谓陷于天井，顿于地穴，此骑之死地也；所以入者隘，所从出者远，彼弱可以击我强，彼寡可以击我众，此骑之没地也；大涧深谷，繁茂林木，此骑之竭地也；左右有水，前有大阜，后有高山，三军战于两水之间，敌居表里，此骑之艰地也；敌人绝我粮道，往而无以还，此骑之困地也；污下沮泽，进退渐洳，此骑之患地也；左有深沟，右有坑阜，高下如平地，进退诱敌，此骑之陷地也。此九者，骑之死地也。明将之所以远避，暗将之所以陷败也。”（《六韬·犬韬·战骑》）指挥骑兵与敌人交战，既有“十胜”之机，又有“九败”之地，所以必须抓住十胜之机，避开九败之地。“九败”之地为：败地、围地、死地、没地、竭地、艰地、困地、患地、陷地等，此九地根据地形、地势、地物的不同，因不利于骑兵作战而划分。这九种地形都是骑兵作战的“死地”，聪明的将帅要避开这些地方与敌人交战，昏庸的将帅则不能避开这些地方，进而招致失败。

姜太公又对用兵与战车、骑兵作战的原则、方法，进行了论述。他指出：“步，贵知变动。”（《六韬·犬韬·战车》）根据步兵灵活机动，能适应各种地形、地物、气候和战斗形式等特点，以及其快速不如骑兵、稳固性不如战车等缺点，姜太公说明了应当如何指挥步兵与战车、骑兵作战而取胜的战术、战法。

所谓“战步者，以步兵与车骑战而欲取胜也”（《武经七书直解》）。步兵与战车、骑兵作战，必须依托丘陵、险隘来布阵应战，把长兵器和强弩配置在前面，把短兵器和弱弩配置在后面，轮番出击，轮番休整。敌人战车和骑兵大军到达时，我军坚守阵地，伺机出战，并使材士强弩戒备后方，防敌偷袭。如果没有丘陵、险隘为依托，敌兵众多且强大，其战车、骑兵夹击我军两翼，突击我军前后，造成我军恐惧、慌乱逃跑。在这种情况下，命令我军制作行马、木蒺藜等障碍物，集中牛马队伍，组成四武冲阵。广布蒺藜，深挖壕沟，构成防御体系，陷敌于死地，是为“命笼”。人带行马前进，用车辆组成营垒，前后移动，停止时组成营寨。以材士强弩戒备左右，然后号令三军向敌人发起迅速而猛烈的冲击，一鼓作气，则可胜利。

姜太公认为，根据步兵“类知变动”，车兵“贵知地形”，骑兵“贵知别径奇道”的特点，而合理利用地形、地物，调动不同兵种，使用不同战法，以求百战百胜。

任用良将，名实相当

在选择良将方面，姜太公深知，治理国家、管理军队，必须有明君贤将，有了明君贤将，才能使国富兵强、攻取战胜，所以他极力主张举贤任能，下不肖之人。

《六韬·文韬》中的《上贤》《举贤》等篇，集中阐发了姜太公的人才观；《六韬·龙韬》中的《论将》《选将》《立将》《将威》等篇，集中体现了姜太公的将才观，足见他对治国、理军人才的思想观点和重视程度。

姜太公总的人才观点是选贤举贤，唯贤是举，下不肖之人，做到名实相当，效实用人。在这个总的人才观点的指导下姜太公对军队将帅的品德修养、才能素质、选择方法、任命仪式、树立威信、鼓舞士气等，都做了具体的说明、规定。

姜太公认为，将帅作为战争的决策者、组织者和指挥者，其思想品质、组织能力、指挥才能，直接关系到、影响着军队的建设、战争的胜败，所以他对为将之道颇有深论，具有真知灼见。姜太公深知：战争这一关系到人民生死、国家存亡的大事，其命运掌握在将帅手中。将帅是国家的辅弼，辅弼周密，国家强盛，战争胜利，人民安生；辅弼疏漏，国家危亡，战争失败，人命不保。因为战争中的交战双方，只有一方胜利，一方失败，没有两胜，亦没有两败者，所以对于负担着关系国家存亡、人民生死命运大事职责的将帅，在选择任用时，不可不察，并要久观深察。据此，姜太公提出将帅的“五材十过”，即应具备的五种品质、美德，应避免的十种缺陷、过错。这就从正负两个方面规定了选用将帅的具体条件标准，正面条件、标准则是文武双全，有道德品格，有指挥能力，能安邦治国，亦能率兵胜敌。

有了选拔将帅的条件、标准，还要注意讲究选拔将帅的方法，避免选人不当，出现问题。为了防止两面派、虚假者、伪冒者得逞，选择智勇双全、德才兼备的人为将帅，姜太公反对以貌取人。俗话说 “知人知面不知心”，往往是一些无德、无才、无能之人，最会弄虚作假、巧妙伪装，因此，选择将帅并非易事。切不可以言取人、以貌取人，而要通过言行举止、生活实践做各种试探，察言观行，综合考查，全面识别，这便是选拔将帅的正确方法和途径。

选拔了真正的贤才，立为将帅，就要讲究“立将之道”，即国君要举行立将的仪式，因为“社稷安危，一在将军”将帅深系国家安危、人民生死、战争胜败的重大责任，所以任命将帅要举行仪式，以示重视。姜太公进一步指出，立将之后，身为将帅，统率三军，必须树立自信，严格治军，严明军纪，赏罚分明，令行禁止。这就是说，赏信必罚，杀大赏小，杀挡路权臣，赏及众卒，就可以树立将帅的威信，这样就可以做到令行禁止，如此便能攻必克、战必胜。

姜太公还对如何做个励军自治而克敌制胜的将帅，做了具体说明。要求将帅约束自己，身体力行，以身作则，克制私欲，与士卒同甘共

苦，这样便会上下一致，齐心协力，英勇杀敌。这种将帅正己正人，率先垂范，爱兵励军的方法，为历代兵家奉为统兵制胜的方法和克敌制胜的要务，亦是衡量将帅贤否的标准。

姜太公认为，选拔任用文官武将，还必须以实功实绩考核，选贤举能，下不肖之人，真正做到名实相当，名副其实，这才合乎举贤之道。这就是说，文臣武将，都要唯贤是举，举贤得贤，得贤用贤，则国可治，军可理，民可安。在姜太公看来，将相虽然分工不同，职责不同，但都要以“举贤之道”而选拔“实当其名，名当其实”的贤才，以使“国富兵强”，这就是他的用人之道的思想主旨和结论。

其实，后世齐国兵家，乃至中国古代兵家的将帅素质论，都是沿着这条思想路线、思维路径而发展、延伸的，从而构建了较为系统完备的将帅素质论。

教兵习战，扬名立威

战争是关系到人民生死和国家存亡的大事，对这个大事不可不慎重谋划、对待，不可不做好充分准备、预防，这是姜太公所深知的。他更知士卒是战争的主体和决定战争胜败的关键，而准备战争的一个重要内容和基本措施，是教兵练武习战，不教兵练武习战，掌握战争技术、战阵方法，而命令其参加战斗，无异于叫士卒去战场上送死。所以，太公十分重视教兵习战的建军备战思想。

姜太公指出，要建设一支威武强大、攻取战胜、立威天下的军队，除了选拔任用有德行、有能力的将帅之外，还必须挑选士兵组编部队和进行军事训练，教兵练武习战，掌握战阵方法和作战技巧，提高军队的战斗力。

《六韬·犬韬·练士》篇中，集中说明了挑选士兵和组编军队的基本方法等。

所谓“练士者，简练材勇之士，各以类聚之也”（《武经七书直解》）。就是说，挑选士兵，组织编队，利于战斗。根据士卒的身体条件、社会地位、出身经历、思想目的、心理状态、能力等不同情况，分成不同的类型，组编成不同的战斗分队：“冒刃之士”“陷阵之士”“勇锐之士”“勇力之士”“寇兵之士”“死斗之士”“死愤之士”“必死之士”“励钝之士”“幸用之士”“待命之士”等。这既利于平时的训练管理，又利于发挥其各自的长处，战时可以根据他们的不同情况，用其所长，提高战斗力。

姜太公在说明“练士”的基本原则、方法的基础上，紧接着在《六韬·犬韬·教战》篇中，着重论述了教兵练武习战的问题，对军事训练的内容、方法、目的等，做了明确的规定。

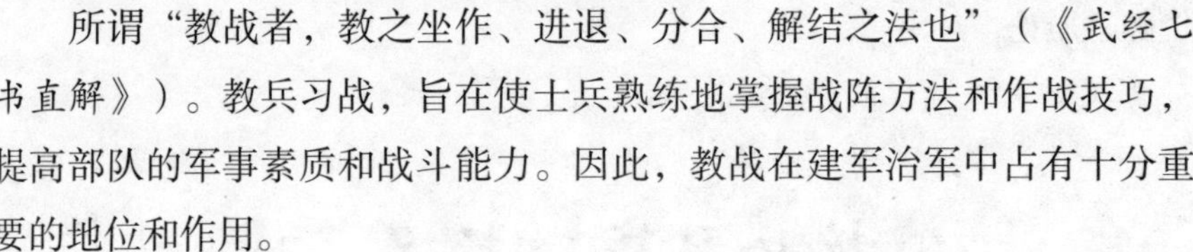

所谓“教战者，教之坐作、进退、分合、解结之法也”（《武经七书直解》）。教兵习战，旨在使士兵熟练地掌握战阵方法和作战技巧，提高部队的军事素质和战斗能力。因此，教战在建军治军中占有十分重要的地位和作用。

姜太公在这里不仅论述了“教战之道”，而且具体地说明教战的内容和方法。通过这种教战之道，教战之法，可以做到一教十，十教百，百教千，千教万，万教三军，三军掌握了这种“大战之法”，就可以进行百万大军的合练，以这种百万大军组成的强大军队，就可以扬名立威而无敌于天下。因此，必须教兵习战。否则，“不教民战，是谓弃之”（《论语·子路》），这就是中国历代兵家强调练兵习武、教民而战的真谛所在。

姜太公的“教兵之道”“教战之法”为历代兵家所继承、效法、应用。刘寅评论道：太公的“教兵之法”，“与吴起、李靖教战之法大同小异”，而“吴起、李靖教战之法”“亦恐出于此”（《武经七书直解》）。此为中肯确论。吴起、李靖的“用兵之法”“教战之法”，从内容、方法，乃至语言，都与太公一致、相近、相同。比如：

吴子曰：“夫人常死其所不能，败其所不便。故用兵之法，教戒

为先。一入学战，教成十人；十入学战，教成百人；百入学战，教成千人；千入学战，教成万人；万人学战，教成三军。”（《吴子·治兵》）

（李）靖曰：“臣尝教士，分为三等；必先结伍法，伍法既成，授之军校，此一等也；军校之法，以一为十，以十为百，此一等也；授之裨将，裨将乃总诸校之队，聚为陈图，此一等也。大将军察此三等之教，于是大阅，稽考制度，分别奇正，誓众行罚。陛下临高观之，无施不可。”（《李卫公问对》卷中）

从上面的话中可见，吴起、李靖的“教战之法”，从思想内容，到训练方法，确实与太公“教战之法大同小异”，究其实，则出自太公。太公的“教战之法”，确实对后世兵家产生了很大的影响。

寓兵于农，国富兵强

姜太公认为，天下安定，国家太平，也不可以忘战，而要居安思危，有备无患。否则，忘战者，必危亡。因此，太公对战备问题，十分重视，并做了具体的论述。

姜太公从以农为本的现实国情出发，从兵器装备与生产工具的一致性、共用上，阐发了兵农合一、寓兵于农、国富兵强的道理，以此达到富国强兵的目的。

所谓“农器者，以农器喻用兵之器也。天下安定，则武备不修。太公以农器即兵器，兵事即农事，此亦周家寓兵于农之意也”（《武经七书直解》）。天下安定，国家无事，没有战争，亦不要忘记战争准备，而要修“战攻之具”，设“守御之备”，做到安不忘危，居安思危，和不忘战，忘战必亡。因此，要做到平战结合，劳武结合，寓兵于农，兵农合一，这才是富国强兵之道。

姜太公根据当时战争和农业生产的实际情况，明确地指出，农器可以转化为兵器，生产技术可以转化为战斗技术，行政组织可以转化为军事组织，农业设施可以转化为军事工程。这种转化靠的是“人事”，不是神力，“战攻守御之具，尽在于人事”，“故用兵之具，尽于人事也”。国家在没有战争之时，发展生产，积累财富；有战争之时，将人力、物力集中投入生产；打了胜仗，战争结束之后，继续发展生产，增加财富，使国足用，民足食，邦财丰，这才是善于治国者。结论是：“善为国者，取于人事。故必使遂其六畜，辟其田野，究其处所，丈夫治田有亩数，妇人织纡有尺度，是富国强兵之道也。”

在姜太公的备战御敌、富国强兵的思想中，除了强调兵农合一、寓兵于农外，还强调军事装备、器械精良的武器建造问题。姜太公认为武器装备是军队战斗力诸要素中的一个重要因素，亦是军队战斗力的物质基础。显而易见，徒手空拳去战斗，无异于去送死。所以太公对武器装备问题十分重视，把它视为军队建设、战争准备的一个重要内容。

太公还以用兵万人为例，详细说明了各种战争所需要的武器，器材的种类、数量、编配、用法等。

具体说来，则是：用甲士万人，所用兵器大概标准为武卫大扶胥战车三十六辆，材士强弩矛戟为翼，一车二十四人推行，车上竖旗设鼓，震骇敌人，便可以“陷坚阵，败强敌”。

用武翼大橹矛戟扶胥战车七十二辆，材士强弩矛戟为翼，绞车连弩自副，便可以“陷坚阵，败强敌”。

用提翼小橹扶胥战车一百四十辆，绞车连弩自副，并装上独轮，便可以“陷坚阵，败强敌”。

用大黄参连弩大扶胥战车三十六辆，材士强弩矛戟为翼、飞凫自副。白天用红绢做旗子，夜间用白绢做旗子，这种战车可以“陷坚阵，败步骑”。

三军拒守，木螳螂剑刀扶胥战车，每车宽两丈，共一百二十辆，在平坦开阔的地形上，便可以“以步兵败车骑”。

用木蒺藜，高二尺五寸，共一百二十具，便可以“败步骑，要穷

寇，败走北”。

轴旋短冲矛戟扶胥一百二十具，黄帝曾用此法打败蚩尤，用此法便可以“败步骑，要穷寇，败走北”。

除此之外，还要根据狭路轻径、黑夜交战、垒门拒守、渡越沟堑、架设飞桥、山林扎寨、防雨重车、伐木用具、割草用具等不同情况的需要，做好战争器械的各种准备。就是说，视地形、地物、气候和作战需要，做好“军用”准备。如此方可“陷坚陈，败强敌”，“要穷寇，败走北”。否则，没有精良而充足的“攻守之具”，就不能兴师举兵。姜太公除在《六韬·虎韬·军用》篇中，对“军用”之器做了详细的说明、规定外，在《六韬》其他相关诸篇中，对“器用为宝”、“习用器械”“三军用备，主将何忧”的装备思想，多有说明。意在揭示“器用有备，以之战守则无患矣”（《武经七书直解》）的道理。从这些思想中，可以看出太公备兵用战的真知灼见。太公的兵农合一，富国强兵，居安思危，备战防患，精修战具的思想，对后世产生了很重要的影响。

不仅如此，姜太公还以历史事实证明不备武者危亡的道理。如云：“武不立者危：昔者西夏而排兵，城郭不修，武士无位，惠而好赏，出而无已，唐氏伐之，城不可以守，武士不用，西夏氏以亡。”［盛冬铃辑《（六韬）佚文》敦煌写卷伯3454号所录］排斥兵备，不修城郭，轻视军人，不用武士，结果招致国家灭亡。相反，如果穷兵黩武，征战不已，诛杀不休，亦同样会招致国家灭亡的，“昔者烦原民用兵无已，诛战不休，并兼而无所立，至于涿鹿之野，诸侯叛之，烦民以亡”（同上）。太公思想主旨十分明确，即不备战、轻武士者亡，数用兵、行不义者亦亡。只有备兵不忘战，义战诛不义者，才能攻取守固，是为上策。

人神并用，以求胜敌

姜太公在论述治国用兵、文韬武略、奇谋战术、攻取战胜、有备无患、车队建设等问题中，都强调“取于人事”“尽与人事”，这是科学合理的思想，亦是智者之见，并且是姜太公和《六韬》的主导思想。但是，也必须看到书中有一些神学迷信思想混入其中，不时地表现出来，这些思想也是我们必须指出的，故在此做具体分析论述。

姜太公为了欺骗敌人，施行诡诈之术，主张在军队统帅部设立“术士二人，主为诈，依托鬼神，以惑众心”。这是说，利用方术术士，求助鬼神，装神弄鬼，欺迷敌人，诱敌上当，以求胜敌，显然是依靠鬼神，利用鬼神，实现人意。

将军在受命出发征战之时，要举行宗教仪式，求神问卜，选择吉日，授权出征，方可出发并作为“立将之道”，加以规定，必须执行。这是一种宗教仪式，实则是以一种宗教仪式而行授权之实，表示隆重，使将军认识到自己的权力和责任的重大，不可玩忽职守，轻敌致败。这是古代将士出征时都必须举行的仪式，不限于姜太公一人。究其实，姜太公并不信神灵之验。武王伐纣，牧野大战之前，占卜龟甲，得之凶兆，又狂风暴雨，全是凶相，周朝群公尽惧，只有姜太公不信龟兆、天象，力劝武王按时出征伐纣，经过牧野大战，大败商军追杀纣王，周军大胜，乃太公之智。由此可见，姜太公并不信占卜之验、龟草之兆，而重视人的因素，尤其是人心向背，深信得人心者得天下的真理，肯定以贤伐不道，即使不卜亦知为吉，不战而胜，在这里完全强调人的因素，而不见神的力量。证明他重人，不求神；取于人，不取神。

然而，《六韬》采用兵阴阳家的观点，以五音与五行相配的变化，作为判断敌情、决定胜负的征兆、根据，这就表现出了神学迷信色彩。

封神墓

古代阴阳五行家把“五行”即金、木、水、火、土的关系归结为木生火、火生土、土生金、金生水、水生木的五行相生，把水克火、火克金、金克木、木克土、土克水的五行相克，叫作五行相克。并以五音配五行，宫属土、商属金、角属木、徵属火、羽属水。《六韬》的作者采纳了这种思想，用“五音”宫、商、角、徵、羽，与“五行”金、木、水、火、土相配，作为判定人事吉凶和战争胜负的根据，这就表现了神学迷信思想。

《六韬》的作者，还用“望气”来判断城邑的攻止，在这里也表现出神秘主义观点。“气”作为一种自然物质，本来没有意识性、意志性、人格化，却用之决定人事吉凶、战争胜负。《六韬》援引阴阳五行家的思想，以“望气”——远望城邑上空的不同变化——作为预示、预测战争胜负的先兆，依次决定对城邑的攻与止，这显然是神秘主义的观点，也是不科学的。应当承认这是《六韬》的一个缺憾，对此，我们要做实事求是的分析评价，不必苛责古人。

姜太公作为周朝军师、齐国始祖，其军事韬略、战争谋略、战法战术、军队建设、战争准备等思想的高明、深邃、可贵之处，就在于其全面性、创造性、开拓性，他不是单纯地就军事而论军事，而是从哲人智慧的高度，以聪明政治家的眼光，将政治与军事、治国与理军紧密联系起来，融为一体加以论述，这就使他的军事韬略、谋略颇具全面性、深刻性、精辟性，因而为历代的哲学家、政治家、军事家所推重，并产生了巨大的影响。

《六韬》作为中国古代伟大的军事著作，在宋代被列为《武经七书》之一，作为武学教本，成为武将必读的兵书。三千多年来，《六韬》与其他“武经”一样，从先秦至现代，不断有人注释、讲解、校勘、阐扬，挖掘其思想宏旨奥义，吸取其思想精华，经久不衰，至今愈盛，充分展现了其光辉的思想价值和不朽的生命力。我们应当珍惜这份宝贵的历史文化遗产，使之在新的时代更加发扬光大。

第四章

太公文韬泽后世 百代宗师济苍生

太公文韬主要是指姜太公的治国方略中的一些基本原理、原则，主要内容、政策等。而且，姜太公在文韬方面对后世的影响是非常巨大的。姜太公在文韬方面之所以具有永恒的价值与值得借鉴的现代价值，是因为姜太公的治国方略内容丰富，思想全面，政策合理，措施得当，这是几千年来的历史事实证明了的。可以说，太公文韬泽后世，百代宗师济苍生。

借鉴夏商，修道治齐

姜太公辅佐武王，伐纣成功，完成了倾商兴周、除暴安民的宏图大业。武王伐纣灭商之后，“于是封功臣谋士，而师尚父为首封。封尚父于营丘，曰齐”（《史记·周本纪》）。姜太公由大半生坎坷不遇，到最终实现了“鸿鹄之志”，成就了伟大事业。特别是封齐治国，修政爱民，发展经济，繁荣市场，取得成功，使齐成为“泱泱大国”，且有“大国之风”。其所以能取得如此大的丰功伟绩，除了其政治方略、军事谋略、爱民政策之外，还有一个很重要、不易见的因素，就是太公以史为鉴，吸取夏桀、殷纣之所以灭国、杀身的历史教训，而深以为戒。

封神宫

姜太公作为智勇双全、文武兼备、深谋远虑、经天纬地的政治家、军事家、谋略家，当然深知、明晓“桀不务德而武伤百姓，百姓弗堪。通召汤而囚之夏台，已而释之。汤修德，诸侯皆归汤，汤遂率

兵以伐夏桀。桀走鸣条，逐放而死。……汤乃践天子位，代夏朝天下”（《史记·夏本纪》）的道理。由于夏桀不务修德治国爱民，而行暴政乱国害民，使百姓不堪忍受，诸侯纷纷叛离。商汤修德治国，使诸侯归顺，百姓拥护，所以使商汤讨伐夏桀，而取得成功。就是说，讲仁道，修道德，行仁政，得民心，则得天下，反之，则失民心，而亡天下。姜太公从商汤“代夏朝天下”的事实中，吸取了历史的经验教训。

尤其是姜太公耳闻、目睹、亲历了殷纣王的好酒淫乐，宠爱妲己，厚赋重敛，大造鹿台，残害忠臣，滥杀无辜的暴政、酷刑，这深深刺痛了太公之心。

由于殷纣王的倒行逆施，宠信谗佞，杀害忠良，严刑峻法，暴政已极的滔天大罪，而使众叛亲离，最终国灭身死；太公教周文王、周武王修德亲民，积善累德，仁政待民，而使诸侯向之，万民归之，最终灭商而代之。

姜太公从夏、商两朝君死国亡的具体事实，总结历史经验，吸取历史教训，尤其是自己亲身参与、决策倾商兴周的斗争实践中，他深刻地认识到，必须以史实为借鉴，不可重蹈桀、纣之失的历史覆辙。

因此，姜太公兴国治齐，而采取了一系列的顺天道、适地宜、合民心的治国方略、兴齐道术。

姜太公治齐的方略是“修道术，尊贤智，赏有功”，即“举贤而上功”，尊重、任用、提拔有才能、有智慧、有道德的人；奖励、奖赏、抬高有政绩、有功业、有成就的人。由于太公治政有方，用人得当，而使齐国得治，而成为“洋洋哉，固大国之风也”！其所以如此，就在于姜太公的“修道术”。由于齐国之祖姜太公的“修道术”，而使齐地“多好经术”，齐民“矜功名，舒缓阔达而足智”，“阔达多匿知”。就是说，齐国民众从容宽厚、通情达理、足智多谋的天性，是由姜太公“尊贤智”之政铸就的；齐国境内多好经术、讲究功名、注重功业的风俗，是由姜太公“赏有功”之策形成的。其归根结底的根源、基础，则是“修道术”。

在选就形成齐地、齐人之智、之功、之俗、之性的诸因素当中，根本原因、主要因素是“修道术”。如果没有“修道术”之论、之术，则其他诸成就都无从谈起，也不可能形成、铸就。

其实，“道术”就是人君治国的理论、方术，具体说来，就是“君人南面之术也”。这种理论、方术，被道家所发挥、充实、运用。

因为要治国，就必须采取合理的、适宜的治国之道、驭民之术，而道家理论、方术，作为“君人南面之术”，自然为姜太公所修、所用了。汉初学者对黄老之道家学，对姜太公之修道术，多有所论。他们阐释了“道论”“道术”，即帝王之道、帝王之术的要旨。

由于纣王的残暴罪恶，万民深受其害，群臣屡遭其戮，“天下同心而苦之”；而周之四世累善，修德行义，欲以卑弱制强暴，为天下去残除贼而成王道，所以便产生太公之谋，周用太公之谋，完成了灭商兴周的大业，取商而代之。究其实，灭商兴周大业的完成，是姜太公为之“主谋”。

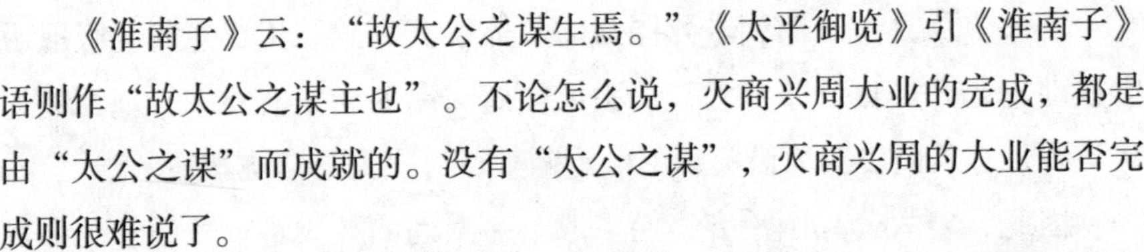

《淮南子》云：“故太公之谋生焉。”《太平御览》引《淮南子》语则作“故太公之谋主也”。不论怎么说，灭商兴周大业的完成，都是由“太公之谋”而成就的。没有“太公之谋”，灭商兴周的大业能否完成则很难说了。

总之，“太公之谋”，就是从卑弱制强暴，为天下去残除贼而成王道的谋略；“太公之道”，就是“上知天道，中知人事，下知地理”，“修德行义”，“乃可以有国”的谋国、治国之道。所以他在辅佐周文王、周武王完成灭商兴周大业，以首功受封于齐之后，从正反两方面总结历史经验，吸取历史教训，而以“修道术”、“定人道”，以治齐，故他能功垂千古，泽及后世。

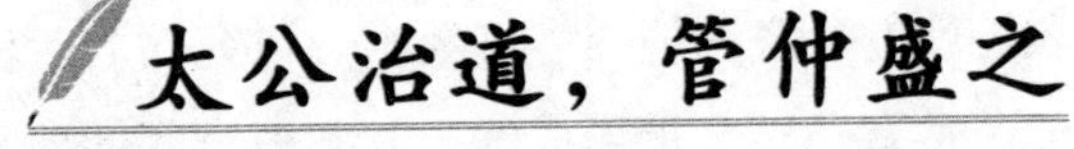

太公治道，管仲盛之

姜太公被周武王封到齐地，是齐国的始祖。并且，他还采取了一系

列的合乎实际、顺乎民心、因其民心、得其民力的政治、经济、文化政策和措施，使齐国农、工、商诸业全面协调发展，市场活跃繁荣，人民丰衣足食；礼、法、俗等意识日益增强，国民道德敦纯；智、仁、勇人才层出不穷，贤臣良将不乏其人，因而使齐国成为“人物归之，繦至而辐”，“冠带衣履天下，海岱之间敛袂而往朝焉”的东方大国、强国。“其后齐中衰，管子修之，设轻重九府，则桓公以霸，九合诸侯，一匡天下”（《史记·货殖列传》）。齐国中兴，桓公称霸，实乃管仲之治。管仲死后，桓公不用管仲之言，而用易牙、开方、竖刁三个谗佞之臣，使齐国衰弱。

毋庸置疑，在齐国发展的历史上，管仲、晏婴这两位名臣贤相，有功于齐国，有益于齐民。他们治国爱民之略、之术、之德、之贤，理财富国之策、之计、之方，治军用人之智、之谋、之贤、之术等，都是太公思想、智略、方略、政策的继续、延伸、发展。就是说，太公治道，管仲盛之，晏婴兴之，齐国强之，齐民益之。

孟子虽然不赞成霸道之政，主张仁政王道之政，但却承认齐国是强大的，只有齐国才有能力称霸华夏。而齐国的强大，正是由于管仲、晏婴之治；而管、晏之治，则是太公治道的继承和发展。因此，公孙丑认为，管、晏之政、之功、之业，值得称赞、学习。

由于姜太公建国本，即在政治上，以民为本，明德修政，因俗简礼，礼法并用，举贤任能，政合民心，令顺民意；在经济上，“三宝并重”，理财富国，富民强国，开源节流，省赋薄敛，推恩于民，丰衣足食，安居乐业；在军事上，文武兼备，行仁禁暴，吊民伐罪，奇正相生，以奇制胜，选用良将，韬略胜敌，治军强兵，立威天下。太公所建国本，为桓公、管仲发扬光大，故使齐国中兴，桓公称霸，“九合诸侯，一匡天下”。就是说，管仲辅佐齐桓公继承和发展了太公的治国方略、经济政策、军事谋略，而使齐国强大。

下面就《管子》一书中所论述的政治、经济思想主张受太公思想影响，或与太公思想主张相同、相近的有关内容，择其要者，述之如下。

1. 太公以民为本与管仲以民为本

太公治国，以民为本，仁政爱民，力主重民贵民，收服民心，使民归附。因为“天下非一人之天下，乃天下之天下也”，所以要以民为国本，本固邦才兴。管仲治国为政，则发扬了太公的优良传统，力倡以民为本，爱民为务。

管仲深知民唯邦本、本固邦宁、治国兴邦、以民为本等成就霸业的道理，所以他一再申其民本思想。

管仲一再重申、告诫桓公要成就王霸大业，就必须“以人为本”，以“齐国百姓为本”，以“士、农、工、商四民”为国家柱石之民，“本治则国固，本乱则国危”。管仲把士、农、工、商视为“国之石民”，意为立国之根本、国家之基础的柱石之民。就是说，建立国家，巩固政权，治国兴邦，成就大业，必须以民为本，以爱民为务，不可劳民、苦民、伤民。

从这种认识出发，管仲建立了一整套的思想理论，采取了一系列的具体措施，辅佐桓公实现以民为本、爱民为务的政治主张。主要有以下诸方面内容。

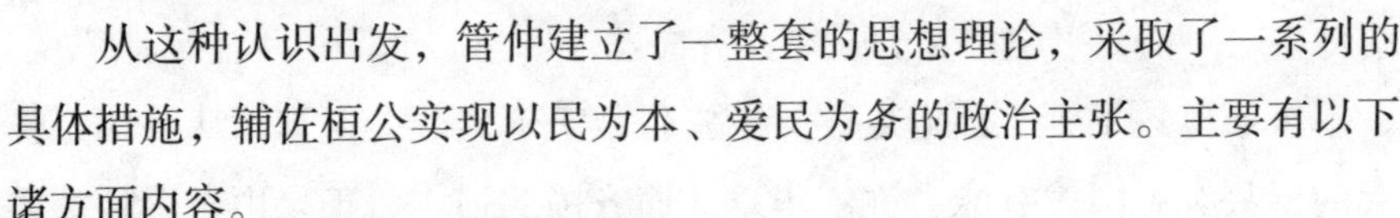

第一，尊民重民，贵民爱民。

管仲认为，以民为本，百姓为本，首先必须尊民重民，贵民爱民，真正把“士、农、工、商四民”，视为国家的基础、柱石、根本。

一个国家要实现宏图大业，国君为政则必须真正爱民重民。治政之要，首在爱民，始于爱民。爱民者必须身体力行，只有亲身力行，民众真实感受到了，才能听从政令，为国家出力。管仲所主张的“爱民之道”，不仅提倡、主张，尤重实行、力行。

第二，顺民之心，从民之欲。

管仲认为，以民为本，爱民固本，治国兴邦，必须处理好当政者与民众的关系，使各种治国政策、措施，顺从民心，适合民欲，利于民生，不能只取不予，断绝民生，只顾上者，不顾下民，这是管仲为政“牧民”的基本政治原则和协调君民关系的基本思想方法。

管仲把“顺民心”“从民欲”“以予为取”作为治理国家的政治原

则和处理国民关系的基本方法，表现出贤明政治家的治国方略和聪明哲学家的辩证思维方法。在管仲看来，人的本性是欲富求利，欲安求生，恶贫忧劳，恶危患绝的，这种“四欲”“四恶”，是人的自然本性所决定、所使然的。所以当政者要适当满足人们谋生的欲望要求，不要逆民性、反民情而行。人民的生活欲望满足了，当政者的目的也能达到，欲望更能满足，这就是“予之为取”的辩证法。如果当政者夺民欲，取民物，施民恶，则民必失，国必乱，身必危。所以治国为政者便顺民心，从民欲，少求取，多施予，去民恶，使远者亲，近者爱，这既是爱民，又是治国。

第三，省刑薄赋，宽惠万民。

管仲认为，治国之务，为政之要，在于省刑罚，宽民政，薄赋敛，厚民生。为此，他采取了一系列的政治、经济措施，发展生产，积累财富，宽惠百姓。同时以省刑罚、轻徭役、薄赋敛来保护社会生产力。

管仲治国理民，力主宽惠爱民，其具体内容则“兴六德”：厚其生，辅其财，遗其利，宽其政，匡其急，赈其贫。以仁爱之心，行仁德之政，开辟土地，种植谷物，修建房屋，修理道路，疏通河流，轻徭薄赋，省刑宽政，养老抚幼，恤寡问疾，赈济灾民，推恩百姓。反对严刑峻法，苛政戾民，重役厚赋，劳民伤财，大兴土木，挥霍民财。所以说：“地辟而国贫者，舟典饰，台榭广也；赏罚信而兵弱者，轻用众，使民劳也。舟车饰，台榭广，则赋敛厚矣；轻用兵，使民劳，则民力竭矣。”（《管子·权修》）管仲从政治上保证经济政策的实施，真正做到发展经济，保障人民生活，使国治民安，颇有太公遗风，或者可以说是太公有关思想的延续。

2. 太公富国富民与管仲富国富民

姜太公从民本论出发，引申出富国富民、聚民阜财、发展生产、注重教化、讲究礼义等一整套的治国富民的治国方略、经济政策。太公富国富民的经济思想主张、措施，由管仲在辅佐齐桓公经济兴齐的过程中，做了全面的继承和发展。

管仲深刻认识到，社会经济的发展，社会财富的积累，人民生活的富足，是社会安定的前提，政治巩固的基础，人民道德的根基。

管仲认为凡是据有土地统治人民的君主，就必须注意春种、夏锄、秋收、冬藏的农之四时，致力于发展农业生产，确保粮食的充足储备。因为国家财富充裕便会招徕远方的居民，土地充分地开发就会使民众留处安居；粮食充足人民就会知道礼节，衣食饱暖人民就会知道荣辱。君主依法度行事就会使六亲之间相安无事，礼、义、廉、耻“四维”张扬就会使国君政令畅通。所以说，国家省刑罚的要务，在于禁止生产、制造奢侈物品；遵守国家法度的关键，在于整饬、施行“四维”；教训人民的常法，在于尊敬、祭祀鬼神、山川、宗庙。不遵循天时便不会生产财富，不开发地利便不会有充足的粮食。民众不务正业就会使原野荒芜，国君挥霍无度就会使民众肆意妄行，不禁止奢侈品的生产就会使民众淫逸无度，不堵“民妄”“民淫”这两者的根源：“土无墨”与“文巧不禁”，就会刑罚频繁。不尊敬、祭祀鬼神、山川、宗庙、祖旧，就会使民众不觉悟、不听令、抗拒长上、孝悌不行，所以说不张扬国之“四维”，国家就要灭亡。

管仲肯定：治国之道，治国之要，必先富民，民富则安居于乡里而重视家园，民穷则不安居于乡里而轻视家园。因此，民富则容易治理，民贫则难于治理。所以说真正善于治理国家的人，必先以富民为要务，先富后治，必然得治，这是很有道理的。

管仲指出，富民之道在于发展生产，增加财富，不是在流通领域靠涨价来增加财富。《管子·乘马》篇中说：“币者货之准也。……市者可以知治乱，可以知多寡，而不能为多寡。”市场可以调整、决定物价的标准，可以调治、理顺物品流通的秩序，可以了解、知道货物的多少，而不能生产、创造物资的多少，可谓智者之见。

因此，管仲把富民富国的着力点放在发展生产、创造财富上，尤其着重强调发展农业生产。农业是国民经济的基础，发展农业生产，增加谷物产量是富民富国的主要途径。因此，国家要采取有力措施，禁止奇技淫巧游食之民的行为，使之从事农业生产；整顿市场秩序，禁止不法商人的妄为，使闲散商人充实田野劳力；保护农民利益，使农民安心

于农业，尽力于种庄稼、养桑麻、植草木、育六畜等，使农、林、牧、副、渔各业都得到全面发展。同时，要兴修水利，疏浚河道，禁止害民之事发生。这样使农事胜而粮食丰，民富而国强，所以说，发展农业，多打粮食，是治国者的“本事”“大务”。这种使“百姓富”、“国家富”、“民归附”“之途”，才是“治国之道也”。管仲的“治国之道”，实是太公的“治国之道”的发展、再现。

3. 太公三宝并重与管仲四氏分业

姜太公治国理财，富民富国，靠发展生产，开源节流，增加财富，而发展生产，开源节流，增加财富，不是靠一种事业、一个源道，而是靠多种事业，多个渠道。因此，太公把“农、工、商”视为国之“三大宝”，并主张“三宝并重”，全面发展，繁荣经济。管仲发展了太公的这个思想，而提出“士、农、工、商四民”为“国之石民”。“四民”各安其居，各事其业，不使之杂处，相互干扰，不专本业，这样便有利于社会各项事业的全面发展和社会各界的安定团结。因此，管仲极力主张四民分业，共同发展。

管仲认为，士、农、工、商作为国家的柱石之民、存在根基，他们只有各安其居，各事其业，经济当然发展，社会自然安定，国家必然治理。

士、农、工、商，都必须按其职业定居，从事各自应担负的社会职能，不得逆反；亦必须是真正、诚实的人，不得冒充、做假，做到名副其实。这样人们就不敢消极怠工，而会尽心竭力从事自己的本业，老老实实地做好本职事业，“非诚贾不得食于贾，非诚工不得食于工，非诚农不得食于农，非信士不得立于朝。是故官虚而莫敢为之清，君有珍车珍甲而莫之敢有，君举事臣不敢诬其所不能。君知臣，臣亦知君知己也。故臣莫敢不竭力俱操其诚以来”（《管子·乘马》）。士、农、工、商，都要真诚老实、守信不欺，不得弄假、伪冒。

管仲所提出的“四民分业定居”而“成民之事”的具体内容和基本职责，旨在使“四民”“以教其子弟”，使之“少而习焉，其安心焉，不见异物而迁焉”（《管子·小匡》）。自幼学习父辈所从事的职业，耳濡目染，安心本业，不见异思迁，精通技艺，提高技术，利于生产发展和产品质量提高。这样就不会使农业荒芜、物品缺乏、商品滞销。使士、农、工、商各业均衡发展，共同繁荣，有利于国计民生，这就是治国之道，安民之策。

使“四民”相互交换自己的劳动成果，调均“四民”的收入，不使之反差太多。管仲着重指出，“四民”之中，农民最苦，农业既是国家贫富、存亡的基础，又是社会财富的主要来源，所以必须采取“利农”政策，使农民的利益有保障。利农政策主要是“均地分利”“薄征敛”“轻征赋”“省徭役”“弛刑罚”“宽其政”“慈幼孤”“恤鳏寡”“问疾病”“赈贫民”等。这样既可以保证四民分业，共同发展，又可以保证农民安心本业，安乡重家，安居乐业。

管仲的以民为本的治国方略、爱民政策，与姜太公的思想主张一脉相承，异曲同工，亦为历代当政者所效法、应用，历史事实证明其合理、有效，在当今亦有其重要价值。

4. 太公礼法并用与管仲以法治国

姜太公辅周治齐，采取礼义教化与政治刑法相结合的政策、措施，即政教并施，礼法并用。管仲辅佐桓公盛齐，则采取以法治国、张扬“四维”的政策、措施，与太公方略虽稍有异，但却有其继，究其实管仲亦是主张礼法并重、并用，只是稍重于法而已。

管仲认为，一个国家由乱到治，由弱至强，要便社会安定，生产发展，经济繁荣，国家财丰，真正强大，称霸于世，一个重要方略则是以法治国，公平行政，所以他强调法律、法令的重要作用。这是时势使然，历史之必然，不是个人意志、行为所能决定的。

法的绝对性、权威性，则在于它的严肃性、公正性，任何人的一切行为都要依法论定，国君亦不能更改、违反法令，所以要明法申令，执法如山．不分亲疏，不看贵贱，公正无私，不偏不倚。

“法”作为量度，判断社会事物的标准、尺度，任何人都必须遵守、执行，不能更改、违反。从国君、官吏到臣民百姓，都要依法行事。特别是君主作为法的制定者，更要依法行法，以法治国，秉公执

法，公平行法，不可为私枉法，不论亲疏、远近、贵贱、美恶，“不为亲戚故贵易其法”（《管子·禁藏》），更“不为一人枉其法”（《管子·白心》），公正无私，一视同仁，人人都依法、守法，则国可治，民可安。

法的严肃性、公正性源于自然性、道的必然性。立法的原则应根据天道原则，天有其常，地有其则，这是不可违逆的自然法则，故应当效法天道的自然法则来立法；同时还必须注意民心不可逆，民情不可反的人道原则。而这天道、人道的原则，归根结底是由“道”的基本原则决定的。所以人主立法要顺天道、法自然，应民心、合民性，依据道、掌握要。

综观《管子》的这些思想，可以看出其思想旨意主要有这样几方面的内容：第一，法是圣人依据“道”的原则、规律而制定的。“道”为宇宙的本体、本根，故圣人依据天人合一的“道”的原则，来立法、行令。因为“道”是广大无限的，微妙不可见的，其在天地之间，其大无外，其小无内，无所不在，无所不能，既为万物之源、万化之要，又为人生之本、法令之根，所以为治民之常道，生财之常法，当然为立法的总原则。第二，就法的自然性来说，天地有阴阳四维来变化，自然万物依天地阴阳四时的运行规律而自然生成收成，人君立法也应效法自然运行规律而行。第三，就法的社会属性来说，人有其好恶、物欲、生死等性情欲望要求和满足，人君立法应当“顺人心，安人情，而发于众心之所聚”（《管子·君臣上》），使法利于人生，禁止害人。如此，制法、行令、施政，才会做到“民乐其政，而令乃行”。法既合乎自然天道，又顺乎民欲人道，更本乎本根之道，因此，必须“以法治国”。

管仲认为，“以法治国”，是为政者的不二法门，唯一要道。就是说，治国不能超越法度而有另外途径、准则。从人君到庶民，都要依法行事，不能违犯法度，人人守法，则国可治，民可安。

君主以法治国，依法行政，遵法而治，没有例外，公平合理，公正无私；百官亦不会朋比阿党，结党营私，跑官买官，买官鬻爵；百姓亦会守法遵令，依法而行。如此，则法立民乐，令出而行，令禁而止，上下和谐，国治民安。管仲的“以法治国”的法治思想，是对太公法治思想的进一步发展，不仅理论系统完整，而且实际措施得力，不仅在历史上起过积极的作用，而且在当今依然有重要的思想价值。

5. 太公上贤举贤与管仲树人尚贤

姜太公治国安民，注重人才战略，力主上贤、举贤，选贤、任能。管仲辅佐桓公成就霸业，亦继承和发展了太公的人才兴国方略，力倡树人尚贤，举贤而用。太公的人才思想，前面已做过详论，在此对管仲的人才思想，略作论述，以做比较。

管仲深刻地认识到，人才是关系到国家治乱、兴亡的大事，一个国家要想兴盛、强大、发达，就必须注重培养教育、选拔、任用人才的问题。因此，他继承和发挥了太公的上贤、举贤的人才思想，对人才问题做了一系列的重要论述。

管仲非常重视人才问题，把重视人才视为人君治国的要务和使国家强盛的大计。在管仲看来，天下得失，国家盛衰，功业成败，关键在于是否得人心，尤其在于得人才。因此，他把"强本事，去无用"以富民，"论贤人，用有能"以治民，"薄赋敛，毋苛民"以爱民，视为成就霸业的三件大事和治国要务。

管仲明确认识到"争天下者，必先争人。明大数者，得人；审小计者，失人。得天下之众者王，得其半者霸。是故圣王卑礼以下天下之贤而任之，均分以钧天下之众而臣之"（《管子·霸言》）的道理，所以他把得人、树人、尚贤视为实现王霸大业的唯一途径。

管仲指出，尊贤、举贤、尚贤、任贤，要在识人，只有知人，才能善任，切不可把庸人当贤才，把佞臣当忠臣。在识人才、辨贤否的基础上，用其所长，人尽其才，发挥作用。

管仲之所以能够辅佐齐桓公成就霸业，很重要的一条原因是他能识人、用贤，齐桓公之所以成功在于用管仲、鲍叔、隰朋等贤人，齐桓公之所以卒而齐国乱就在于用易牙、开方、竖刁三个佞臣。

由于齐桓公不听管仲的话，而重用易牙、竖刁、开方三个奸人、佞臣，使他们三人专权。齐桓公死后，"五子皆求立"，彼此相政，易牙、竖刁、开方诛杀群吏，齐国内乱，"以故宫中空，莫敢棺。齐桓公

尸在床上六十七日，尸虫出于户”（《史记·齐太公世家》）。这种惨局，实为桓公不听管仲之言，不用贤人而用奸人所致。

历史事实说明管仲知人识人、知人善任、尚贤用贤思想的合理性、远见性，亦说明人才可以兴国，奸人必然祸国的道理，历史的经验教训，今人亦应引以为戒。

太公治道，晏婴兴之

在姜太公建立的齐国的发展史中，有明君，更有贤相，这些人都真正继承和发扬了太公的治国方略、爱民之政、理财之策、用人之道。前面我们对管仲治道与太公治道的关系做了论述、比较，下面就晏婴治道与太公治道的关系做具体的说明、比较。

春秋末期，齐国已由桓公“九台诸侯，一匡天下”的“五霸之首”的顶峰衰落下来。晏婴所处的这个时代，正是齐国由盛而衰的时代。晏婴所事的三君：灵公、庄公、景公，皆为庸君暗主，朝廷重臣多为阿谀逢迎、谗佞苟且之徒，国家政治黑暗，人民生活困苦，“拘者满圄，怨者满朝”（《晏子春秋·内篇谏下》）。晏婴生当经世，且为臣为相参政辅君长达五十余年。为了齐国之治，他匡君之失，谏君之非，改革弊政，省刑薄赋，推恩百姓，不遗余力，难能可贵，于中可见其胆识、智慧、德行、节操。究其所出，实与太公有密切关系，亦可谓太公治道，晏婴继之、兴之。现择其变者，比较述之如下。

1. 太公以民为民与晏婴谏君爱民

太公治国以民为本，爱民为务，实行仁政，重民爱民，固民兴国，富民强国。晏婴生在齐国衰世，国君昏庸，只知享乐，不知治国，更不爱民。有鉴于此，晏婴尽其所能，谏君爱民，固国惠民。

晏婴所事三君，不仅昏暗，而且腐败，尤不爱民。目睹此情此景，他忧国忧民。为此，他采取了一系列的治国方略，爱民措施，其出发点是民为国本，归宿地是爱民固国，这与太公思想如出一辙。

晏婴认为，一个人修身为政，意高行厚，受人尊敬，莫过于“爱民乐民”。反之，“刻民害民”，则为道德卑下的小人。

基于这种认识，晏婴要求执政者要爱民、乐民，不可刻民、害民，而他自己一生执政行令则是身体力行的。这就使他一生“处乱世”而能“行正行”“不失正”，其关键就在于他能事事“以民为本”。

生当乱世，要想遵道、正行，卑而不失尊、曲而不失正的唯一标准，就是“以民为本”，“持民”而“得道”。就是说“以民为本”是得道正行的标准，持民则得道，为民则正行，弃民没有道，遗民无正行。因此，晏婴多次力谏国君要亲民、利民、忧民、惠民，不要远民、害民、弃民、扰民，万万不可“与民为仇”而“得罪于民”。他远以周文王、殷纣王为鉴，近以齐景公、齐田民为例，进一步说明必须“以民为本”的道理。

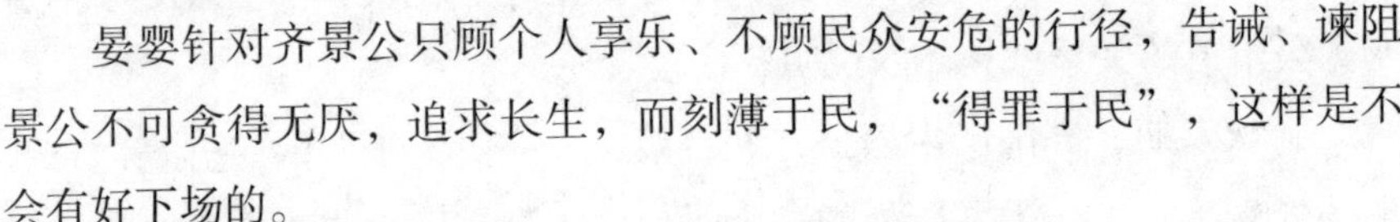

晏婴针对齐景公只顾个人享乐、不顾民众安危的行径，告诫、谏阻景公不可贪得无厌，追求长生，而刻薄于民，“得罪于民”，这样是不会有好下场的。

齐景公只顾自己追求长生不老，却不管百姓死亡，针对于此，晏婴告诫景公：国君得罪于民，民将对其共讨之、同诛之，最终则会国灭之、身杀之，夏桀、殷纣就是例证。由此告诫，使景公认识到自己的过错，承认“寡人固（过）也”。以此教景公爱民安民，使民安居乐业，不可为了自己的享乐，而伤害百姓。

齐景公要想效法齐桓公用管仲以成就霸业之功而要晏婴辅佐他，以使齐国再强大称霸，晏婴的回答是“不能”。其所以不能，就在于景公不具备桓公的爱民惠民、用贤任能、取民有制、节俭为民之德、之政、之行。晏婴告诉景公：要彰桓公之功，继管子之业，就必须“无以多辟伤百姓，无以嗜欲玩好怨诸侯”，任用贤人，治遍百姓，抚恤鳏寡，节取于民，惠施于民，依法施政，赏罚公平，不积怨于百姓，不使君臣交恶。否则，不仅不能彰桓公之功而继管仲之业，而且会使“国之危失，百公不得享也”。

晏婴从民本论出发，反复谏君施政爱民。综观晏婴的思想，他在谏君之行、答君之问、事君之礼、治国之政中，其主旨宗向，都是着力于爱民。诸如“诚于爱民果于行善”，“能爱邦内之民”，“谨听节俭众民之术”，“薄身厚民故聚敛之人不得行”，“顺爱不懈则可以使百姓”，“谋于下违民”等，都是其爱民思想的体现，以此治国、得民，便能聚民、固国。

2. 太公开源节流与晏婴薄敛节俭

姜太公治国注重理财富国，富民足民，主张开源节流，上下俱足，反对厚赋重敛，益上损下。晏婴继承和发展了太公的这些优良传统，并针对当时最高统治者的奢侈腐败、厚赋重敛、重徭苛役的现实，力倡薄敛节俭，清正廉洁，不贪不取，并采取一系列措施付诸实践。晏婴本人则是以身作则，率先垂范，厉行节俭。

齐景公是一个贪财好色、横征暴敛、贪得无厌、奢求无度、贪生怕死的昏庸淫恶之君，为了自己享乐，而大造台榭，厚敛重役，却不顾人民死活。因此，晏婴极谏景公之非，力倡薄敛节俭，以匡君爱民。

晏子的倡节俭、主薄赋、反厚敛、斥奢侈，是针对淫君和谗臣的，是有的放矢的为政爱民之举。在《晏子春秋》一书中，晏子与景公的智者贤相与昏君庸主的形象，跃然可见；晏子与梁丘据等的忠贤之臣与谗佞之臣的形象，形成反差。景公追求狗马、声色等奢侈享乐，谗臣们助之、奉之，昏君喜之、乐之，晏子则谏之、阻之，使君主节之、俭之。三种不同形象、行为，反映出对民众的不同，究其实是治国之政、爱民之策、立身之行的不同。

晏婴一再告诫、批评、指责景公为了个人享乐，大兴土木，修筑台榭，建造寝宫，劳民伤财，聚敛财富，重役苛税，搜刮民财，使民众饥寒冻馁，不堪重负，苦不堪言。而君主却财不胜用，朽于府库，百姓贫病交加，饥寒不已，饿殍满野，却不得其施，这种聚敛财富而不肯惠施于民之暴行，终有一天会使百姓来“自分”之，所以说“藏财而不用，凶也”。晏婴针对景公“费财劳民”之行，“弃德害民”之政，而告谏景公要薄敛节俭，以行善政，守社稷，保自身，否则，行桀、纣之政，使“民力弹乏”“国之流失”，“岂得守社稷哉”（《晏子春秋·内篇谏下》）。由于晏子的谏诤、告诫、批评、劝阻，使景公的淫恶之行，有所收敛，人民生活有所宽松。

晏婴之所以能够谏君主行善政，止恶行，以亲民，除了他的机智聪慧外，关键在于他自己“以节俭力行”，廉洁自律，公而忘私，勤政爱民。他虽然贵为相国，辅佐三君，从政五十余年，但是却“衣布衣鹿裘以朝”，“缁布之衣，麋鹿之裘，栈轸之车而驾驽马”，“一狐裘三十载”，“景公赐晏子狐白之裘，元豹之茈，其赀千金，使梁丘据致之，晏子辞而不受”。吃的是“脱粟之食，五卵苔菜而已”，“肉不足”，对钦差使臣乃至国君，亦不特殊设宴招待。景公得知晏子与其使者分食食之，二人都没吃饱，便派人送去千金和市租，作为招待宾客之用，晏子辞而不受，三致之，三反之，终辞而不受。景公多次赐他封地，给他增禄，他都“辞而勿受”。他住的是近市喧嚣而“不可以居”的陋室，景公多次劝他迁进宫城而居，他坚决拒之；命人建好新宅，他仍不接受。《晏子春秋》中有关晏婴俭朴生活的种种记载、描绘，使人看到一个节俭力行、廉洁自律、清正为民的好官形象，令人尊敬。

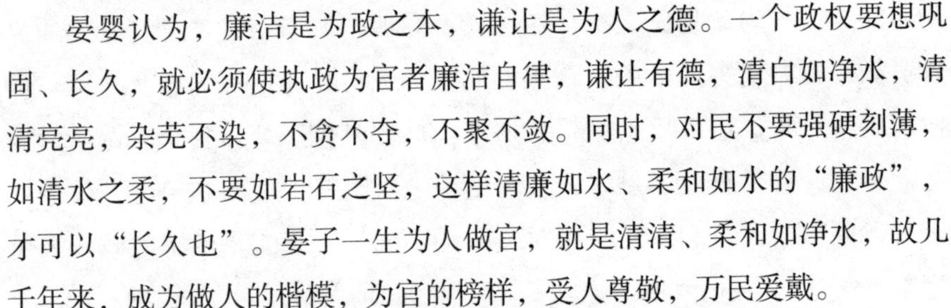

晏婴认为，廉洁是为政之本，谦让是为人之德。一个政权要想巩固、长久，就必须使执政为官者廉洁自律，谦让有德，清白如净水，清清亮亮，杂芜不染，不贪不夺，不聚不敛。同时，对民不要强硬刻薄，如清水之柔，不要如岩石之坚，这样清廉如水、柔和如水的“廉政”，才可以“长久也”。晏子一生为人做官，就是清清、柔和如净水，故几千年来，成为做人的楷模，为官的榜样，受人尊敬，万民爱戴。

3. 太公礼法并用与晏婴以礼御民

太公治国兴齐，理民仁民，注意礼义教化，道德规范，同时以法制律令约束邪行妄作，使政令畅通，故太公主张礼法并用。晏婴对太公的这些治国理民的政治主张，多有继承和发展。他针对景公的残暴酷刑、草菅人命、随意杀人的恶行和齐国当时“拘者满圄”、“屦贱踊贵”的现实情况，促使景公“饬法修礼以治国政”（《晏子春秋·内篇谏上》）的治国方针。他主张君、臣、民，都应当“有礼”，“礼不可

无”，“无礼”“则是禽兽也”。治国者应当以“礼”治民，用礼规范人们的行为，上不可随意杀戮百姓，百姓也遵礼而行。

晏婴认为，君臣治国理民，不能只靠严刑峻法来杀戮惩罚，要靠礼治教化，道德规范，他把“礼”视为治国之本、驭民之纪。

晏子反复说明治国要循“礼”的道理。以礼治国驭民，则国可治，君可安，民可驭。否则，国必危，君无道，民必乱。因为齐景公为满足私欲，不行礼数，使君臣无礼，上下无序，所以晏子强调要以“礼”治国驭民，从而使上下有礼，国治民安。

晏子进一步指出，既然“礼”能使国治民安，就应当松刑弛罚，以礼驭民，不要随意拘捕、打罚、苛刑、杀戮百姓。由于当时齐国最高统治者，繁于刑，苛于政，严于法，而造成“拘者满国，怨者满朝”的情况，对此，晏子向景公谏诤，景公不听、不悦，认为非如此不足以治国。晏子力谏要以礼治国，并指出，当今国之所以不治，民之所以妄为，就在于“藉重而狱多”。如果以礼治之，各处其位，不相逾越，则国可治了。他分析道：“且夫饰民之欲，而严其听，禁其心，圣人所难也，而况夺其财而饥之，劳其力而疲之，常致其苦而严听其狱，痛诛其非，非婴所知也。”（《晏子春秋·内篇谏下》）必须以礼导之而治之，不能用严刑峻法，重狱重罪治民、害民。据此，晏子在“重礼”的同时，又提“宽政”“轻刑”的政治主张。

晏婴谏诤景公要“省罪轻功以谢百姓”，而“刑杀不辜谓之贼”，贼害百姓，滥杀无辜者，国必亡，身必戮。

景公知道晏子住宅简陋又地处喧嚣，不可以居住，而请晏子更换住宅，晏子辞而不受，却借机告诉景公“踊贵而屦贱”的残酷状况，揭露景公繁刑（刖刑）而使踊价上涨的罪恶，以使景公省刑。《晏子春秋》中，记述此类功谏很多。诸如谏诛骇鸟野人、谏诛犯槐者、谏囚斩竹者、谏诛抟治之兵、谏诛断雍门之棣者等，都是晏子谏阻昏君施酷刑、暴政而杀民的害人之举。于中可见晏子的爱民之心，省刑之治，匡君之非。对于景公这类非礼无道、妄行淫恶之君，晏子的以礼治国、反对繁刑之举，实在是爱民治国的义举良策。

4. 太公上贤举贤与晏婴举贤任官

太公治国用人，注重上贤举贤，《六韬·文韬》中的《上贤》《举贤》两篇，对此做了专门的论证，说明了“上贤，下不肖”的道理和意义，并在治国实践中予以贯彻执行。晏婴对太公的选贤、用贤的人才治国兴国思想，不仅继承和发展，而且予以应用和力行。

晏子对于人才治国、用贤兴国的道理，有明确而深刻的认识。他主张选贤任能，见贤不留，使贤不怠。晏子的尊贤使能与治国惠民是紧密相连的，如同人之足目、车之两轮、鸟之两翼一样，不可或缺，不可偏废。他认为：“治天下若委裘，用贤委裘之实，桓公用管仲，而赵襄听王登，此之谓委裘。”（《晏子春秋佚文》）治理国家究其质就在于任用贤人，如桓公用管仲，赵襄听王登等，都是如此。

晏子深知选贤任贤对于治国理民的重要意义，所以他对举贤用贤的治国之道，语焉而详，论焉而精。在晏子看来，一个国家有贤人而不能举之，用之，则是不祥之兆，凶险之象。

选贤任能，还必须知贤考能，一个人的贤与否，要通过观其言，看其行，考其事，以知其贤，视其能，而任其官，“观之以其游，说之以其行”，切不可“以靡曼辩辞定其行”，“以毁誉非议定其身”。

这是说，得贤之道，既要“举之以语”，又要“考之以事”；既要看其言，又要观其行，更要察其事，要真正考查一个人贤与不贤，不能单凭他的漂亮言辞、能说会道，也不要偏听偏信他人的诽谤、闲言，而要根据他自己的言论、行动来考查他的才能，决定贤与不贤。真正能够治国、施政的人，就亲近他、任用他，切不可使能说会道、花言巧语、谗佞阿谀之人得用、得进，这就是“知贤”“得贤”“用贤”之道。

晏婴的知贤、得贤、任贤是与退不肖、征谗佞、除社鼠密切相关的。他指出：恶人不去，贤人不进；谗佞不除，忠臣不用。尤其是君侧左右的谗夫佞臣、奸猾之人，他们善于要猾弄奸，依托君威，加害忠良、贤人，危害国家、社稷，故为国之大害。晏婴把这种谗夫佞臣、奸猾之人，比作社鼠、猛狗，力主惩之、除之。

治国之“患”“常患”“长患”，是“佞人谗夫”。晏子把“佞人谗夫”为恶之行比作“社鼠”“猛狗”。“社鼠”为害却“难去”，“猛狗”为恶却“难阻”。因为社鼠借社木而生存，熏之怕烧其木，灌之怕坏其涂，所以难去；猛狗借主人之威而败主人之事，国有猛狗则用事干政而败君主大事。社鼠、猛狗——佞人谗夫，其所以为国之大患、常患、长患却不易除，就在于其律君之侧，蒙君弄权，用事欺君，“内则蔽善恶于君上，外则卖权重于百姓，不诛之则乱，诛之则为人主所案据”，他们为君主之心腹，又善于伪装深藏，藏大不诚却以小诚奉迎君主，最终达到其大不诚——危害国家、陷害良臣的目的。虽然如此，昏君庸主却不愿意去之、除之，因为他们常为人主谋，唯“君之嗜欲能顺之”，故讨君主喜欢、信任，而不愿去之、除之。他们因此为所欲为，内蔽君主，外欺百姓，“行威而取富”，所以“佞人谗夫”为治国之常患、长患。明君贤主，要去此患，就要审见宾客，勤政兼听，任用忠良，重任贤人，清除佞人，罢免谗夫，惩治贪官。如此，则可以使国治民安，而无常患、长患。

5. 太公不信卜筮与晏婴卜视无益

姜太公治国用兵，相信人事人力，不信卜筮龟草，故他能力排众人信神灵龟草之光，而劝说武王不失时机计伐殷纣，取得牧野大战的胜利。

姜太公不信占卜之验、龟草之兆，而重视人的因素、力量，他取于人，不取于神。虽然后人把太公神化了，而视为神，奉为神，且能封禅而为神上之神，这只是人们对太公德业、功勋的崇拜心情之表现，或企求太公保佑自己。究其实，太公并不信神灵、卜筮之兆，表现了他的无神论的思想智慧。

晏婴发展了太公的无神论思想智慧，并将之运用于谏君之非、治国之道、利民之策当中，从而展现了他的智者形象。

晏婴既是一位人格高尚、政绩突出的政治家，又是一个不信鬼神、反对迷信的无神论者。他的无神论思想，与谏君之非、治国之道、爱民之计、用人之策等，紧密地联系在一起，这就使他的无神论

姜太公钓鱼台

思想尤有价值。

春秋时期，由于齐桓公任用管仲为相，而使桓公 “九合诸侯，一匡天下”，成为第一霸主。然而，到了景公为君、晏婴为相的时代，由于景公庸碌无能，荒淫贪逸，且又笃信神灵，乞求长生，而使齐国渐趋颓势。晏婴为了治国富民，采取了一系列的政治、经济、军事、外交措施，除抓住各种机会谏君之非、匡君之失以外，还针对景公信神怕死，诸臣弄神欺君，百姓的迷信求神等有神论妄为，阐发了无神论思想，用以阻君之误，启民之智。

晏婴把无神论思想用于宽政爱民，矫正君非，反对使臣上。就是说，暴虐君主，暴虐万民，不修德行，不施仁政，滥施淫威，侵害百姓，诛杀万民，破坏自然，万民诅咒，祝史祝之，万民诅之，祝不胜诅，祝亦无用；上帝不神，神灵本无，求之何益。只有宽政爱民，省刑薄赋，修德责己，方可治国、去病。有德之君，修己治国，人民乐业，国治病除；无德之君，笃信鬼神，误国害民，国危病甚。因此，要修德而治政，去神而取人。

晏婴在阐发无神思想的同时，还对有神论者的装神弄鬼、巫祝祭神、乞求神灵保佑的欺君骗人之举，给予有力的揭露、批判、惩处。

晏婴还常以明君之德，修明君之政，用贤人之治，使百姓归之的道理，告诫景公不要听信使臣、楚巫之言而不修德、乱政、害民。景公听

了晏婴之言后，要“逐楚巫而拘裔款”。晏婴认为：“楚巫不可出。”因为楚巫出后，还会到各诸侯国去到处行骗害人，这是“不仁”之举，所以要“东楚巫而拘裔款”，以使他们不再到处行巫害人。晏子的思想主旨是：帝王死后，没有神灵，不必祭拜，相信神明，则是无知；圣明之君，要以德配天，不是慢行而繁祭，轻身而恃巫，只要严于修身，勤政爱民，用贤弃巫，就会使诸侯拥戴，百姓归顺；对佞臣要拘禁起来，勿使其扰民乱政，对巫师不能驱逐了事，而要流放到边陲之境，勿使其继续为害他人，被他们欺骗是无知，欺骗他人是不仁，所以要“东楚巫而拘裔款”，这充分表现了晏婴无神论思想的真实内容和积极意义。

以上几个方面揭示、论述了晏婴治国方略与太公治国方略的渊源关系和密切联系，于中可见太公治国方略的延续和发展，以及晏婴的机智和胆识。

晏婴能在春秋末期，齐国衰世，发挥积极的作用，辅佐庸君暗主以兴太公治道，除了他的机智和胆识外，还有他的哲学智慧，或者可以说，晏婴的治国方略是以哲学思想为基础的，他的机智和胆识则是其哲学智慧在政治上的体现。

因此，在论述晏婴的治国方略之后，不能不论述他的哲学思想，据此，我们对晏婴的哲学思想，做简要的分析评述。

晏婴的哲学思想，除了上面我们所揭示的无神论、生死观外，主要表现在他的“和”的思想、“和同之辨”的思想。

春秋时期，学术思想界有过“和同之辨”的论述，意在从哲学上说明宇宙万物的化生、存在、发展的法则及事物对立面之间的关系。晏婴将这种哲学思想引申到社会人事领域，用以说明“君”与“臣”的“和”与“同”的关系，并使他的“和而不同”的思想有了哲学根据，亦即从哲学高度阐发了“君”与“臣”、“和”与“同”的关系的真实含义。

从上述管仲、晏婴的治国方略与太公治国方略的渊源关系及其历史贡献来看，他们二人作为齐国宰相，对齐国乃至中国历史，都做出了不可磨灭的巨大贡献。所以司马迁评论道：“吾读管氏《牧民》《山高》

《乘马》《轻重》《九府》，及《晏子春秋》，详哉其言之也。既见其著书，欲观其行事，故次其传。”（《史记·管晏列传》）司马迁对其二人作传，述其事，论其功，对他们的德行、功业，表示“忻慕”，实为中肯之论。

第五章

太公武略称于世 兵家师法传千古

太公武略是姜太公的用兵谋略中的一些基本原理、原则，主要内容，作战方法。其实，太公在军事韬略方面对中国兵略的历史贡献、思想影响，以及后世兵家对其继承发展、效法应用等方面都有非常深远的影响。因为他的军事谋略不仅在历史上对军事家运筹战争、指挥作战、建设军队起着积极的指导、规范作用，而且对现代的治军用兵者依然具有重要的借鉴与参考意义。

行合天地，德配阴阳

姜太公从“齐之逐夫，朝歌之废屠，子良之逐臣，棘津之仇不庸”，到周文王之“师”、周武王之“师尚父”，而为周朝的一人之下万人之上的最高长官，既主军，也问政，辅佐文王、武王成就灭商兴周、举义伐暴而救民于水火的宏图大业。

从周文王被商纣王“拘羑里”，姜太公与散宜生、闳夭、南宫括等设计谋划救文王，文王被救脱离羑里，返回周国后，修德振武，以求倾商等一系列文武措施、文德武功等，“皆宗太公为本谋”。文王修政治国安民，政通民和，进而征讨伐崇、密须、犬夷诸国，到最终使“天下三分，其二归周”，文王之政是太公之治，文王之兵是太公之谋。就文王而言，得救是其倾商大业的前提、根本，如果文王不得救而被囚，则一切倾商活动，便是天方夜谭，所以救文王是太公的首功大德。接着太公为文王修德施政，修兵振武，准备伐纣，制定了一系列的方针、政策、谋略，取得了节节胜利，这便是太公“上屠屠国”韬略的初步成效。

但是，正当这个时候，周文王驾崩，周武王即位。武王继承文王之志，继续修文王之业，准备倾商伐纣的大业，从孟津会盟八百诸侯，到“与太公作此《泰誓》”，亦都是太公之谋。这既是孟津会盟誓师大会的示众誓言，亦是为倾商伐纣做舆论准备，表明讨伐民贼的决心，表达正义者行仁的声音，以取得各诸侯国及广大民众的支持和拥护。

姜太公为周武王作的《泰誓》三篇，是在孟津会盟八百诸侯，观兵之后，伐纣之前，发布的讨纣檄文和动员令，亦是表明意志、伸张正义的决心书。其中包含着丰富的思想内容，其思想要旨，主要有如下几个方面。

第一，纣王残暴，天怒人怨。

《泰誓》作者太公和武王揭露殷纣王的暴虐罪恶行径，不敬上天，降灾万民，沉湎酒色，妄行暴政，罪人以族，官人以世，大兴土木，营造宫室台榭，搜刮民财，残害百姓，焚炙忠良，刳剔孕妇，作威杀戮，毒痛四海，屏弃典刑，囚奴正士，废弘朝政，郊社不修，宗庙不享，斫朝涉之胫，剖贤人之心，奇技淫巧以取悦妇人，自绝于天，结怨于民，上天震怒，万民痛恨，对这样一个恶贯满盈、残暴至极、荒淫无道的独夫民贼，必须天下共讨之、人人共诛之。

第二，顺天应人，举义伐纣。

姜太公和周武王指出，讨伐殷纣王是顺天应人、奉天爱民、以德行仁、从天惠民的义举。因为在天地所生的万物之中，“唯人万物之灵”，上天为了保护“人”这个“万物之灵”，而“天佑下民，作之君，作之师”，人君作为“民之父母”，而应当顺从天的意志，真正地爱护、保护、施恩于万民。可是纣王身为国君，不仅不爱民、惠民、护民，而且“播弃黎老”，“降灾下民”，“残害百姓”，“罪人以族”，对于这个罪大恶极、“天命诛之”的殷纣王，举兵讨伐，是顺天命、合民意的为民除害，仁民爱民的正义事业。“天佑下民”，“予曷敢有越厥志”，“商罪贯盈，天命诛之，予弗顺天，厥罪惟钧”，“天矜于民，民之所欲，天必从之”，“天视自我民视，天听自我民听”。因此，武王要禀天命，承民意，举义兵，救万民，而讨伐纣王。

第三，万众一心，必定胜利。

由于“商罪贯盈”，“天命诛之”，“民欲讨之”，我必顺天应人，兴师伐纣，“戎商必克”。为什么能够伐商必克、伐纣必胜呢？因为“同力度德，同德度义”，这是说势均力敌时，有道德者胜，道德相同者，则举义者胜。商纣王既无德，又无义，周朝既有德，又有义，所以周必胜商。尤其是商虽“有臣亿万，惟亿万心”，“有亿兆夷人，离心离德”，而周则是“有臣三千，惟一心”，所以“乃一心一德，立定厥功，惟克永世”。这就是说，商朝虽有亿万民众，由于纣王作恶多端，暴民已极，故使臣民离心离德，众叛亲离，所以必然失败。周武王虽有臣三千，却一心一德，尤其是有理乱之臣太公、周公、毕公、荣公、太颠、闳夭、散宜生、南宫括等十余人，都是一心一德、同心同德，所以伐纣必定胜利。只要万众一心，万民协力，就可以完成伐纣克商，解救万民，永清四海的大业。

第四，抓住时机，除恶务尽。

姜太公经过长期的观察、等待，认为当时纣王的罪恶已经达到极点，到了讨伐的时候，时机已到，所以要抓住时机，举兵伐纣，不可误失时机，“时哉！弗可失”。对纣王这个周人的累世仇人，“自绝于天，结怨于民”的暴君、独夫，一定要除恶务本、务尽，不要姑息，所以说“树德务滋，除恶务本”。只有彻底消灭骑在人民头上作威作福的独夫民贼，才是救民于水火的世功大德。太公辅周实行德治、仁政，而使三分天下，周有其二。以此“仁人”之“德政”，号召天下“殄歼乃仇”，“以登乃群”，奋勇杀敌，求立大功，以使周之明德光照四方，永世安民。

姜太公与周武王作《泰誓》后，在做了舆论准备、政治动员、表明决心后，等待时机，以求伐纣成功。两年后，纣王杀害王子比干，囚禁箕子，罪恶愈甚。伐纣时机已到，武王将要举兵伐纣。占卜吉凶，龟兆不吉，又正值暴风雨，其他诸公都认为是凶兆而害怕，只有姜太公劝周武王按计划进军伐纣。经过牧野大战，纣师大败，纣王自焚，获得全胜。灭商诛纣后，开仓赈济万民，改元更化，修德仁民。姜太公封到齐国之后，更是以德治民，修政便民，发展经济，民富国强，使齐国成为东方泱泱大国。

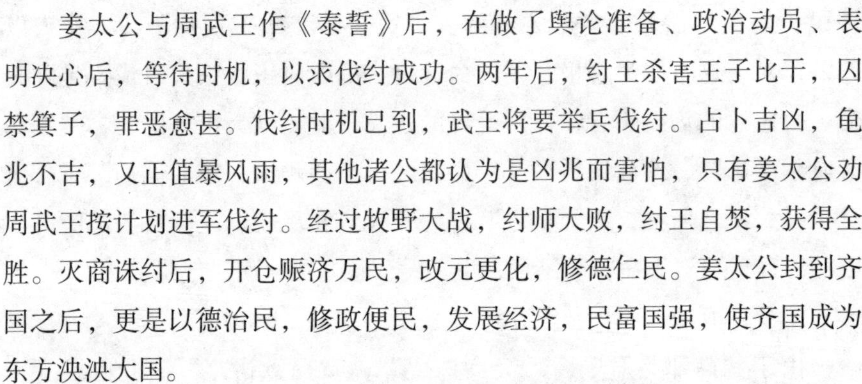

姜太公之所以能有如此智慧谋略，建立伟业，实现宏图，就在于他通天地变化之道，知阴阳大化之理，晓治国安邦之略，精用兵制敌之术，有仁爱生灵之心，怀救民济民之志。他相信人事、人力，而不相信天命、神力。所以他能力排众议，抓住战机，适时伐纣，取得胜利。此非大智者不能为，非大勇者不敢为。

姜太公之所以能“自布衣升三公之位”，而为文王、武王之师，辅佐文王、武王完成灭商兴周大业，并“累世享千乘之爵”，就在于他仰

观天文，俯察地理，中通人事，故能因势利导，抓住时机，顺天应人，夺取胜利。倾商兴周，以此大功，造福当世，解民倒悬，恩及后世，千古流芳，众人敬仰，贤人称赞。

兵家宗师，齐国兵祖

姜太公作为周师齐祖，其千秋功业，不仅在政治兴国、仁政治民、经济富国、理财惠民，而且在军事韬略、吊民伐罪、除暴安民。

综观中国的兵家、兵学、兵略、兵法、兵书时，便可以发现，其多出于齐国，或与齐国有密切关系。诸如《六韬》《司马法》《孙子兵法》《孙膑兵法》等兵书战策，以及《晏子春秋》《管子》《荀子》中的论兵之作，都出自齐国，为齐国兵论的重要内容。其高超的军事智慧韬略和战争艺术，都是天下之冠，并为中国乃至东方、世界军事理论、用兵谋略做出了重大的历史贡献，产生了深远的历史影响。而这些兵书战策、军事智谋、兵学理论，都出自于齐国，集中于齐国，当然不是神学天意的偶然降临，而是与齐国始祖姜太公的军事韬略、用兵智谋有着渊源关系和必然联系。

如果我们再进一步考察，“昔西伯拘羑里，演《周易》”（《史记·太史公自序》）。而《周易》作为“群经之首”，是“中华传统文化的源头活水”，“大道之原”。《四库全书总目提要》云：“《易》道广大，无所不包，旁及天文、地理、乐律、兵法、韵学、算术，以逮方外之炉火，皆可援《易》以为说。”在《周易》“极广大，尽精微”的思想体系中，蕴含着我国以后各家思想的萌芽，应当说儒、道、墨、法、兵、刑、阴阳等各家的思想，都发端于《周易》，或与《周易》有密切关系。

《周易》的卦爻辞中，广泛地记录了周朝的社会生活情况。由于当时阶级斗争剧烈，贵族内部矛盾尖锐，各诸侯国战争频繁。在这种情况下，作为“小邦周”，要战胜和取代“大国殷”，就必须战胜重重困难，摆脱艰难危境，讲究政治策略、军事谋略，采取军事手段，这些内容在《周易》中，都得到了具体的反映。姜太公生活在殷周巨变之时，并参与决策、指挥灭殷兴周的重大活动，又亲自建立了齐国，所以《周易》或周朝的兵论，太公定有所献；齐国的兵论，则直接取自太公；后世中国的兵论，多取自太公兵法。中国古代兵家，尤其是先秦时期，多出自齐国，中国兵学成熟于齐国，齐国成为中国兵学的发祥地，都与太公有直接而密切的关系。

因此，可以说姜太公是中国第一位军事谋略家、武圣人。姜太公的军事谋略智慧、用兵指挥艺术，在出山前已胸有成竹、理论大定，在倾商伐纣中已付诸实践、取得成功，为齐国兵论兵略奠定了理论基础，为以后兵学兵智提供了理论前导，可以说，“齐国兵论冠天下”“中国兵学甲天下”都与姜太公的军事智慧、韬略思想有密切的关系。就此而言，太公实为兵家宗师、武学鼻祖。

中国古代的兵论、兵法、兵书、战策、战术等一整套的军事理论学说，就其最早发端、形成体系、构成学说来说，都始自齐国，源自太公，所以说太公为兵家宗师、齐国兵祖、中国武圣是当之无愧的。可以说，没有太公理论及其所建立的齐国兵家，则不会有如此博大精深、智谋高超、理论完整、源远流长、延绵不断、影响巨大的中国兵学理论学说。今天，我们在研究中国古代的治国方略、用兵之道时，不能不重视太公的杰出贡献与思想价值。

战略思想，兵家师承

中国兵学有博大精深的思想体系，严密完整的逻辑结构，蕴意无穷的谋略智慧，丰富多彩的思想内容，变化多端的指挥艺术，延绵不断的发展脉络。就此而论，太公之功，功莫大焉，太公之业，泽及后世。择

其要者，论述如下。

1. 兵为大事，不可不察

战争由来已久，多有发生，持续不断，并在人类的社会生活中居于重要的地位，起着重要的作用。随着战争作用的突显，地位的提高，人们把“兵”视为“国之大事”。到了周朝，战争的地位、作用，则更加突出、重要。

姜太公祠

关于“兵”为“国之大事”。《六韬》作为“文韬武略”兼备“括大宏深”的兵书，自始至终都把“战争”视为“国之大事”，以至于强调精器备战，训练精熟而为兵之大事，“凡三军有大事，莫不习用器械”（《六韬·虎韬·军略》）。太公所说的“三军有大事”的“大事”，显然是指战争而言。太公正是以“兵”为“国之大事”这个主旨而展开了《六韬》的兵学思想论证，当然亦为此论之发端，故为后世兵家所宗承。

中国古代以齐国兵家为先导、为代表的兵家，都重视战争和准备战争，并就战争中的一系列问题，都做了详备的论证，因而使中国的战争理论、军事谋略、指挥艺术等极为精彩，寓意深刻，内容丰富，体系完整，这些都与姜太公的军事韬略及其所开创的齐国兵家的军事智略有密切的关系。

2. 天时地利，人和者胜

姜太公的军事韬略、智谋，极为重视天、地、人在战争中的地位和作用，认为只有“上知天道，下知地理，中知人事”（《六韬·虎韬·垒虚》）的将帅，才能全面谋划、运筹、决策、指挥战争，取得胜利。姜太公深知“天下非一人之天下，乃天下之天下也。……道之所在，天下归之”（《六韬·文韬·文师》）的道理，人心向背决定战争的胜负，所以他注重民心、民意，强调人和、心同，故能协助、辅佐文王、武王，顺天应人，伐纣胜利。

姜太公的后继者——齐国兵家乃至中国兵家，发展了他的“人和”思想。

齐国兵家的兵论、兵略，十分重视天时、地利、人和。所谓“人和”，是指民众之心与当政者之意相一致，即政治得民心、合民意，人民与当政者思想一致，上下同心协力，和谐一致，战争就能取得胜利。

孙武论兵，重天而精通天时、寒暑、时制等季节变化规律；重地而深究远近、险易、广狭、死生、存亡之地，把地分为散地、轻地、争地、交地、衢地、重地、圮地、围地、死地的“九地”；重人而令民与上同意，万众一心，万民协力，如此，则战无不胜。就是说，在遵循自然规律、客观环境的基础上，要充分调动、发挥人的主观能动性，因为人的因素起着关键性的决定作用。在人的因素中，团结、和谐、协调、上下同心，更为重要。所以中国兵家论兵，皆重天时、地利，尤贵人和。齐国兵家，更是如此。

孙膑从天地之间人为贵，人为万物之灵的思想出发，强调天时、地利、人和在战争中的重要作用。他说：“间于天地之间，莫贵于人。……天时、地利、人和，三者不得，虽胜有殃。”（《孙膑兵法·月战》）用兵作战，要想取胜，就必须得“天之道”“地之利”“人之事”。三者俱得，必然胜利；三者不得，即使胜利，也是灾殃。

中国论兵及取胜之道，皆注重天时、地利、人和，最经典的科学表述和至理名言，则是孟子的如下表述。

天时不如地利，地利不如人和。三里之城，七里之郭，环而攻之而不胜。夫环而攻之，必有得天时者矣；然而不胜者，是天时不如地利

也。城非不高也，池非不深也，兵革非不坚利也，米粟非不多也；委而去之，是地利不如人和也。故曰：域民不以封疆之界，固国不以山溪之险，威天下不以兵革之利。得道者多助，失道者寡助。寡助之至，亲戚畔之；多助之至，天下顺之。以天下之所顺，攻亲戚之所畔；故君子有不战，战必胜矣。（《孟子·公孙丑下》）

天时不如地利，地利不如人和，说的是在注重天时、地利的同时，尤其要注重人和，人心向背、顺逆是决定战争胜负的关键，得道者多助，失道者寡助，众心所归，众志成城，就能攻无不克，战无不胜。孟子在这里既注重天、地、自然条件的作用，更注重人的因素对战争胜负的决定作用，这种把天、地、人的作用都考虑到，融为一个整体，综合起来思考战争的胜利的思想，是科学的、合理的，故为历代的政治家、军事家所重视、推崇，即战争的性质，人心的向背，是决定战争胜负的关键因素，而成为千古不易的至理名言，而受到人们的称颂、发挥。

《尉缭子》论兵取胜，十分重视天时、地利、人和诸因素的作用。所以说："天时不如地利，地利不如人和。圣人所贵，人事而已。"（《尉缭子·战威》）又说："天官、时日，不若人事也。"（《尉缭子·天官》）用兵作战，要重人事，尤贵人和，圣人所贵，唯在人事。只有人和，方能攻取战胜。

诸葛亮治国用兵，极为重视天时、地利、人和的问题。他在治军用兵的过程中，注意"审天地之道，察众人之心"（《便宜十六策·治军第九》）。在诸葛亮看来，战争虽然是千变万化，神妙莫测，但是要认识"天之阴阳，地之形名，人之腹心，知此三者，获处其功"（《便宜十六策·治军第九》）。兵之助是天之时，地之利，人之和。

可见，任何一场战争都是"人和"者胜，商汤放逐夏桀，周武王伐殷纣王的胜利，都是"人和"的胜利，这是千古不易的真理。

汉代以后的军事家，对天时、地利、人和的问题，都继续做了论证。他们都强调天时、地利、人和对战争胜负所起的决定性作用。

可以从中国军事家的和合、和谐、协调的思维中看到，他们从整体认识、思考中，把天、地、人贯通起来；从和谐思维中，强调天、地、人的协调一致，进而把“人和”作为战争胜利之要、之本，这其中充满着智慧之光。

3. 仁义为本，修德禁暴

姜太公论兵、谋兵、用兵，非单纯就兵论兵、崇尚武力，而是尚“文韬”，重“文伐”，先文后武，文武兼备，用兵行仁，禁止暴虐，吊民伐罪。就是说，文事先于武备，文德重于武力，主张以仁义道德征服人心，不能穷兵黩武征服天下。因此，应当以仁义为本，使天下人心归服，用兵旨在禁暴除害，非为炫耀武力杀人，这就是战争的正义性和目的性的问题。太公对此，认识明确，用之得当，修德振武，兴兵伐暴。

齐国兵家及历代兵家，对姜太公的这些军事思想、用兵韬略、战争策略，都做了引申和发挥。

田穰苴总结了夏、商、周三代的军事制度和战争经验，尤其是吸取了姜太公的军事智略和治军思想，认识到战争的危害性和义战的必要性，论证了自己的战争观点和经国治军原则。

田穰苴认为，经国与治军，用兵与爱民，是一个统一不可分割的整体，国家养兵、建军，不是为了穷兵黩武，侵略别国，涂炭生灵，杀戮百姓，而是为了保卫国家，除暴安良，保护生灵，为民除害。

《管子》在肯定用兵的重要性的同时，也强调用兵作战的正义性，明确指出，养兵、用兵，旨在诛暴禁乱，守国安民，不是侵掠别国，杀戮百姓，就此而论，兵不可废。

晏婴继承了太公的民为国本、修德禁暴的思想，从这种思想认识出发，他力主用兵旨在“安国”“征暴”，不是为了“恃强”“劫弱”。

孙膑对战争的性质、作用，有比较明确的认识，他在说明战争的必然性、重要性的同时，主张举义用兵，反对不义之战。孙膑认为，战争是历史发展的必然产物，即使是圣王也不可能避免，因此他称赞姜太公辅佐武王伐纣的历史功绩和正义战争。

尉缭继承和发展了姜太公的文武兼备，先文后武，重视文伐，而不

轻视武备的思想，提出“文种武植”的思想。他认为，军事与政治虽相辅为用，不可偏废，但是由于兵为凶险之器，战争违反正常的道德，所以不可轻易草率动用这种凶器。没有兵不行，滥用兵亦不行。

《吕氏春秋》的作者，对战争的性质和目的有比较明确的认识，并做了具体的阐释。他们指出，战争不是目的，而是达到政治目的的一个重要的手段。用兵作战，是为了行义救民，诛暴禁乱，解救万民。为此，《吕氏春秋》的作者反对“偃兵”，主张举义用兵。

姜太公的以仁义为本，以民众为本，以义攻不义而必胜的军事思想，为后代兵家所继承、发展、实践，而成为中国古代军事理论的重要精华之一，产生了重大的思想影响。

4. 尽于人事，不取鬼神

姜太公论政、治国、谋兵、行战，均重人，不重神，尽于人事，取于人事，不取鬼神，尤其在辅佐武王伐纣的关键时刻，力排众人迷信占卜龟甲、蓍草征兆之议，抓住战机，适时出战，取得大胜，充分显现了太公的大智大勇的无神论者、谋略家的光辉形象。

姜太公虽被后人尊奉为神，封神之神、神上之神，而他本人则自认为是人，不是神。我们说他是人、圣人。他治政、征战则重视人，不信神，这就是太公的本来面貌。

姜太公认为，能否进行战争，取得胜利，主要靠人的观察、认识、谋划、运筹，不是求助于神灵显示、保佑。所以说：“上察天，下察地，征已见，乃伐之。”（《六韬·武韬·文伐》）“胜败之征，精神先见，明将察之，其败在人。”（《六韬·龙韬·兵征》）“战攻守御之具，尽在于人事。……故用兵之具，尽于人事也。善为国者，取于人事。”（《六韬·龙韬·农器》）太公的思想旨意十分明确、清楚，即为政治国、用兵打仗、战争胜负等，尽在于人事，不在于鬼神，所以必须舍弃鬼神，而取于人事，尽于人事。姜太公的这些无神论思想，为齐国及后世兵家、兵论所继承和发展。

晏婴作为齐国杰出的无神论者和名臣、名相，从齐国始祖姜太公那里吸取了无神论的思想营养，并把无神论思想用于匡君之非和制止齐景公的不义之战。

孙武论兵，自始至终都贯穿着“必取于人”，“不可取于鬼神”的思想，从道、天、地、将、法的“五事”，将的智、信、仁、勇、严的“五德”，到先知妙算，胜负乃见；谋攻伐敌，全筝全胜；奇正相生，不可胜穷；避实击虚，求势善胜；藏于九地之下，动于九天之上等，无一不是验于事而求于人，而不取于鬼神。

尉缭议兵、行战，推崇太公兵略、武韬，尤为称赞太公辅佐武王伐纣信人不信神的智略，肯定非如此者，不可以取胜。

李筌继承和发展了姜太公的“尽于人事”“取于人事”和孙武的“必取于人”“不可取于鬼神”的思想，反对阴阳家的五行生克观点，认为天道、阴阳、鬼神，不能决定、主宰战争的胜负，所以用兵作战，不必求神问卜，而要以人谋为主。

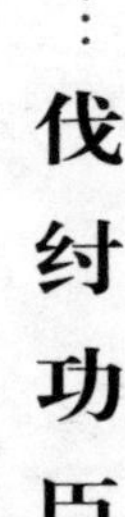

陈亮总结了先秦以来的战争理论与无神论思想，尤其吸取了姜太公的重人的智略思想，并把无神论与军事谋略结合起来，阐发了自己的战略思想。陈亮不信天命、鬼神，而重人谋、韬略。他认为，只有略敌之智，才有胜敌之功。

中国历代兵家，继太公之后，对于战争中求人事不取于鬼神、重人谋不求于天命的战略思想，都有所论述。可见，历代兵家都师承了太公的战略思想。

太公策略，兵家师法

姜太公的战略不仅为中国“兵家师承”，而且其策略亦为中国“兵家师法”，究其实，在太公和中国兵家的军事思想中，战略与策略、策略与战法等，是融为一体的，没有严格的界限，所以很难截然区分，只能就其所主要而粗略分之。

1. 注重谋略，不战而胜

姜太公深知用兵作战的目的在吊民伐罪，解救生灵，除暴安民，不是为了扩张领土，掠夺财物，涂炭生灵。因此，太公极力主张韬略胜敌，以德附民，不战而胜。这就是："全胜不斗，大兵无创，与鬼神通。微哉，微哉！……故无甲兵而胜。"（《六韬·武韬·发启》）不经过战斗而取得全胜，全军没有创伤而取得胜利，这才是用兵如神，微妙无穷啊！

为了达到不战而胜的目的，姜太公十分强调"文伐"的作用，"以文事伐人"，即不用战争武力去讨伐、征服敌人。姜太公在《六韬·武韬·文伐》篇中提出了十二种"文伐"的策略、方法，利用敌人内部的各种矛盾，以分化、瓦解、削弱敌人，以此谋敌而取之，不战而胜之，因此，太公重谋、慎谋、贵谋。

孙武论兵，注重战略，尤重谋略、计策，崇尚谋胜。他认为，用兵作战要做到"兵贵胜，不贵人"。然而，最上策是以"谋"取胜，"不战而胜"。因此，他主张"谋攻"，"不战而屈人之兵"，并以此为基础而构建了他的军事谋略学思想体系。

《管子》的作者认为，兵为凶器，战为危事，战争消耗大量财物，所以用兵作战不可不慎。据此，《管子》极为重视谋略在战争中的作用，强调谋兵，以谋取胜，谋而后动，"谋得兵胜者霸"（《管子·兵法》），因而主张"以谋胜之"（《管子·霸言》），认为"慎谋乃保国"（《管子·问》），"立于谋，故能实，不可攻也"（《管子·玄宫》）。否则，"失谋而败，国之危也"（《管子·问》）。这就是说，以谋略战胜敌人是保卫国家的上上之策和先决条件。

先秦以降，中国历代兵家继承姜太公和孙武的谋略思想，都强调谋略胜敌和不战而胜。

曹操认为，用兵作战，要战胜敌人，必须运用智谋，以谋取胜，不战而胜。因此，他极为重视谋略、谋攻。

诸葛亮作为一个英明智慧的统帅，在治军用兵的过程中，处处表现出其高超的智谋、计策。他之所以能够"运筹于帷幄之中，决胜于千里之外”，就在于他的智慧、计谋，他深知智谋、计策在军事活动中的重要作用。

2. 知彼知己，百战不殆

姜太公深知：两军交战，要想战胜敌人，夺取胜利，就必须审知敌人，了解自己，只有知己知彼，才能百战不殆。由于知敌难，故要审知、详察、全知敌人的各种情况，即要“知其心”，“知其意”，“知其情”。尤其是要将天、地、人的全面情况加以审知、详察，在这个基础上，综合分析，周密谋划，制订方案，适时出击，方可取胜。所以说：“上察天，下察地，征已见，乃伐之。”（《六韬·武韬·文伐》）察知天、地、人的情况之后，方可出兵作战。

孙武论兵，要在知兵。《孙子》十三篇，从第一篇《计篇》讲察兵、经事、索情，到最后一篇《用间篇》，讲用计索取敌情，在一定意义上讲，就在一个“知”字，即知己知彼。只有知而战，才能战而胜；只有知胜负的智者用兵，才能做到“胜乃可全”。

《管子》的作者论兵，强调知己知彼，百战百胜。其明确提出：“明于计数者胜。”所谓“明于计数”，实为一个“知”字。“知”为知敌、知己，只有知敌我，才能克敌制胜。

孙膑认为，战争是敌我交战双方的智慧和实力对抗，要想制服敌人，取得胜利，除了靠实力、勇力外，更重要的是认识战争的规律和交战双方的各种情况，要知己知彼，以智取胜，做到知而战，战而胜。

《吕氏春秋》继承和吸取了姜太公的“未战先知敌”、孔子的“智、仁、勇”和孙武的“知己知彼，百战不殆”的思想，强调“知兵”“智胜”的策略。

《吕氏春秋》的作者认为，在战争这种智力和勇力的活的对抗中，要想战胜敌人，夺取胜利，就必须做到知己知彼，知人自知，察微观远，全面了解敌我情况，才能战胜敌人。

从姜太公开始，中国历代兵家都强调知敌而胜敌的兵略、战策。他们在决策、指挥战争中，都非常注意探究“知彼知己，百战不殆”的理论，并在战争实践中加以运用，从而证明其理论价值和实践意义。

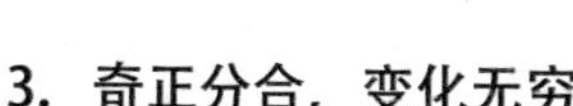

3. 奇正分合，变化无穷

奇正、分合是中国古代哲学家经常议论的一个重要问题，尤其是军事家议论最多的一个策略、战术问题。

在李靖看来，中国古代的“兵法”，“其实皆得太公之遗法”（《李卫公问对》卷上），这个论断是有根据和有道理的确论。中国有史实而非神话传说的兵法和大战，确实自太公始，为太公创立、整理和运筹、指挥；齐国兵论、兵法之所以冠天下、甲天下，亦与太公所修、所遗兵法密切相关，有直接的渊源关系。而奇正、分合作为重要的军事范畴和战术方法，亦与太公兵论、兵法密切相关。

姜太公对奇正、分合的论述，虽然文字不多，但是却十分精辟。他说：“凡用兵之法，三军之众，必有分合之变。”（《六韬·犬韬·分合》）他以《分合》篇专论“分合之变”的战术方法。他指出，两军对垒，千变万化，在这种瞬息万变的运动中，要想战胜敌人，就必须因敌之变和战阵之变，而随机应变，分合相变，奇正相生，因敌制胜。

同时还要注意保守军事机密，策略、战术不能外泄，作战意图行动不能走漏，从而欺骗敌人，迷惑敌人，出其不意，袭其不备，以奇制胜。

姜太公的奇正、分合、聚散的变化多端，出奇制胜的战法，对后世兵家、兵论，产生了重要的影响，为他们所继承、阐扬。

老子把“奇”“正”作为一对对应的范畴，引入治国、用兵的领域。他把“治国”与“用兵”视为一个不可分割的整体，认为这是人君“为天下王”的必备条件和立国基础。因此，老子把“治国”与“用兵”紧密地联系在一起，常常在论述治国之道的同时，讲述用兵之略，这也与太公思想相一致。

孙武论兵、用兵，极为重视“奇正”“分合”的战术。他认为，凡是战争都存在奇正、分合的问题，只有认识、处理好二者的对立统一关系，才可以胜而不败。

孙膑继承了姜太公和孙武的奇正、分合思想，在《孙膑兵法·奇正》篇中，集中论述了奇与正的相互关系及其变化，以及如何运用奇正变化而克敌制胜的问题。

孙膑以万物相生相克、变化无穷的原理，说明战争以“形”相胜，形胜之变如同天地一样变化无穷。他指出，“形”是可以胜的，但是以一种“形”战胜万种“形”是不可能的，只有以万形应万形，才能胜万形，并可以无形胜万形。奇胜的原理是不变的，制胜的方法是可变的、多端的。

《淮南子》继承了姜太公的“分合之变”、老子的“以奇用兵”、孙武的“奇正相生”的战术思想，并做了具体的发挥。《淮南子》的作者认为，善于用兵作战的人，在于“明奇正之变，察行陈解赎之数”，懂得这个变化之理，运用这个变化之术，就可以用兵如神，出奇制胜，取得成功。

曹操平生用兵作战，注重设计、用奇，以奇取胜。他认为两军相争，要“因敌而制胜”，“兵一分一合，以敌为变也”（《孙子·军争篇注》）。因敌变化，我采用奇正、分合的战策对之、胜之。

诸葛亮精通治军用兵中的辩证法，他在强调智谋用兵的同时，吸取了姜太公、老子、孙武的奇正思想，重视奇正结合；在强调以奇正为用兵原则、方法的同时，主张以奇为谋而胜。

综上所述，诸军事家讨论兵略、兵法时，多次提到姜太公整理、完善兵法的问题。他们君臣二人都推崇、宗奉太公兵法，并详细地引申、论证了太公、孙武以来的奇正、分合的思想，可以说是对此做了总结性的分析论证。在论证中，他们结合具体战例做了阐发、引申。

唐代以后的历代兵家，都沿着太公的“奇正”“分合”的思维路径，对之继续做了论证、发挥，而使之成为中国兵法中的重要范畴和主要战法，于中闪现着中国兵学的高超智慧和灵活战术。

4. 兵为诡道，诈敌取胜

中国历代兵家，都注重“兵以诈立”“兵不厌诈”“兵为诡道”的问题，并多有论述。

姜太公十分重视“妄张诈诱”、“施行诈术”、欺骗敌人、诡诈取胜的问题。他不仅在理论上进行论证，而且在实战中具体运用，尤其是

在最高统帅部中设立专人，施行诈术，诱敌上当，战而胜之。

姜太公的诈敌理论和实践，为后世兵家所推崇、发挥、效法，成为中国兵论、战术的一个重要内容，被奉为取胜之要道，用兵之要术。

对于兵为诡道，兵不厌诈，诈敌取胜的论述，语焉而详，论焉而精者，要算孙武了。他说：

兵者，诡道也。故能而示之不能，用而示之不用，近而示之远，远而示之近。利而诱之，乱而取之，实而备之，强而避之，怒而挠之，卑而骄之，佚而劳之，亲而离之。攻其无备，出其不意，此兵家之胜，不可先传也。（《孙子·计篇》）

姜太公钓鱼台

孙武的这些思想，为历代兵家服膺、推崇，并做出种种训解、发挥。

韩非论用兵作战，主张“战阵之间不厌诈伪”，使敌失误，战而胜之。

《淮南子》的作者认为，两军交战，彼此相抗，要战胜敌人，就必须施行诡诈、奇谋，神出鬼没，不露形迹，以无形而制有形。

李筌论兵，重“计谋”，贵“诡谲”，对“兵者，诡道也”，做了详细的阐释。

李筌认为，善于指挥军队作战的人，“非诡谲不战”。要把谋划决策的战略、策略、战术，与表现于外的形迹、形象，相悖谬、不一致，从而使敌人无法窥测、侦知我的真实意图，利用诡诈之术、多变之法，诱使敌人，调动敌人，从而战胜敌人

唐代以后的中国历代兵家，都对“兵为诡道”“兵以诈立”“兵不

厌诈”做了论证、说明。

中国古代兵家都提倡、实行用兵要“诡诈”的原则、战法，反对蠢猪式的“不擒二毛”“不鼓不成列”的打法。我们从他们关于 “兵者诡道”“兵以诈立”“兵不厌诈”等一系列论述和实战中，可以看到他们的思想智慧和军事谋略的精妙之处。尤其是他们所强调的“诡诈”是用来对付敌人的，行战方法、指挥艺术等，都对后世兵家产生了重大的影响，各家都从其中吸取智略，并在注释、解说、申论中，进一步揭示、阐释了其思想奥义和武略真谛。

第六章

太公德业后世颂 丰功伟绩垂青史

姜太公能够“顺天应人”，审时度势，倾商立周，兴周盛齐，建立永垂青史的丰功伟绩，不仅造福于当时，而且能够泽及后世，为后世所称颂。这正是因为他的治国方略在道德功业方面为后世为政者树立了榜样，为后世带来了恩泽。所以，他才能被后人称为“韬略鼻祖”“千古武圣”“百代宗师”等。本章将从姜太公的传奇经历与他的丰功伟绩方面出发，以及历史典籍、历代诸子百家、文人墨客、兵家武士，在史料典籍、诗词文论、兵书战策等，择其要者，以此来评赞太公，进一步揭示太公的思想影响和现代价值。

历代王朝，铭封太公

姜太公的一生坎坷多磨而又轰轰烈烈，但他的一生又是充满神秘色彩的。也可以说，姜太公是中国历史上一位全智全能的人物，也是中国文艺舞台上一位“高、大、全”的形象，还是中国神坛上一位居众神之上的神主。作为宗教的神仙，他是武神、智神，被奉为“太公在此，百无禁忌”的护佑神灵。那么，现实中的姜太公是如何被历代王朝所称赞与推崇的呢？

其实，周朝从被尊称为“周太王”的古公亶父起，就盼望能得到一个圣人……一位武能安邦、文能治国的贤才，来辅助周国实现灭殷兴周的任务。到了周文王时，终于得到了姜太公这样一位圣人，所以，姜太公被称为“太公望”，到武王执政时，又以“师尚父”相称，可见尊宠权贵无以复加。文王所命太公之“师”即“太师”，是西周王朝“三公”中的最高长官，既主军，也问政。时有“天下三分，其二归周者，太公之谋计居多”之言，足见太公在周朝中的地位之重。

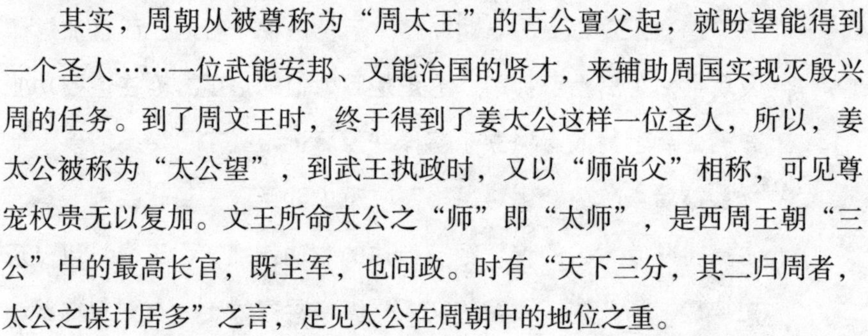

由于姜太公佐文、武倾商兴周，立了首功，故周人铭其丰功伟业于金石，并召令最好的铸造工匠昆吾，制作金版，记载、歌颂太公的功德业绩。《文心雕龙·铭箴》云：“夏铸九牧之金鼎，周勒肃慎之楛矢，令德之事也。吕尚铭功于昆吾，仲山镂绩于庸器，计功之义也。”这些都是说，由于太公在倾商兴周的过程中，功德居首，封于齐国，故“言时计功”而铭于金版，永垂其功德。

从此之后，历代王朝凡是治国安邦、文武兼备而有作为的君主，大多尊崇太公的治国安民之道、用兵御敌之略，所以都十分称颂、效法太公的文韬、武略，文治、武功，所以铭封太公的功德，以为世法。从汉武帝的称赞、桑弘羊的推崇，到唐太宗和李靖的宗奉、效法，无一不是

明证。据《新唐书·礼乐志五》载："贞观中，以太公兵家者流，始令磻溪立庙。"从此开始追封太公德业功绩，并逐步升级。同时，围绕对太公的追封，在唐王朝内部展开了曲折复杂的论争、斗争，对太公的褒贬而众说不一。

唐太宗李世民即位后，外夷相侵，内患未除，政局动乱，国家面临着百乱待治、百废待兴的情况，为了达到"安人理国"的目的，便自称他是姜太公的化身，在磻溪建立太公庙，他用这一举动告诉人们，他要像周文王访贤并重用姜太公那样的贤臣良将，他后来果然得到了一大批治世理国的人才，终于实现了"贞观之治"。

到了唐玄宗李隆基时期，朝廷为求国内安宁，需要像姜太公那样披肝沥胆，呕心沥血，忠贞不贰的勤勉事主的人才，便于开元十九年（731）敕令天下诸州各建一所太公庙。并要求以张良配享，在春秋仲秋月上戊日祭祀。每当发兵出师或各将领及文武举人应诏，都要先去太公庙拜谒。开元二十七年（739）追谥姜太公为"武成王"，成为中华民族"武"圣人。

但是，唐朝统治集团内部对此，并非意见一致、无有异议，而在汉以后"独尊儒术""崇尚礼乐"的唐朝，对太公——武成王与孔子——文宣王的同等待遇，颇有歧见，看法不一，各有所论。

肃宗乾元元年（758年），太常少卿于休烈奏曰："秋享汉祖庙，旁无侍臣，而太公乃以张良配。子房生汉初，佐高祖定天下，时不与太公接。古配食庙庭，皆其佐命；太公，人臣也，谊无配享。请以张良配汉祖庙。"（《新唐书·礼乐志五》）这是说，张良不应当配享太公，而应当配食刘邦，故应将张良由"太公庙"移至"汉祖庙"，显然对张良配享太公提出了异议。

德宗贞元二年（786），刑部尚书关播奏曰："太公古称大贤，下乃置亚圣，义有未安。而仲尼十哲，皆当时弟子，今以异时名将，列子弟子，非类也。请但用古今名将配享，去亚圣十哲之名。"奏入后，"自是，唯享武成王及留侯，而诸将不复祭矣"（《新唐书·礼乐志五》）。这是说，太公只为大贤，而不够圣人，故不能享受圣人孔子的祭礼待遇，于是便“去亚圣十哲之名”，只以留侯张良配享，而“武成王”封号仍保留着。德宗此举，已开始动摇太公武圣人——武成王的地位了。

更有甚者，则是德宗贞元四年，兵部侍郎李纾奏请贬抑太公的封位，由此而引发的一场论争。

唐德宗贞元四年（788），朝廷中的文武百官对姜太公配享一事激烈争论，褒贬悬殊，歧义很大。李纾首先提出了异议，他历数开元以来对姜太公的封号、祭祀和配享的规格太高，似为不当。就配享而言，太公为周之太师，张良为汉之少傅，均为佐王兴国之谋臣，属于平级，而今却让张良屈尊于太公之下，变为佐臣，连神都不敢赞同。就太公与孔子比较而言：孔子著述可为“百世所宗”，故祭孔之乐可以用宫县，献纵太尉，以示“尊师崇道”。而太公只著述《六韬》一书，勋业只一代而已，所以祭祀之礼应该降格，不能和孔子一样规格。李纾之奏议，百官议之，多数同意，请求皇帝恩准李纾奏言。由此，引发了严说、陆淳等人的一系列奏议。他们站在维护封建宗法制度和独尊儒术、重文轻武的立场上，褒扬孔子，贬损太公。认为封太公为武成王，扰乱了封建宗法制的尊卑关系，以致攻击太公是殷之叛臣，殷纣失德，不去匡正，反而扶周倾商，所以必须取消武成王封号及武成王庙，只保留磻溪太公祠就可以了。

对此，以左领军大将军令狐建等二十四位将军坚决反对。他们奏议说：现在国家兵革未消，叛乱不断，割据日甚，应当从国家安危大局出发，要崇武威以唤起忠烈之士为国家出力。现在却贬损太公，不是崇武劝忠之策，故为非策。再说，对太公封王爵，以时祭祀，为武教主，也是以文、武并宗、并重，几代如此，典礼已久，如今改变，大加贬损，实为不妥，亦为非礼。德宗对此，不知所措，只好“诏以将军为献官，余用纾奏。自是，以上将军、大将军、将军为三献”。这场争论，不了了之。

李唐王朝对姜太公的前后不同的变化，是有其政治原因的，是为其政治需要服务的。唐太宗要实施“贞观之治”，急需文武人才，便于

“贞观二年”，“升孔王为先圣，以颜回配。四年，诏州、县学皆作孔子庙。十一年，诏尊孔子为宣父，作庙于兖州。……十四年，太宗观释奠于国子学，诏祭酒孔颖达讲《孝经》”，“贞观中，以太公兵家者流，始令磻溪立庙”（《新唐书·礼乐志》）。希望天下文武人才为其所用，他也像周文王、周武王重用太公一样重用人才。唐玄宗师法太宗，又把太公提升一级，开元年间，选贤任能，国事日盛。“安史之乱”后，唐肃宗“荀意于兵”，以求平定“安史之乱”，而追封太公为武成王，配享如诸侯。唐代宗、德宗亦照样如此。然而，由于当政统治者，治国无方略，政事日非，叛军四起，割据已立，纲常大乱。于是他们把乱臣贼子的犯上作乱，不循伦理，破坏封建宗法制度，归因于追封太公，于是便要取消太公的封号，使庙享降格，而贬损太公。又因“兵革未靖”，又不敢对太公贬损太甚，怕影响“右武以起忠烈”，且不符合“文、武并宗”，所以使这场争论以折中而不了了之。

到了北宋，真宗大中祥符元年（1008）十月，真宗封禅泰山后，十一月，“幸曲阜县，谒文宣王庙”，祭祀孔子，“加谥孔子曰玄圣文宣王”，“追谥齐太公曰昭烈武成王，令青州立庙”（《宋史·真宗本纪》）以昭其功德。

宋仁宗庆历三年（1043）五月，置武学于武成王太公庙。

宋神宗熙宁五年（1072）五月，神宗诏令在武成王庙侧设立武学，体制模式、礼仪制度、教学管理等，与太学相同。并且，为抵御外寇入侵，下令要求各军事将领必读《太公兵法》，这就确立了姜太公是中华民族创立韬略理论开山鼻祖的地位。

到了元朝，太公武成王的封号、祭礼，依然保留。

到了明代，太公的武成王封号，被明太祖朱元璋废掉。明洪武二十年（1387），礼部呈请建立武学，用武举，仍祭祀武成王庙，朱元璋则以“文武一途”为由，不但不批准，而且“去武成王号”。

明代以后，姜太公武成王封号被削去，罢其从唐至元以来庙号、祭典，而从祀帝王庙，于是勋戚子孙，袭爵者都到国子监学习。这种“文事武备，统归于一”，实际是消武归文，所以顾炎武感叹道：“呜呼纯

《封神演义》中的姜子牙

矣！”对此，顾炎武述评曰：“因勋卫子弟不得已而立武学，仍宜以孔子为先师，如前代国学祀周公，唐开元改为孔子。周公尚不祀于学，而况太公乎？成化五年（1469），掌武学国子监监丞阎锡言：‘古者庙必有学，受成献馘于中，欲其先礼义而后勇力也。今本学见有空堂数楹，乞敕所司改为文庙。’可谓得礼之意。”（《日知录》卷十七《武学》）由于明太祖朱元璋在洪武二十年（1387）废武学，不用武举，去太公“武成王号，罢其旧庙”，故到了明宪宗朱见深成化五年，武学成为只有房子，而无学生的空架子，致使武学监丞不得不呈请朝廷将“武学”改为“文庙”。至此，武学没单独存在了，武举也不单独设科了。

可见，历代王朝对太公的态度，是根据统治者的政治需要，这就引起了对太公的铭封、褒贬、祭礼发生曲折的变化。最终为了维护“三纲五常”和君君、臣臣、父父、子子的封建宗法统治，而废去了太公“武成王”的封号及祭礼。中国封建社会步入晚期，伴随政治的腐朽、统治的强化，统治者需要的是以“纲常名教”禁锢人民的思想意识，并非太公的“文韬武略”的治国安邦，所以统治集团对太公的封号、褒贬的种种变化，只是他们为了实现自己的统治目的的具体举措，而对太公的德业功绩无丝毫影响。相反，太公的伟大形象在广大民众中不断流传，日益深广，家喻户晓。这就是太公的伟大之处。

三千年后，人民出于崇拜他的高尚人格，悼念他的丰功伟绩，以朴实的感情编造出他的很多神话故事歌颂他。到了明代许仲琳为崇敬太公无法形容时便以神面化之编著了一部《封神演义》，把他说成是管天下所有神的神了，太公的神奇和威严，成为驱邪扶正的偶像了。这些虽然

超出了历史的真实，却反映出姜太公在人们心目中的崇高地位。从此，太公就由一个真实的人变成神了。

历代典籍，称赞太公

姜太公是齐国的缔造者，更是中国古代的一位影响久远的杰出的韬略家、军事家与政治家。历代典籍都公认他的历史地位，儒、道、法、兵、纵横诸家皆追他为本家人物，被尊为“百家宗师”。

姜太公之所以被后人如此推崇，是由于姜太公的出身经历、文韬武略、文治武功、丰功伟业的传奇色彩、杰出成就，故使中国历代经、史、子、集记载、崇敬太公，诸子百家、文臣武将评论、称赞太公，可谓史不绝书，代有人赞。由于历史典籍浩如烟海，举不胜举，本文只择其要者，略作说明。简要地揭示一下太公德行的历史影响和当代价值。

《孔子集语》曰：“有其才不遇其时，虽才不用。苟遇其时，何难之有？故舜耕历山，而逃于河畔，立为天子，则其遇尧也。傅说负壤土，释版筑而立佐天子，则其遇武丁也。伊尹有莘氏之媵臣也，负鼎俎调五味而佐天子，则其遇成汤也。吕望行年五十，卖食于棘津；行年七十，屠牛朝歌；行年九十，为天子师，则其遇文王也。”

《吕氏春秋·知度》曰：“人主之患，必在任人而不能用之，用之而与不知者议之也。绝江者托于船，致远者托于骥，霸王者托于贤。伊尹、吕尚、管夷吾、百里奚，此霸王者之船、骥也。释父兄与子弟，非疏之也；任庖人、钓者与仇人、仆虏，非阿之也；持社稷立功名之道，不得不然也。犹大匠之为宫室也，量小大而知材木矣，訾功丈而知人数矣。故小臣、吕尚听，而天下知殷、周之王也；管夷吾、百里奚听，而天下知齐、秦之霸也。”

《史记·范雎蔡泽列传》：“范雎曰：‘非敢然也。’臣闻昔者吕尚之遇文王也，身为渔父而钓于渭滨耳。若是者，交疏也。已说而立为太师，载与俱归者，其言深也。故文王遂收功于吕尚而卒王天下。乡使文王疏吕尚而不与深言，是周无天子之德，而文、武无与成其王业也。”

以上史料是援引从先秦到清代的几则关于太公事略的资料，其主旨是说：太公具有圣贤之智略、王佐之才能，故得明君贤主文王、武王之尊崇、任用，而完成倾商兴周、治齐盛齐的大业。这就告诉人们，圣君明主尊崇、任用大智大勇的重要意义。

太公以垂钓而待明主，遇明主而得重用，得重用而成大业，这是治国、用兵者必须注意的要务，历朝历代，莫不如此。对此，历代典籍对太公，也有大量评赞。

《尚书·泰誓》曰：“予有乱臣十人，同心同德。虽有周亲，不如仁人。”孔安国曰：“十人：周公旦、召公奭、太公望、毕公、荣公、太颠、闳夭、散宜生、南宫适及文母。”

《荀子·王霸》曰：“能当一人而取天下，失当一人而社稷危。不能当一人而能当千百人者，说无之有也。既能当一人，则身有何劳而为，垂衣裳而定天下。故汤用伊尹，文王用吕尚，武王用召公，成王用周公旦。”

《韩非子·说疑》曰：“若夫后稷、皋陶、伊尹、周公旦、大公望、管仲、隰朋、百里奚、蹇叔、舅犯、赵衰、范蠡、大夫种、逢同、华登，此十五人者为其臣也。……虽当昏乱之主，尚可致功，况于显明之主乎？此谓霸王之佐也。”

《论衡·逢遇篇》曰：“以大才之臣，遇大才之主，乃有遇不遇，虞舜、许由、太公、伯夷是也。虞舜、许由俱圣人也，并生唐世，俱面于尧。虞舜绍帝统，许由入山林。太公、伯夷俱贤也，并出周国，皆见武王。太公受封，伯夷饿死。夫贤圣道同、志合、趋齐，虞舜、太公行耦，许由、伯夷操违者。……尧混舜浊，武王诛残，太公讨暴，同浊皆粗，举措钧齐，此所以为遇者也。”

诸如此类典籍，简直是不胜枚举。援引上述诸家所论的，是选择太会渭水垂钓而遇文王，到辅佐武王伐纣之前这一段时间，诸家对太公的评赞。

太公作为“天下之大老”“非常之老者”“天下之父”，德高望重，为人楷模，具有向心力、号召力；太公作为“取天下之”“能人”、“乱（治也）臣”、“帝王之佐”，得此一人“而取天下”，“定王业”，即使“昏乱之主，尚可致功”，更何况“显明之主乎”？因为“缘此一人关于兴废之大”，所以文王、武王用太公，以此非常之举，用非常之人，必取非常之功，建非常之业。这些评赞，实为公允的确当之论，而非溢美的夸张之词，历史事实已经充分证明。

针对太公的军事谋略，对于太公的军事谋略，历史典籍、诸子百家的记载、评赞尤多。因为太公作为韬略鼻祖、周朝军师、伐纣统帅，而《六韬》作“武经”之一，所以从武略角度评赞太公者，更是史不绝书，汗牛充栋。

《吕氏春秋·贵因》曰：“武王使人候殷，反报岐周曰：‘殷其乱矣。’武王曰：‘其乱焉至？’对曰：‘谗慝胜良。’武王曰：‘尚未也。’又复往，反报曰：‘其乱加矣。’武王曰：‘焉至？’对曰：‘贤者出走矣。’武王曰：‘尚未也。’又往，反报曰：‘其乱甚矣。’武王曰：‘焉至？’对曰：‘百姓不敢诽怨矣。’武王曰：‘嘻！’遽告太公。太公对曰：‘谗慝胜良，命曰戮；贤者出走，命曰崩；百姓不敢诽怨，命曰刑胜。其乱至矣，不可以驾（加）矣。’故选车三百，虎贲三千，朝要甲子之期，而纣为禽，则武王固知其无与为敌也。因其所用，何敌之有矣？”

《淮南子·要略》曰：“文王欲以卑弱制强暴，以为天下去残除贼而成王道，故太公之谋生焉。文王业之而不卒，武王继文王之业，用太公之谋，悉索薄赋，躬擐甲胄，以伐无道而讨不义，誓师牧野，以践天子之位。”

《论衡·卜筮篇》曰：“周武王伐纣，卜筮之，逆，占曰：‘大凶。’太公推蓍蹈龟而曰：‘枯骨死草，何知而凶！’夫卜筮兆数，非吉凶误也，占之不审吉凶，吉凶变乱，变乱，故太公黜之。……传或言：武王伐纣，卜之而龟□，占者曰‘凶’。太公曰：‘龟□，以祭则凶，以战则胜。’武王从之，卒克纣焉。”

以上种种评论、称颂之议，都是说太公归周之后，辅佐文王、武王修德振武，准备完成倾商伐纣、兴周盛周大业，在文王死后，辅佐武王，顺天道而修人事，讨伐独夫民贼，为民兴利除害。特别是牧野大战，以少胜多，以弱胜强，不信祥瑞，不惧凶象，相信人力，排除众议，抓住战机，按计出击，一举成功。

其所以能取得如此的赫赫战功，就在于太公以民本论为基础，深知民心、民力是胜利之本，他上知天文，下知地理，中知人事，并深通军事韬略、作战阵法、出击时机，以及对敌情的深刻了解，故能运用之妙，存乎一心，抓住战机，因敌制敌，一战全胜而定天下。

由于太公的用兵韬略的过人、成功，故被后世称为“武圣之首”，“兵家之祖”，而受到推尊、崇敬。

《朱舜水集》卷十三《孙子兵法论》曰：“太公为千古兵家之主，其所以用于武王，一戎衣而天下定。”

《李卫公问对》卷上，李靖曰：“周之始兴，则太公实缮其法：始于岐都，以建井亩；戎车三百辆，虎贲三千人，以立军制；六步七步，六伐七伐，以教战法。陈师牧野，太公以百夫致师，以成武功，以四万五千人胜纣七十万之众。周《司马法》，本大公者也。……其实皆得太公之遗法。”

《投笔肤谈》卷上《本谋·旧题解》曰：“本谋者，以谋为本也。《太公传》：‘其事多兵权与奇计，后之言兵者，皆宗太公为本谋。’名篇之义，盖取诸此。”

像以上这些评传还有很多。但是，他们都评断、肯定：太公有经天纬地之才，通阴阳变化之理，精治国用兵之略，知经权常变之术，故受到文、武之尊，而能以布衣之士而定天下。因此，太公“为千古兵家之祖”，太公“完缮”中国兵法，后世兵法，“其实皆得太公之遗法”，加之太公“其事多兵权与奇计”，“其事多权谋与秘计”，后世“韬略同出于太公”，后世“言兵者，皆宗太公为本谋”，“皆宗太公之《六韬》为本谋”，“后世谈兵，宗之为祖”。一言以蔽之，太公为中国“兵家鼻祖”“韬略始祖”“权谋宗祖”。

关于太公的治国方略，由于太公具有经天纬地之才、文武兼备之智，武能安邦，文能治国，不仅辅文、武而兴周，而且治齐国而成功，所以历代典籍、诸子百家对太公的治国方略、文治功业，赞之有加。今天读之，深受启发，颇有价值。有心治国者，应当效法之。在此择其最主要者，述之如下。

《新书·修政语下》曰："师尚父曰：'吾闻之于政也，曰：天下圹圹，一人有之；万民丛丛，一人理之。故天下者，非一家之有也，有道者之有也。故夫天下者，唯有道者理之，唯有道者纪之，唯有道者使之，唯有道者宜处而久之。故夫天下者，难得而易失也，难常而易忘也。故守天下者，非以道则弗得而长也。故夫道者，万世之宝也。'周武王曰：'受命矣。'"

《太平御览》卷八十四引《周书》曰："文王昌曰：'吾闻之，无变古，无易常，无阴谋，无擅制，无更创，为此，则不详。'太公曰：'夫天下非常一人之天下也，天下之国非常一人之国也，莫常有之，唯有道者取之。古之王者，未使民，民化；未赏民，民劝；不知怒，不知喜，愉愉然其如赤子。此古善为政也。'"

太公从民为国本论出发，天下非一人之天下，国家非一人之国家，所以治国之人要有道德，有道德之人才能以道德治国，以此治国之人，方可取国保国而使国家长治久安。太公作为周之太师，不仅深通此理，而且身当此任。尤其在治齐国时，付诸实践。故司马迁评赞道："太公至国，修政，因其俗，简其礼，通工商之业，便鱼盐之利，而人民多归齐，齐为大国。"（《史记·齐太公世家》）太公治国修政，以爱为基础、前提、出发点，而提出一整套的治国方略，这就是"为国有三策：敬天、勤民、亲贤而已"（《广名将传·吕尚》）。"天"为自然阴阳变化，"民"为国家存在的根本，"贤"为治国必需的人才，故要处理好三者的关系，抓好这三个要务，则国可治，民可安了。

所以，太公对上贤、举贤、亲贤的问题，十分重视。对此，我们已经详述过。后世诸家对此做了赞评。如：

《淮南子·齐俗训》曰："昔太公望、周公旦受封而相见，太公问周公曰：‘何以治鲁？’周公曰：‘尊尊亲亲。’太公曰：‘鲁从此弱矣。’周公问太公曰：‘何以治齐？’太公曰：‘举贤而上功。’周公曰：‘后世必有劫杀之君。’其后，齐日以大，至于霸，二十四世而田氏代之；鲁日以削，至三十二世而亡。”

《说苑》卷七《政理》曰：“伯禽与太公俱受封而各之国，三年，太公来朝，周公问曰：‘何治之疾也？’对曰：‘尊贤，先疏后亲，先义后仁也。’此者霸者之迹也。周公曰：‘太公之泽及五世。’五年，伯禽来朝，周公问曰：‘何治之难？’对曰：‘亲亲，先内后外，先仁后义也。’此王者之迹也。周公曰：‘鲁之泽及十世。’故鲁有王迹者，仁厚也，齐有霸迹者，武政也。”

由于可见，太公治国修政，除“爱民而已”外，则是“举贤上功”、“尊贤用能”、“先义后仁”，“简其君臣礼，从其俗为”，“因其俗，简其礼”，故很快收到治政之效，且使“人民多归齐”，“齐为泱泱大国”，这种霸者之迹，已为齐桓公的“九合诸侯，一匡天下”的霸业，奠定了坚实的基础。

由这几段史籍记载、评论我们可以看到：太公治齐国是“举贤而上功”、“先疏后亲；先义后仁”，加之“因其俗，简其礼”，故很快收到治国修政之效，而伯禽秉承其父周公之意，其治鲁国则是“尊尊亲亲”，“先内后外，先仁后义”，加之“变其俗，革其礼”，故很久才收到治国修政之效。

总之，历代典籍所载，诸子百家所评，及其他大量我们所未援引的资料，于中可见，太公具有经天纬地的雄才大略，精通天地阴阳变化的发展规律，深明治国用兵的文韬武略，因而建立了丰功伟业。

据此，后世称赞太公有王佐之才，为圣贤之偶，而受到赞颂、敬仰。

王夫之对姜太公的德行、功业极为崇敬、多有赞颂。诸如：

《春秋世论·僖公》曰：“周之兴也，太公留为师，周公留为宰，伯禽、吕仅居外以相次辅。当其盛也，以道法相成；迨其降也，以形势相制。二公互戢其子孙，以持王室，犹左右臂之拱一心也。”

《四书训义》卷二十八《孟子四·公孙丑下》孟子曰：“五百年必

有王者兴，其间必有名世者。”王夫之解释道：“自尧、舜至汤，自汤至文、武，皆五百余年而圣人出。‘名世’，谓其人德业闻望可名于一世者，为之辅佐，若皋陶、稷、契、伊尹、莱朱、太公望、散宜生之属。”

《周易内传》卷三下《井》卦“九五，井洌寒泉食”。王夫之解释道：“水以清洌而寒为美；推之于人，则洁己而有德威者。‘泉’，其有本者也，是人所待养而泽被生民者也。九五刚中而上出，故其德如此。夫君子之德施能溥者，岂有他哉！有一介不取非义之操，则能周知小民之艰难而济其饥渴。无私之心，人所共凛，则除苛暴而无所挠屈。诸葛孔明曰：‘澹泊可以明志’，洌寒之谓也。杜子美称其伯仲伊、吕，有见于此与！”

朱之瑜对姜太公的圣人之德、才，更是称赞、崇敬。

从诸家所评可见，他们都肯定太公为“圣人也”。刘向认为：董仲舒的“王佐之材”是太公所不如的。然而其子刘歆认为：这是不对的，“过矣”，并断定太公“乃圣人之耦，王者不得则不兴”。刘氏后世子孙皆以此论“为然”，而修正刘向之言。其他诸家都肯定：太公之德、之略、之智、之才、之功，都是“圣人也”，非“圣人”“圣贤”，不能致此也。所以对太公的德业功绩、文韬武略，极为推崇、称颂，以至于对太公的画像赞颂、拜谒。

诗词文赋，歌颂太公

翻开历史，就可以发现姜太公的传奇经历、文韬武略、崇高德业、丰功伟绩，受到历代王朝的铭封，历代典籍的褒奖、推崇和诸子百家的推尊、称赞。走进文学宝库，也会发现姜太公受到历代文人墨客、哲人志士、文臣武将的敬仰、歌颂，他们以大量的诗词、歌赋、祝文，有的是咏颂太公，以此来表明心志；有的是凭吊太公，以此来激励自己；有的是追迹太公，希望世间多一些像太公一样匡世济民的贤人；有的是祝福太公，以此来纳祥益寿等。从诗词文赋中，可以看到太公的高大形象和伟大德业，这使我们从另一个方面窥知太公的思想影响和重要的现代价值。下面这些诗词虽然不能把诸多文人墨客的诗词详尽，摘其要者展示出来。

1. 诗词曲调

诗经·大雅·大明（节录）

牧野洋洋，檀车煌煌，驷騵彭彭。维师尚父，时维鹰扬，凉彼武王。肆伐大商，会朝清明！

楚辞·离骚（节录）

战国·楚国　屈原

说操筑于傅岩兮，武丁用而不疑。
吕望之鼓刀兮，遭周文而得举。
宁戚之讴歌兮，齐桓闻以该辅。

文王见吕尚赞

北周　庾信

言归养老，垂钓西川。岸上磻石，溪唯小船。
风云未感，意气怡然。有此相望，于兹几年。

昔游

唐　杜甫

昔者与高李，同登单父台。
寒芜际碣石，万里风云来。
桑柘叶如雨，飞藿共裴回。
清霜大泽东，禽兽有余哀。
是时仓廪实，洞达寰区开。
猛士思灭胡，将帅望三台。

君王无所惜，驾驭英雄材。
幽燕盛用武，供给亦劳哉！
吴门转粟帛，泛海凌蓬莱。
肉食三十万，猎射起黄埃。
隔河忆长眺，青岁已摧颓。
不及少年日，无复故人杯。
赋诗独流涕，乱世想贤才。
君能市骏骨，莫恨少龙媒。
商山议得失，蜀主脱嫌猜。
吕尚封国邑，傅说已盐梅。
景晏楚山深，水鹤去低回。
庞公任本性，携子卧苍苔。

渭上偶钓

唐　白居易

渭水如镜色，中有鲤与鲂。
偶持一竿竹，悬钓至其旁。
微风吹钓丝，袅袅十尺长。
谁知对鱼坐，心在无何乡。
昔有白头人，亦钓此渭阳。
钓人不钓鱼，七十得文王。
况我垂钓意，人鱼又兼亡。
无机两不得，但弄秋水光。
兴尽钓亦罢，归来饮我觞。

渭上题三首

唐　温庭筠

吕公荼达子陵归，万古烟波绕钓矶。
桥上一通名利迹，至今江鸟背人飞。

目极云霄思浩然，风帆一片水连天。
轻桡便是东归路，不肯忘机作钓船。
烟水何曾息世机，暂时相向亦依依。
所嗟白首磻溪叟，一下渔舟更不归。

磻溪石

宋　苏轼

墨突不暇黔，孔席未尝暖。
安知渭上叟，跪石留双骭。
一朝婴世故，辛苦平多难。
亦欲就安眠，旅人讥客懒。

怀　昔

宋　陆游

昔者戍梁益，寝饭鞍马间。
一日发欲暮，扬鞭临散关。
增冰塞渭水，飞雪暗岐山。
怅望钓璜公，英概如可还。
挺剑刺乳虎，血溅貂裘殷。
至今传军中，尚愧壮士颜。

最高楼·庆洪景卢内翰七十

宋　辛弃疾

金闺老，眉寿正如川。七十且华筵。乐天诗句香山里，杜陵酒债曲江边。问何如，歌窈窕，舞婵娟。

更十岁，太公方出将。又十岁，武公才入相。留盛事，看明年。直须腰下添金印，莫教头上欠貂蝉。向人间，长富贵，地行仙。

木兰花慢·渔父词

宋　刘克庄

海滨蓑笠叟，驼背曲，鹤形臞。定不是凡人，古来贤哲，多隐于渔。任公子，龙伯氏，思量来岛大上钓鱼。又说巨鳌吞饵，牵翻员峤方壶。

磻溪老子雪眉须。肘后有丹书。被西伯载归，营丘茅土，牧野檀车。世间久无是事，问苔矶，痴坐待谁欤？只怕先生渴睡，钓竿拂着珊瑚。

磻溪

金　李汾

封侯输与曲如钩，冷坐磻溪到白头。

老妇厨中莫弹铗，白鱼自待跃王舟。

[双调]庆东原·叹世

元　白朴

忘忧草，含笑花，劝君闻早冠宜桂。

那里也能言陆贾？那里也良谋子牙？

那里也豪气张华？千古是非心，一夕渔樵话。

[双调]拨不断

元　马致远

子房鞋，买臣柴，屠沽乞食为僚宰，版筑躬耕有将才。

古人尚自把天时待，只不如且酩子里胡捱。

[仙吕]寄生草·感叹

元　查德卿

姜太公贱卖了磻溪岸，韩元帅命博得拜将坛。

羡傅说守定岩前版，叹灵辄吃了桑间版，劝豫让吐出喉中炭。

如今凌烟阁一层一个鬼门关，长安道一步一个连云栈。

题秋江独钓图

明　刘基

秋风江上垂纶客，知是严陵是太公？
细水浮岚天与碧，斜阳炙面脸生红。
形容想象丹青在，岁月荒凉草泽空。
日暮忽然闻欸乃，蓼花枫叶忘西东。

咏李白短歌行

明　朱元璋

渔樵较长短，是非盈耳满。话尽诚渺茫，山水各悠长。买臣文章中，磻溪望鬓霜。两个隔千古，美恶皆一场。争能在当时，雄气超榆桑。罢钓平纣暴，体樵饮琼觞。贤愚自不泯，黑白成殊光。

姜太公直钓赞

明　许仲琳

渭水溪斜一钓竿，鬓霜皎皎两云皤。
胸横星斗冲霄汉，气壮虹霓扫日寒。
养老来归西伯下，避危摒弃旧王冠。
自从梦入飞熊后，八百余年享奠安。

即　事

明　王冕

五色云开见太平，九天风露一时清。
燕雀飞飞自得乐，草木欣欣俱向荣。
渭川何时起尚父？宣室安能召贾生？
田间野老罢瘥甚，忍死愿观风化成。

东海老叟

明　罗贯中

东海老叟辞荆榛，后车遂与文王亲。

八百诸侯不期会，白鱼入舟涉孟津。

牧野一战血流杵，鹰扬传烈冠武臣。

磻溪石

清　金应杰

太公生浊世，避地复归仁。力欲匡周室，何辞钓渭滨。

韬光能定乱，养晦亦全真。一片磻溪石，于今迹已陈。

圯　桥

清　林寿图

秦皇举动愚何太，亡秦书在《六经》外。藏书人岂群儒辈，谷城山下顽石多，黄者灵耶近狡狯。褐衣老父名姓埋，一编手授英雄才。祖龙烈焰烧不到，太公昔曾兴周来。良也扱韩项扱楚，楚有江东韩无土。万金结客用狙击，走匿下邳成状鼠。如何子弟兵八千，渡河沉船破甑釜。信越功臣尽烹醢，岂割鸿沟不谋羽。刘项兴亡良所为，兵法托自圯桥父。髯苏持论取忍辱，腐迁按图诧好女。生儿解识妇人心，相见父风工媚妩。赤松子，黄石公，神仙之说今古同。阴谋秘计事恍惚，采芝更数商山翁。

2. 铭赋祝文

磻溪铭

唐　梁肃

圣人无心，与道出处；处则土木，出则雷雨。惟殷道绝，粤有尚父；爰宅于幽，盘桓草莽。天地阖辟，阴阳运行；明极而昏，昏极而明。遇主水滨，谋泰八纺；牧野桓桓，一麾而平。惟彼日月，得天而光；惟彼圣贤，得时而彰。独夫昏逮，我乃豹藏；文武作用，我乃鹰扬。故曰：大道无休，大人无方；运用变通，至虚而常。作铭磻溪，今古茫茫。

吕望钓玉璜赋

唐　王起

昔太公之未遇也，隐于渭之滨，钓于渭之津。坐磻石而不易其操，垂直钩而不挠其神。波万重而我心惟一，岁三周则吾道方申，既而寒潭晓霁，莫不遗乎巨细。兀忘形而有待，引经纶而不替。期阴骘以旁行，忽宜符而下济。于是拔深泉，激红涟，振锦鳞，而云霞焕。若获玉璜而篆籀照然。皎皎霜净，亭亭月悬，表苍兕之期功，邻造化，腾白虹之气理。契先天所以耀川灵，所以夸渔者，徘徊自适，愤惋俱写，临清流而素彩荧煌，昭白日而祥光上下。公乃起川隅怀宝符，颙昂志气振奋泥涂。捧抵鹊之容弥彰洁白，入非熊之兆宁掩瑕瑜。众皆钓其名，我则钓其道；众皆钓其鱼，我则钓其宝。故知神全者，不辞于贫贱；志大者，不叹于枯槁。皤皤兮白发，湜湜兮清流。其来也钓于周，所谓运良谋，拥神休。岂芳饵而能获，匪嘉鱼而足求。异和氏之功疵瑕受戮，贱詹何之术，溪涧空投。然则道感其诚，德亦有极，天以我为忠告，客有悦其性者，莫不望兹川而高蹈。

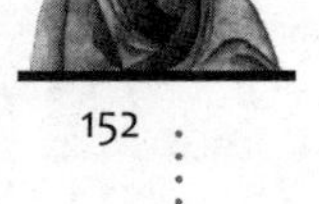

祷雨磻溪祝文

宋　苏轼

岁秋矣，物之几成者，待雨而已。穗者已秀，待雨而实。三日不雨，则穗者不实矣。荚者已孕，待雨而秀。五日不雨，则荚者不秀矣。野有余土，室有闲民，待雨而耕且种。七日不雨，则余土不耕，闲民不种矣。穗者不实，荚者不秀，余土不耕，而闲民不种，则守土之臣，将有不任职之诛，而山川鬼神，将乏其祀。兹用不敢宁居，斋戒择日，并走群望，而精诚不歆。神不顾答，吏民无所请命。闻之曰：“虢有周文、武之师太公，其可以病告。”乃用。太梗之礼，祷而不祠。《穀梁》子曰：“古之神人，有应上公者，通乎阴阳。君亲师诸大夫道之而

以请焉。”夫生而为上公，没而为神人，非公其谁当之？《诗》曰：“维师尚父，时维鹰扬，凉彼武王，肆伐大商，会朝清明。”公之仁且勇，计其神灵无所不能为也。吏民既以雨望公，公亦当任其责。敢布腹心，公实图之。尚飨。（嘉祐八年七月二十六日）

游磻溪赋

明　王增琦

时惟二月，岁属仲春。游于鸡峰之下，至于渭水之滨，寻磻溪之旧迹，考尚父之垂纶。但见磐石屹屹，清涧粼粼，实隐居之安宅，非贪鱼而投缗。胡往册之难信，等郢书之失真。反谓屠牛朝歌，且日卖食棘津。而况西伯之猎，后车之载，昔年渭阳，今兹俱在。岂随腐草化萤，桑田变海。乃知古人托足之境，山川增光，曩哲发祥之地，奕禩流芳。视傅岩与莘野，洵相得而益彰。若夫钓于兹泉，固不韦所别号，得乎玉璜，讵《周志》所矫造。于是循石旁，入古庙，映阶草青，隔叶莺啸。尔乃觅汉高彪之赞，读唐胡曾之诗。既夆然而远望，复穆然而深思。觉箕山之巢父，与颍水之许由，徒孤隐予泉石，遑黼黻乎皇猷。岂若把竿姜老，大器晚成。龙德之卓然中正，豹变则蔚然文明。熊梦兮非幻，《丹书》兮不朽。爰抒古歌，非拟乌有。辞曰：缅维周吕尚，昔是渭滨叟；胜迹至今留，宁持八百久。

游磻溪记

清　乔光烈

磻溪出宝鸡东南鸡峰山下，《水经注》所谓“渭水东经陈仓县南，又东经郁夷县故城南，右则磻溪水注之”者也。鸡峰蔚然深秀，林木茂美，中多神祠。每岁方春，游者自远而至。溪涓涓岩石下，已乃渐广。约里许，有石特起俯溪上，高若建屋，其巅宽平，如台可登。下瞰泓澄，含翠浮碧，净鉴毛友，栗然以清。世传太公避纣，尝隐钓焉。考太公少壮时，屠牛朝歌，卖食棘津，其地皆去此绝远，后乃钓此，岂其转徙间关，晚从羁寓以来此欤？其起为文王师，相遇实以钓。文王始居岐，即而迁郢，终乃造丰。郢则汲冢书所为程者，远在丰西，岐又在郢西，距磻溪近，故得猎至其地，而史编之卜，后车之载，意尚当在文王岐时也。传记率云：文王得太公，年已八十。莫不感其事之奇，叹其遇之晚。然公封于齐，百有六十而始薨。则方其钓时，适犹及壮，何晚之云哉？诸书或言太公钓以直钩，或且谓彼假术以悦文王，故三百六十钧，广张其辞，用相耸动，大抵皆不足信。要当其时，避迹远去，以匿于山泽，而坐磐石，歌沦涟于是溪之旁，因以托其志，虽千载上，其风尚可得而想见者。《吕氏春秋》谓太公钓于滋泉，剖鱼得璜玉，即不韦之所号滋泉者，又以知其名之异也。石旁有太公庙，庙甚古。昔时游者，多赋诗刻石置庙中。然问之士人，溪竟未尝有鱼，非徒钓不可得，未知太公钓时，然耶，否耶？溪透迤此流凡数里入于渭水。

太公智略，永垂青史

根据以上文中论证可见，自先秦到清代，乃至当今，由于姜太公的传奇经历和他的丰功伟业，历代王朝，铭封其功；历史典籍，称颂其德；历代诸子百家、文人墨客、兵家武士，都在诗词文论、兵书战策中抒发情怀，评赞太公。他们或注疏太公兵书而阐发己意，或以太公事迹为据而引申己论，或观太公遗迹而抒发己志，或从艺术形象再现太公德业，或以神化太公而求其保佑生灵，并把他列为神仙之首，说他能呼风唤雨、使神役鬼；有人把他尊为“兵家鼻祖”，齐人称他为“天齐至尊”，等等。由此可见，姜太公的确是“身兼多任”，承担了太多的历史责任和太重的政治任务。

其实，在诸多赞诗中，对姜太公一生功绩给予高度概括、评价的要算《封神演义》的作者许仲琳的《姜元帅赞》：

六韬留下成王业，妙算玄机不可穷。

出将入相千秋业，伐罪吊民万古功。
运筹帷幄欺风后，燮理阴阳压老彭。
亘古军师为第一，声名直并泰山隆。

对姜太公一生的丰功伟绩，不仅有诗词歌颂，而且经史文论，多有盛赞。

自古以来，后世人们不仅重视姜太公的著作和智能的价值，还十分尊崇他高尚的人格和不懈奋斗的精神，怀念他对正义、对文明的不懈追求：困难，他不退却、不屈服、不低头；饥饿，他不理会；沉沦，他不屈服；年高，他不服老，对自己的理想、信念和追求毫不动摇。他是有志不嫌年高，大器晚成，"使老者奋"的典范，他永远是中华儿女的自豪和骄傲。

追溯历史，我们会发现：源远流长、延绵不断的中华民族传统思想文化中，齐鲁文化是主要来源，集中代表了炎黄这一思想体系的传统文明。在远古时代，炎帝、黄帝为首的两个部落已开始结合，经过漫长的历史发展，已融合成为一个民族。在周初，代表这两个部族的两个伟大历史人物，一个是封于齐国的炎帝后裔姜太公，一个是封于鲁国的黄帝后裔周公旦。我们说，假如没有周公的文韬和姜太公的武略，作为"小邦周"是很难战胜"大国殷"的，即使是战胜了，也难以巩固，并创造出那样灿烂辉煌的周代文明。

姜太公是一位满腹韬略的贤臣和非凡的政治、军事家，一直受到历代统治者崇尚，这在《诗经》等唐朝以前的许多史料及文学作品中颂文颇多。

在唐宋以前，姜太公被历代皇帝封为"武圣"，唐肃宗封姜太公为"武成王"，宋真宗时，又封姜太公为"昭烈武成王"。到了元朝时期，民间对姜太公增加了一些神话传说。

太公已去世三千余年了，人民出于崇敬他的高尚人格，悼念他的丰功伟绩，以朴实的感情创造出很多神话故事来歌颂他，说他曾在昆仑山学道，后奉师命下山助周灭商，灭商之后又奉师命发榜封神，《太平御览》和《封神记》等书更是逐步把他加以神化。到了明代，许仲琳编著了一部《封神演义》，把姜太公说成是统领天下所有神的神了，太公神奇而威严，成为驱邪扶正的偶像。这些虽然超出了历史的真实，但却反映出姜太公在人们心目中的崇高地位。

直到今天，我们在研究中国古代的治国方略、用兵之道时，都不能不重视太公的杰出贡献、思想价值。中国古今著名的军事家孙武、鬼谷子、黄石公、诸葛亮等都学习吸收了太公《六韬》的精华，太公的文韬武略被当今世界上的政治、经济、管理、军事、科技等各个领域所借鉴。

太公治国，确立了“因其俗，简其礼，通商工之业，便鱼盐之利”的治国方针，在齐国数百年的发展史上，代代相传，产生了巨大的影响，确立了齐文化的历史地位。

太公的深谋远虑，在兴周灭商中起了极为重要的作用。谋略，即计谋策略。《孙子·谋攻篇》曰：“故上兵伐谋。”《淮南子·兵略训》云：“防敌之萌，皆在谋略。”可见谋略在兵战中的重要性。“兵者，诡道也”，说的正是这个道理。姜子牙的足智多谋，在兴周灭纣中，屡屡显灵，次次胜利，以至于被后世人们神化为无所不能的万神之主，并演绎出了一本家喻户晓的神话名著《封神演义》，足见姜太公谋略之深远。周文王时，商人对周族在西方的崛起已经十分警惕，先杀季历，后囚文王于羑里。在这种情况下，如果周人仍肆无忌惮地发展实力，必然遭到商王朝的严厉打击而达不到发展壮大的目的。针对这种情况，依据商强周弱的形势，姜太公及时做出了“韬晦待机”的决策，他说：“鸷鸟将击，卑飞敛翼，猛兽将搏，弭耳俯伏，圣人将动，必有愚色。”文王从其言，装出沉于声色之相，“为玉门、筑灵台，相女童，击钟鼓，以待纣之失也”。纣王果然中计，“闻之曰：‘周西伯改道易行，吾无忧矣’”。于是商纣王就放松了对歧周的警惕，结果周国在声色之相的掩护下，励精图治，专心致力于修德爱民、争取人心、瓦解商的盟国、削弱商的影响等灭商的准备工作，不久便将殷商王朝灭掉了，这就证明了姜太公的“韬晦待机”谋略是无比正确的。这个例子只是姜太公诸多

计谋中的一个，关于他的谋略成功的记载，在《史记·齐太公世家》中尚有多次论及：

周西伯昌之脱羑里归，与吕尚阴谋修德以倾商政，其事多兵权与奇计，故后世之言兵及周之阴权，皆宗太公为本谋。周西伯政平，及断虞、芮之讼，而诗人称西伯受命曰文王。伐崇、密须、犬夷，大作丰邑，天下三分，其二归周者，太公之谋计居多。

又：

散鹿台之钱，发拒桥之粟，以赈贫民。封比干墓，释箕子囚，迁九鼎，修周政，与天下更始，师尚父谋居多。

由于姜太公谋略超群，又百战百胜，所以刘永恩先生将其称为我国谋略家的开山鼻祖，诚不为过。因为太史公老先生亦早有评说："故后世之言兵及周之阴权，皆宗太公为本谋。"

由于姜太公的文韬武略，高超智慧，卓越才能，故使周文王"立为师"，辅佐文王修德爱民，强兵兴邦，使周成为西方大国。文王崩，武王即位，太公更受崇敬，而被尊为"师尚父"。姜太公辅佐周武王讨伐殷纣王，完成了灭殷兴周的大业。在周灭殷的整个过程中，"师尚父谋居多"，就是说，姜太公是第一功臣。

周灭殷而代殷后，大封功臣谋士，以首功封姜太公于齐，建都营丘，"太公至国，修正，因其俗，简其礼，通工商之业，便鱼盐之利，而人民多归齐，齐为大国"。姜太公作为齐国始祖，推行了一系列得民心、合民意的政治、经济、道德、民俗的改革措施，使齐国逐渐强盛，成为东方大国。因此，姜太公的文治武功、道德业绩，为千古称颂，万民敬仰。

那么，关于姜太公智略的当代价值，我们只择其要者，在本书中做了说明。不论是历代王朝、历代典籍、历代文人墨客对太公的评赞众说不一，思想纷呈，形式不同，但是主旨相同，都在歌颂太公，崇敬其功，令人向往，让人学习，以建功立业，以求“立德、立功、立言”而“三不朽也”。追溯往古，认识来今，面向未来，弘扬太公精神、思想，让其在新世纪再造辉煌，永远折射出顽强的生命力。

姜太公雕像

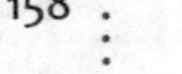

第七章

著作概论放光芒 光辉思想耀千秋

姜太公作为周朝的军师，齐国的始祖，千古武圣，兵家鼻祖，其文韬武略，文治武功，德业风流，为后人所称颂。但是，对于姜太公的著作，后人各有所持，各有所论，歧义较多，甚至是真假难辨。世人尤其争论不一的著作，则是兵书《六韬》。世传《六韬》一书，是通过周文王、周武王与太公对话的形式，论述治国、治军和指导战争的理论、原则，是一部具有重要价值的兵书，对后世产生了重大影响，也可以说，这部著作是一部综合性的百科全书式的杰作。自古以来，后世对《六韬》一书的作者及其成书年代产生歧义，众说纷纭，莫衷一是。但是，本章的主旨并不在考据辨伪，因此对此不作深究，仅将姜尚的相关文献展示出来。

【原文】

卷一　文韬

文师第一

文王将田，史编布卜曰："田于渭阳，将大得焉。非龙、非螭，非虎、非罴，兆得公侯，天遗汝师，以之佐昌，施及三王。"

文王曰："兆致是乎？"

史编曰："编之太祖史畴为禹占，得皋陶，兆比于此。"

文王乃斋三日，乘田车，驾田马，田于渭阳。卒见太公，坐茅以渔。

文王劳而问之曰："子乐渔耶？"

太公曰："臣闻君子乐得其志，小人乐得其事。今吾渔，甚有似也，殆非乐之也。"

文王曰："何谓其有似也？"

太公曰："钓有三权：禄等以权，死等以权，官等以权。夫钓以求得也，其情深，可以观大矣。"

文王曰："愿闻其情。"

太公曰："源深而水流，水流而鱼生之，情也；根深而木长，木长而实生之，情也；君子情同而亲合，亲合而事生之，情也。言语应对者，情之饰也；言至情者，事之极也。今臣言至情不讳，君其恶之乎？"

文王曰："惟仁人能受（至）[正]谏，不恶至情。何为其然？"

太公曰："缗微饵明，小鱼食之；缗调饵香，中鱼食之；缗隆饵丰，大鱼食之。

"夫鱼食其饵，乃牵于缗；人食其禄，乃服于君。故以饵取鱼，鱼可杀；以禄取人，人可竭；以家取国，国可拔；以国取天下，天下可

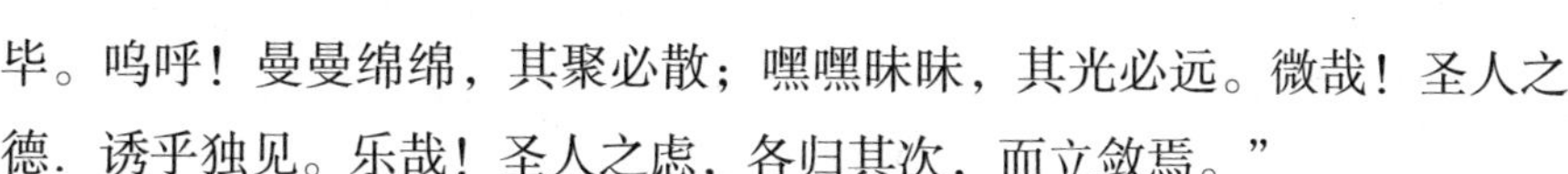

毕。呜呼！曼曼绵绵，其聚必散；嘿嘿昧昧，其光必远。微哉！圣人之德．诱乎独见。乐哉！圣人之虑，各归其次，而立敛焉。”

文王曰：“立敛若何而天下归之？”

太公曰：“天下非一人之天下，乃天下之天下也。同天下之利者，则得天下；擅天下之利者，则失天下。天有时，地有财，能与人共之者，仁也。仁之所在，天下归之。免人之死，解人之难，救人之患，济人之急者，德也。德之所在，天下归之。与人同忧同乐，同好同恶者，义也。义之所在，天下赴之。凡人恶死而乐生，好德而归利，能生利者，道也。道之所在，天下归之。”

文王再拜曰：“允哉，敢不受天之诏命乎！”乃载与俱归，立为师。

盈虚第二

文王问太公曰：“天下熙熙，一盈一虚，一治一乱，所以然者，何也？其君贤不肖不等乎？其天时变化自然乎？”

太公曰：“君不肖，则国危而民乱；君贤圣，则国安而民治。祸福在君，不在天时。”

文王曰：“古之贤君可得闻乎？”

太公曰：“昔者帝尧之王天下，上世所谓贤君也。”

文王曰：“其治如何？”

太公曰：“帝尧王天下之时，金银珠玉不饰，锦绣文绮不衣，奇怪珍异不视，玩好之器不宝，淫佚之乐不听；宫垣屋室不垩，甍桷椽楹不斫，茅茨偏庭不剪；鹿裘御寒，布衣掩形，粝粱之饭，藜藿之羹。不以役作之故，害民耕绩之时，削心约志，从事乎无为。吏忠正奉法者尊其位，廉洁爱人者厚其禄；民有孝慈者爱敬之，尽力农桑者慰勉之。旌别淑慝，表其门间，平心正节，以法度禁邪伪。所憎者，有功必赏；所爱者，有罪必罚。存养天下鳏寡孤独，赈赡祸亡之家。其自奉也甚薄，其赋役也甚寡。故万民富乐而无饥寒之色，百姓戴其君如日月，亲其君如父母。”

文王曰：“大哉！贤君之德也。”

国务第三

文王问太公曰："愿闻为国之大务，欲使主尊人安，为之奈何？"

太公曰："爱民而已。"

文王曰："爱民奈何？"

太公曰："利而勿害，成而勿败，生而勿杀，与而勿夺，乐而勿苦，喜而勿怒。"

文王曰："敢请释其故。"

太公曰："民不失务则利之，农不失时则成之，省刑罚则生之，薄赋敛则与之，俭宫室台榭则乐之，吏清不苛扰则喜之。民失其务则害之，农失其时则败之，无罪而罚则杀之，重赋敛则夺之，多营宫室台榭以疲民力则苦之，吏浊苛扰则怒之。故善为国者，驭民如父母之爱子，如兄之爱弟，见其饥寒则为之忧，见其劳苦则为之悲，赏罚如加于身，赋敛如取己物。此爱民之道也。"

大礼第四

文王问太公曰："君臣之礼如何？"

太公曰："为上惟临，为下惟沉。临而无远，沉而无隐。为上惟周，为下惟定。周则天也，定则地也。或天或地，大礼乃成。"

文王曰："主位如何？"

太公曰："安徐而静，柔节先定，善与而不争，虚心平志，待物以正。"

文王曰："主听如何？"

太公曰："勿妄而许，勿逆而拒。许之则失守，拒之则闭塞。高山仰止，不可极也；深渊度之，不可测也。神明之德，正静其极。"

文王曰："主明如何？"

太公曰："目贵明，耳贵聪，心贵智。以天下之目视，则无不见也；以天下之耳听，则无不闻也；以天下之心虑，则无不知也。辐辏并进，则明不蔽矣。"

明传第五

文王寝疾，召太公望，太子发在侧。曰："呜呼！天将弃予，周之社稷将以属汝。今予欲师至道之言，以明侍之子孙。"

太公曰："王何所问？"

文王曰："先圣之道，其所止，其所起，可得闻乎？"

太公曰："见善而怠，时至而疑，知非而处，此三者道之所止也。柔而静，恭而敬，强而弱，忍而刚，此四者道之所起也。故义胜欲则昌，欲胜义则亡；敬胜怠则吉，怠胜敬则灭。"

六守第六

文王问太公曰："君国主民者，其所以失之者何也？"

太公曰："不慎所与也。人君有六守、三宝。"

文王曰："六守者何也？"

太公曰："一曰仁，二曰义，三曰忠，四曰信，五曰勇，六曰谋，是谓六守。"

文王曰："慎择六守者何？"

太公曰："富之而观其无犯，贵之而观其无骄，付之而观其无转，使之而观其无隐，危之而观其无恐，事之而观其无穷。富之而不犯者仁也，贵之而不骄者义也，付之而不转者忠也，使之而不隐者信也，危之而不恐者勇也，事之而不穷者谋也。人君无以三宝借人，借人则君失其威。"

文王曰："敢问三宝？"

太公曰："大农、大工、大商，谓之三宝。农一其乡，则谷足；工一其乡，则器足；商一其乡，则货足。三宝各安其处，民乃不虑。无乱其乡，无乱其族，臣无富于君，都无大于国。六守长，则君昌；三宝完，则国安。"

守土第七

文王问太公曰："守土奈何？"

太公曰："无疏其亲，无怠其众，抚其左右，御其四旁。无借人国柄，借人国柄则失其权。无掘壑而附丘，无舍本而治末。日中必彗，操刀必割，执斧必伐。日中不彗，是谓失时；操刀不割，失利之期；执斧不伐，贼人将来。涓涓不塞，将为江河；荧荧不救，炎炎奈何；两叶不去，将用斧柯。是故人君必从事于富，不富无以力仁，不施无以合亲。疏其亲则害，失其众则败。无借人利器，借人利器则为人所害，而不终其正也。"

文王曰："何谓仁义？"

太公曰："敬其众，合其亲。敬其众则和，合其亲则喜，是谓仁义之纪。无使人夺汝威，因其明，顺其常。顺者任之以德，逆者绝之以力。敬之无疑，天下和服。"

守国第八

文王问太公曰："守国奈何？"

太公曰："斋，将语君天地之经，四时所生，仁圣之道，民机之情。"

王即斋七日，北面再拜而问之。

太公曰："天生四时，地生万物，天下有民，仁圣牧之。故春道生，万物荣；夏道长，万物成；秋道敛，万物盈；冬道藏，万物寻。盈则藏，藏则复起，莫知所终，莫知所始。圣人配之，以为天地经纪。故天下治，仁圣藏；天下乱，仁圣昌，至道其然也。圣人之在天地间也，其宝固大矣。因其常而视之，则民安。夫民动而为机，机动而得失争矣。故发之以其阴，会之以其阳。为之先唱，天下和之。极反其常，莫进而争，莫退而让。守国如此，与天地同光。"

上贤第九

文王问太公曰："王人者何上何下，何取何去，何禁何止？"

太公曰："王人者，上贤，下不肖，取诚信，去诈伪，禁暴乱，止奢侈，故王人者有六贼七害。"

文王曰："愿闻其道。"

太公曰："夫六贼者：

"一曰，臣有大作宫室池榭、游观倡乐者，伤王之德；

"二曰，民有不事农桑，任气游侠，犯历法禁，不从吏教者，伤王之化；

"三曰，臣有结朋党，蔽贤智，障主明者，伤王之权；

"四曰，士有抗志高节，以为气势，外交诸侯，不重其主者，伤王之威；

"五曰，臣有轻爵位，贱有司，羞为上犯难者，伤功臣之劳；

"六曰，强宗侵夺，陵侮贫弱者，伤庶人之业。

"七害者：

"一曰，无智略权谋，而以重赏尊爵之故，强勇轻战，侥幸于外，王者慎勿使为将；

"二曰，有名无实，出入异言，掩善扬恶，进退为巧，王者慎勿与谋；

"三曰，朴其身躬，恶其衣服，语无为以求名，言无欲以求利，此伪人也，王者慎勿近；

"四曰，奇其冠带，伟其衣服，博闻辩辞，虚论高议，以为容美，穷居静处，而诽时俗，此奸人也，王者慎勿宠；

"五曰，谗佞苟得，以求官爵，果敢轻死，以贪禄秩，不图大事，得利而动，以高谈虚论说于人主，王者慎勿使；

"六曰，为雕文刻镂，技巧华饰，而伤农事，王者必禁之；

"七曰，伪方异伎，巫蛊左道，不祥之言，幻惑良民，王者必止之。

"故民不尽力，非吾民也；士不诚信，非吾士也；臣不忠谏，非吾臣也；吏不平洁爱人，非吾吏也；相不能富国强兵，调和阴阳，以安万乘之主，正群臣，定名实，明赏罚，乐万民，非吾相也。夫王者之道如龙首，高居而远望，深视而审听，示其形，隐其情，若天之高不可极也，若渊之深不可测也。故可怒而不怒，奸臣乃作；可杀而不杀，大贼乃发；兵势不行，敌国乃强。"

文王曰："善哉！"

举贤第十

文王问太公曰：“君务举贤而不能获其功，世乱愈甚，以致危亡者何也？”

太公曰：“举贤而不用，是有举贤之名而无用贤之实也。”

文王曰：“其失安在？”

太公曰：“其失在君好用世俗之所誉，而不得真贤也。”

文王曰：“何如？”

太公曰：“程以世俗之所誉者为贤，以世俗之所毁者为不肖，则多党者进，少党者退。若是则群邪比周而蔽贤，忠臣死于无罪，奸臣以虚誉取爵位，是以世乱愈甚，则国不免于危亡。”

文王曰：“举贤奈何？”

太公曰：“将相分职，而各以官名举人，按名督实，选才考能，令实当其名，名当其实，则得举贤之道也。”

赏罚第十一

文王问太公曰：“赏所以存劝，罚所以示惩。吾欲赏一以劝百，罚一以惩众，为之奈何？”

太公曰：“凡用赏者贵信，用罚者贵必。赏信罚必于耳目之所闻见，则所不闻见者，莫不阴化矣。夫诚畅于天地，通于神明，而况于人乎？”

兵道第十二

武王问太公曰：“兵道何如？”

太公曰：“凡兵之道，莫过乎一。一者能独往独来。黄帝曰：‘一者阶于道，几于神。’用之在于机，显之在于势，成之在于君。故圣王号兵为凶器，不得已而用之。今商王知存而不知亡，知乐而不知殃。夫存者非存，在于虑亡；乐者非乐，在于虑殃。今王已虑其源，岂忧其流乎？”

武王曰：“两军相遇，彼不可来，此不可往，各设固备，未敢先发，我欲袭之，不得其利，为之奈何？”

太公曰："外乱而内整，示饥而实饱，内精而外钝。一合一离，一聚一散。阴其谋，密其机，高其垒，伏其锐士，寂若无声，敌不知我所备。欲其西，袭其东。"

武王曰："敌知我情，通我谋，为之奈何？"

太公曰："兵胜之术，密察敌人之机而速乘其利，复疾击其不意。"

【译文】

文师第一

周文王准备打猎，太史编宣告占卜结果，说："在渭水北打猎，将会有很大的收获，不是获得龙、螭、虎、罴，预兆得到公侯，是上天赐给您的老师，辅佐您事业昌盛，并且绵延到以后的君王。"

文王说："占卜的征兆是这样的吗？"

太史编说："我的远祖太史畴给禹占卜，得到皋陶，这次占卜的征兆与那次的相同。"

文王于是斋戒三天，然后乘猎车，驾猎马，到渭水北岸打猎，终于见到太公姜子牙，他正坐在茅草丛生的岸边钓鱼。

文王慰劳他之后，问："您喜欢钓鱼吗？"

太公答道："臣听说君子以实现自己的志向为乐，一般的人以做好具体的事为乐。现在我钓鱼，与这个道理十分相似，并非以钓鱼为乐。"

文王问道："说二者相似，是什么道理？"

太公答道："钓鱼有三种权谋：'禄'作为一种权术和钓鱼相同，'死'作为一种权术和钓鱼相同，'官'作为一种权术和钓鱼相同。用鱼饵来钓到鱼，其中蕴含的道理很深，从钓鱼之中，可以悟出大的道理。"

文王说："很想听听其中的道理。"

太公说："源头深，水就流淌不息，水流而鱼生长，是自然之理；根深而树木生长，树木生长而结果实，是自然之理；君子认同的道理一致就亲近合作，亲近合作就能成事，也是自然之理。用一般的语言应对，表达的只是表面的道理；说极深的道理，才是事情的极致。现在我谈极深的道理而不掩饰，您难道不讨厌吗？”

文王说：“唯有贤仁的人才能接受直言不讳的劝谏，不厌恶哪怕逆耳的忠言。那么您所说的‘至情’是怎么回事呢？”

太公回答道：“钓丝细小鱼饵显明，小鱼来吃；钓丝协调鱼饵喷香，中鱼来吃；钓丝粗长鱼饵丰盛，大鱼来吃。鱼吃饵食，就被钓丝所牵；人食俸禄，就服从于君王。所以用饵获鱼，鱼供人食用；用俸禄笼络人，人才就可尽君主所用：以‘家’为根基来夺取‘国’，‘国’可以被占取；以‘国’为根基来夺取天下，天下可以取得。啊！浩大绵长的，聚而必散；默默昏暗的，必定在以后显耀。不显露啊，圣人的德行，却能以独到的见解引导人们。快乐啊，圣人所考虑的，是让人们各得其所，并建构使天下归心的治国方略。”

文王问道：“建构怎样的治国方略才能使天下归顺呢？”

太公回答说：“天下不是一个人的天下，而是天下人的天下。与天下人共享天下之利的人，就能得到天下；独享天下之利的人，就会失去天下。天有四时，地有物产，能与天下人共享，是仁。仁所在之处，天下就归顺那里。免除人们的死亡，解决人们的困难，解救人们的灾祸，帮助人们解除遇到的紧急严重的事情，是德。德所在之处，天下就归顺那里。与天下人的忧乐一样，好恶相同，是义。义所在之处，天下就争相归顺。但凡人类都厌恶死亡而乐于生存，喜好美好的德行和追求利益，能为天下谋利，就是道。道所在之处，天下就归顺到那里。”

文王再拜之后说：“说得好啊！我怎敢不接受上天的诏命呢。”

于是，请太公上车，与他同车而归，并拜太公为师。

盈虚第二

周文王问太公说：“天下广大，有时富足，有时乏缺，有时太平，有时混乱，所以是这样，什么原因呢？是君主贤明或昏庸所致呢，还是天道自然变化所致呢？”

太公回答说：“君主昏庸，则国家危亡，民众变乱；君主贤达圣明，则国家安定，民众太平。天下的祸福取决于君主，而不在天道。”

文王问："古时贤君的事迹，可以讲给我听吗？"

太公回答说："当初尧统治天下，前代的人都称道其为贤君。"

文王问："他治理天下的情形如何呢？"

太公回答说："尧统治天下的时候，不用金银珠玉装饰，不穿锦绣文绮的衣物，不看奇珍异宝，不珍藏供人赏玩的物品，不听纵欲放荡的音乐，不粉饰宫墙房屋居室，不雕饰甍桷椽楹，偏僻庭院长了茅草也不修剪；穿鹿皮衣御寒，用麻布做衣蔽体，吃粗粮和野菜羹，不因公家的劳役而有违耕作蚕桑的农时，抑制约束欲念，以清静无为行事。官吏中，忠心正派奉公执法的，就提高他的地位，廉洁爱民的，就增加他的俸禄；百姓中，尊老爱幼的，就尊敬他，尽力从事农业生产的，就慰劳鼓励他。区分美好与邪恶。美好的，要在他居住的里巷大门上公布，予以表彰，这样使人心公正节操端正。要用法度来禁止邪恶，对于所憎恶的人，他有了功劳，一定要奖赏；对于所喜爱的人，他有了罪过，一定要惩罚。养活天下所有丧妻、丧夫、幼年丧父和无依无靠的人，赈济因灾祸破亡的家庭，而给予自己的却很微薄，让人民为他服役干活的人也很少。因此万民富有快乐而没有饥寒之色，百姓拥戴他们的君主，像拥戴日月一样，亲近他们的君主，像亲近他们的父母一样。"

文王说："了不起呀！贤君的德行。"

国务第三

文王问太公说："我想知道治理国家最重要的事务。要使君主受到尊重，百姓获得安宁，怎样做得到呢？"

太公说："爱民罢了。"

文王问："怎样爱民呢？"

太公说："对于百姓，让他们得利而不受害，使他们成功而不是失败，使他们生存而非死亡，给予他们而不是掠夺，使他们幸福而不让他们受苦，让他们高兴而不是怨气冲天。"

文王问："请您解释其中的缘故吧。"

太公说："百姓不失去他们该做的工作，就能让他们得利；农民不失农时，他们的耕作就能成功；减轻刑罚，就能让他们生存；减少赋税的征收，就是给予他们；简省宫室台榭的建造修葺，他们就轻松快乐；官吏清正而不苛刻侵扰他们，百姓就高兴。百姓失掉工作，就是残害他们；农民失去农作的时间，就是让他们败亡；人们无罪却受到惩罚，就是杀害；加重赋税，就是掠夺；多营造宫室台榭使民力疲惫，就让百姓苦不堪言；吏治黑暗苛刻侵扰百姓，他们就心怀愤怒。所以善于治国的君主，治理人民，有如父母爱自己的子女，有如兄长爱自己的兄弟。见到他们挨饿受冻，就担心他们；看到他们劳累痛苦，就感到伤悲；惩罚他们，好像自己受刑一样；向他们收征赋税，就好像搜刮自己一样，这就是爱民的方法。”

大礼第四

文王问太公说：“君臣之礼是怎样的？”

太公说：“做君主的，居上而视下；做臣民的，潜伏而安分。居上视下而不能疏远臣民，潜伏安分而不能藏匿不出。做君主的，要周全不漏；做臣民的，要安分不躁。‘周’，是效法天，自上而覆盖大地；‘定’，是效法地，安然受上天的笼罩。有‘天’有‘地’，君臣大礼就成就了。”

文王问：“居君主之位，应该如何做？”

太公说：“安详舒缓沉静，柔和有节制，胸有成算，善于给予而不与臣民争夺，虚怀而有平常之心，以公正处理事务。”

文王问：“君主如何听取意见呢？”

太公说：“不能什么都听取而轻率地承诺，不能因意见不合自己心意而拒绝听取。轻易承诺就失去了原则，拒绝逆耳之言，就堵塞了言路，堵塞了自己的视听。高山仰头看，看不到它的极顶；测量深渊，测不到它的深度。高度的智慧，源于极度的公正沉静。”

文王问：“君主如何洞察天下呢？”

太公说：“眼睛贵在能看清事物，耳朵贵在能听进意见，心贵在有智慧。用天下人的眼睛看万物，就能无所不见；用天下人的耳朵听取各

种意见，就能无所不闻；用天下人的头脑去思考问题，就能无所不知。像车轮的辐条集中到车轴一样，天下人的视听都集中到君主那里，君主就能洞察一切而不受蒙蔽了。”

明传第五

文王卧病在床，召见太公吕望，太子姬发在旁边。文王说：“唉！上天要结束我的生命了，周的社稷将要嘱托给你。现在我想听听老师的至理之言，把这些明确地传给子孙后代。”

太公问：“大王要问什么呢？”

文王说：“古代圣贤治国之道，所制止的，所扶持的，能说给我听吗？”

太公说：“遇见善事却懈怠不为，时机来临却犹疑不决，明知是错误的却泰然处之，这三项，是先圣治国之道所防止的。柔和而沉静，谦逊有礼而又严肃慎重，内强而形弱，隐忍而实刚强，这四点，是先圣治国之道所扶持推行的。所以道义胜过私欲，国家就兴盛，私欲胜过道义，国家就败亡；严肃慎重胜过懈怠，国家就吉祥，懈怠胜过严肃慎重，国家就灭亡。”

六守第六

文王问太公说：“掌管国家统驭人民的君王，他失去国家人民的原因是什么呢？”

太公说：“是没有审慎地委用官员。国君要不失去国家人民，应当有六守、三宝。”

文王问：“六守是什么呢？”

太公说：“一是仁，二是义，三是忠，四是信，五是勇，六是谋，这些就是六守。”

文王问：“怎样审慎地依六守来选拔官员呢？”

太公说：“让他富有，看他是否触犯礼法；让他地位尊贵，看他是否自满放纵；托付事情给他，看他是否逃避；让他出使别国，看他是否将情况有所隐瞒不说真话；让他身处险境，看他是否恐惧；让他干事，看他是否束手无策。富有而不触犯礼法，是仁；尊贵而不自满放纵，是义；托付事情给他而不逃避，是忠；出使别国而不有所隐瞒，是信；身处险境而不恐惧，是勇；干事而不束手无策，是谋。君王不要拿三宝去资助别人，资助了别人，君王就失去了他的权威。”

文王问：“请问三宝是什么？”

太公说：“大农、大工、大商，称之为三宝。在乡里统一安排农业、手工业、商业，就会粮食、器具、货物充足。这样农工商各得其所，人民就不会担忧了。不去搅乱乡的行政区划，不去搅乱人们的家族关系，臣不比君富有，都邑不比国都大。六守的用人标准得到推广实行，那么君位长久；三宝不缺，那么国家安定。”

守土第七

文王同太公说：“怎样才能守住国家呢？”

太公说：“不要疏远宗室亲族，不要怠慢民众，要安抚左右亲近，统御四方，不要将国家大权授人。国家大权授人，国君就失去权威。这好比不能挖沟取泥而去增附山丘一样，不能舍弃根本而只抓住末枝微节的小事。日当正午，必定曝晒；操刀在手，必定要收割，执斧必定要砍伐。日当正午而不曝晒，这叫作失时；操刀而不收割，就丧失了有利的时机；执斧而不砍伐，贼人就要来盗伐。不堵塞涓涓细流，必将汇聚成江河；不扑灭荧荧小火，必将燃成炎炎大火而莫可奈何；刚刚萌发两片小叶时不加摘除，必将长成大树，那时就得用利斧去费力砍伐。因此，国君所做之事，是使国家富足。国不富足，就无法施行仁政，仁政不施，就无法团结亲族，疏远了亲族，就会受害，失去民众，就会导致失败。不要借人以国家大权。借人以国家大权，就会为人所害，自己正当的权势也不得维持，会不得善终。”

文王问：“什么是仁义？”

太公说：“敬重自己的民众，团结自己的宗室亲族。敬重民众，君民关系就和顺，团结宗室亲族，家族就欢喜，这就是行仁义的准则。不要让人夺去您的权威，要凭自己的明察顺应规律。以恩德对待顺服的人，以武

力对付、消灭反对自己的人。敬重这些原则，天下就会和顺服从。”

守国第八

文王问太公说：“怎样才能保有国家呢？”

太公说：“请斋戒，我将对您讲天地的根本规律，四季万物生长的情形，仁爱圣明之君治理国家的道理，民心变化的情由。”

文王斋戒了七天，以弟子身份向北面两拜之后，请教太公。

太公说：“上天有四季的变化，大地生长万物。天下有民众，由仁爱圣明之君管理他们。春季的规律是万物萌生，欣欣向荣；夏季的规律是万物生长，茂盛繁荣；秋季的规律是收获，万物充盈饱满；冬季的规律是储藏，万物准备着来年的重新萌发生长。丰盈而满，就要收敛潜藏，收敛潜藏之后，就又开始萌生。如此周而复始，循环往复，不知其终，不知其始。圣人依循这种规律，把它作为治理天下的准绳。故而天下治理清明，仁爱圣明之君就潜伏而隐；天下动乱，仁爱圣明之君就大有作为，最高深精微的道理就是如此。圣人存在于天地之间，他们的作用的确大得很啊。因循规律来治理，百姓就安定。民众出现动荡的征兆，这种征兆一经出现，利益得失的争夺就随之而来。民众动荡的蓄积，往往在暗中进行，不易发现，一旦汇聚，就公开爆发出来。因此在动荡之先，就要正面倡导，那么天下必然应和，消弭动荡于无形。应当和常人的作为相反，不能因进取而变为争夺，不能因退守而辞让。像这样守卫国家，国家就能与天地共存，与日月同光。”

上贤第九

文王问太公说：“统治民众的君主应当推崇什么，贬抑什么？获取什么，舍去什么？严禁什么，制止什么？”

太公说：“君王应当推崇贤人，贬抑不贤的人，任用忠诚有信用的人，罢免欺诈虚伪的人，严禁暴乱，制止奢侈。故而治理天下的君主，有六贼、七害需要警惕。”

文王说：“我想听听这些道理。”

太公说：“所谓六贼：

“一是大肆营造宫室池塘台榭，鼓动君主游乐观赏，提倡享乐的臣子，他们败坏君王的德行；

“二是不从事农桑生产，意气用事，居无定所，专打抱不平，从而触犯法令，不听从官吏管教的平民，他们败坏君王的教化；

“三是相互勾结，结成小集团，蔽塞贤人正确言路、阻碍君主视听的臣子，他们败坏君王的权力；

“四是自视不凡，心高气傲，在外交结诸侯，不以自己君主为重的士人，他们败坏君王的威势；

“五是轻视爵位，藐视官吏，耻于为君主犯难涉险的臣子，他们伤害有功之臣的心；

“六是凭借自己家族强大的势力，侵扰掠夺，欺凌穷人和弱者的人，他们损害平民的生业。

“所谓七害：

“一是没有智慧权谋，只为了自己获取重赏高官，恃勇而轻率出战，企图侥幸立功的人，君王切勿使他率兵为将；

“二是有名无实，言行不一，掩人之善，扬人之恶，到处钻营，投机取巧的人，君王切勿和他商量谋划；

“三是外表朴素，衣装粗劣，口称无为而实际追名，说什么都不想要而实际逐利，这是虚伪的人，君王切不可与他接近；

“四是奇装异服，博闻善辩，好发表不着边际的高论，以此装点门面，身居僻远，不好与人往来，却好批评时俗，这是奸诈的人，君王切不可宠爱之；

“五是谗言谄媚，不择手段地谋求官爵，莽撞轻死，贪求俸禄，不考虑大事，只要有利就干，用不着边际的空论来游说人主，这样的人，君王切勿任用；

“六是从事雕饰文采，刻镂花纹，技艺工巧，华丽装饰，从而影响农事生产的人，君王一定要禁止；

“七是以方术骗人，奇异技艺，巫蛊左道，不祥妖言，从而欺骗蛊

惑良善百姓的，一定要制止。

所以民众不尽力，就不是我的民众；士人不忠诚守信，就不是我的士人；大臣不向君主进谏忠言，就不是我的大臣；官吏不公平廉洁爱民，就不是我的官吏；宰相不能使国富兵强、阴阳调和，不能使君王安定、群臣守正、名实相符、赏罚分明、万民祥和安乐，就不是我的宰相。君王统驭的道理，好比龙头，居于高处，看得远大，视听深而周密，显示他的外表，而深藏他的内心真情，好像天高得不可穷尽，好像潭渊深得不可测量。故而该发怒时不发怒，奸臣就出现了；该杀的而不杀，大盗就产生了；该用兵时而不用兵，敌国就强大起来了。”

文王说：“说得好啊！”

举贤第十

文王问太公说：“君主致力推举贤能，却收不到推举贤能的实效，世道反而愈加混乱，以至于危亡，这是什么原因呢？”

太公说：“因为推举了贤能，却发挥不了贤能的作用，这是徒有举贤的虚名而没有用贤的实效。”

文王问：“这种失误的原因在哪里？”

太公说：“这种失误在于喜欢用世俗所赞誉的所谓贤能，而没有得到真正的贤能。”

文王问：“这是怎么一回事？”

太公说：“君王以世俗所称赞的人为贤能，以世俗所贬毁的人为不才不正派，于是结党多的人，被推举，结党少的人，被贬斥。像这样下去，一群群的邪恶小人勾结串通，埋没了真正的贤能的人；忠臣无罪而被处死，奸臣凭借虚假的赞誉而进禄加官。因此世道就更加混乱，那么，国家也难免出现危机而灭亡了。”

文王问：“那么怎样推举贤能呢？”

太公说：“把将相的职责分开，分别以官职的职分来推举相关的人员。按照官职的职分来督查实绩，选拔考核人才，让实际的才干与他官职的名分相当，让官职的名分和他的实际才干相当，这就得到了推举贤能的方法了。”

赏罚第十一

文王问太公说：“奖赏用来勉励人，惩罚用来责罚人。我想奖赏一人而使众人得到勉励争做好事，责罚一人而使众人因之受到警戒，不做坏事。为了这个目的，该怎么办呢？”

武王问太公说：“用兵之道是怎样的呢？”

太公说：“用兵之道，莫过于指挥高度统一。指挥高度统一，就能行动自由，不受外界的干扰。黄帝说：‘做到指挥统一就掌握了用兵的规律，通过这条道路，就能进入神妙莫测的用兵境界。’这条原则的运用，在于把握战机，其显现在军队的态势上，而成功在于君主。所以圣明之君称兵器为凶器，不得已才使用它。现在商纣王只知道自己的统治还存在，却不知覆亡在即，只知享乐而不知大难将要临头。存在的是否真正存在，在于居安而思危；享乐的是否真正能享乐，在于乐而不忘忧。现在武王您已考虑了这个根本问题，还需担忧其他枝节问题吗？”

武王问：“两军相遇，他打不过来，我攻不过去，各自坚守，谁也不敢率先发动进攻。我想袭击对方，但条件又不利，对此该怎么办呢？”

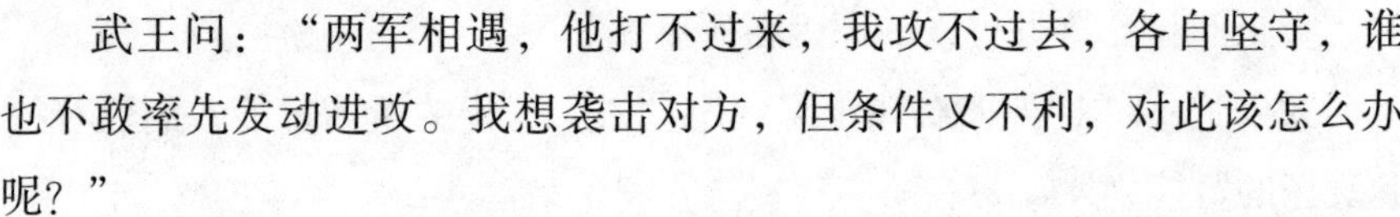

太公说：“外表假装混乱而内部严整，对外装作饥饿而实际给养充足，内部精锐而外示软弱。部队时合时离，时聚时散。隐藏我方的真实意图，谋划高度保密，加高壁垒，把精锐部队埋伏起来，寂若无声，敌人不知我方部署。想打西边，却先佯攻东边。”

武王说：“如果敌人知道了我方军情，掌握了我方的策划，对此该怎么办呢？”

太公说：“战斗取胜之法，仔细地察明敌情，迅速把握有利战机，然后出其不意地快速出击。”

【原文】

卷二 武韬

发启第十三

文王在酆召太公曰："呜呼！商王虐极，罪杀不辜。公尚助予忧民，如何？"

太公曰："王其修以下贤，惠民以观天道。天道无殃，不可先倡；人道无灾，不可先谋。必见天殃，又见人灾，乃可以谋。必见其阳，又见其阴，乃知其心；必见其外，又见其内，乃知其意；必见其疏，又见其亲，乃知其情。

"行其道，道可致也；从其门，门可人也；立其礼，礼可成也；争其强，强可胜也。

"全胜不斗，大兵无创，与鬼神通。微哉！微哉！

"与人同病相救，同情相成，同恶相助，同好相趋。故无甲兵而胜，无冲机而攻，无沟堑而守。

"大智不智，大谋不谋，大勇不勇，大利不利。利天下者，天下启之；害天下者，天下闭之。天下者非一人之天下，乃天下之天下也。取天下者，若逐野兽，而天下皆有分肉之心；若同舟而济，济则皆同其利，败则皆同其害。然则皆有启之，无有闭之也。

"无取于民者，取民者也；无取于国者，取国者也；无取于天下者，取天下者也。无取民者，民利之；无取国者，国利之；无取天下者，天下利之。故道在不可见，事在不可闻，胜在不可知。微哉！微哉！

"鸷鸟将击，卑飞敛翼；猛兽将搏，弭耳俯伏；圣人将动，必有愚色。

"今彼殷商，众口相惑，纷纷渺渺，好色无极，此亡国之征也。吾观其野，草菅胜谷；吾观其众，邪曲胜直；吾观其吏，暴虐残贼，败法乱刑。上下不觉，此亡国之时也。

"大明发而万物皆照，大义发而万物皆利，大兵发而万物皆服。大哉圣人之德！独闻独见，乐哉！"

文启第十四

文王问太公曰："圣人何守？"

太公曰："何忧何啬，万物皆得；何啬何忧，万物皆遒。政之所施，莫知其化；时之所在，莫知其移。圣人守此而万物化！何穷之有，终而复始！

"优之游之，展转求之；求而得之，不可不藏；既以藏之，不可不行；既以行之，勿复明之。夫天地不自明，故能长生；圣人不自明，故能名彰。

"古之圣人聚人而为家，聚家而为国，聚国而为天下，分封贤人以为万国，命之曰'大纪'。陈其政教，顺其民俗，群曲化直，变于形容；万国不通，各乐其所，人爱其上，命之曰'大定'。呜呼！圣人务静之，贤人务正之。愚人不能正，故与人争。上劳则刑繁，刑繁则民忧，民忧则流亡。上下不安其生，累世不休，命之曰'大失'。

"天下之人如流水，障之则止，启之则行，静之则清。呜呼！神哉！圣人见其所始，则知其所终。"

文王曰："静之奈何？"

太公曰："天有常形，民有常生，与天下共其生而天下静矣。太上因之，其次化之。人民化而从政，是以天无为而成事，民无与而自富，此圣人之德也。"

文王曰："公言乃协予怀，夙夜念之不忘，以用为常。"

文伐第十五

文王问太公曰："文伐之法奈何？"

太公曰："凡文伐有十二节：

"一曰，因其所喜，以顺其志，彼将生骄，必有奸事，苟能因之，必能去之。

“二曰，亲其所爱，以分其威。一人两心，其中必衰。廷无忠臣，社稷必危。

“三曰，阴赂左右，得情甚深，身内情外，国将生害。

“四曰，辅其淫乐，以广其志。厚赂珠玉，娱以美人。卑辞委听，顺命而合。彼将不争，奸节乃定。

“五曰，严其忠臣，而薄其赂。稽留其使，勿听其事。亟为置代，遗以诚事，亲而信之，其君将复合之。苟能严之，国乃可谋。

“六曰，收其内，间其外，才臣外相，敌国内侵，国鲜不亡。

“七曰，欲锢其心，必厚赂之；收其左右忠爱，阴示以利，令之轻业，而蓄积空虚。

“八曰，赂以重宝，因与之谋；谋而利之，利之必信，是谓重亲。重亲之积，必为我用。有国而外，其地大败。

“九曰，尊之以名，无难其身；示以大势，从之必信，致其大尊；先为之荣，微饰圣人，国乃大偷。

“十曰，下之必信，以得其情；承意应事，如与同生；既以得之，乃微收之；时及将至，若天丧之。

“十一曰，塞之以道。人臣无不重贵与富，恶危与咎。阴示大尊，而微输重宝，收其豪杰。内积甚厚，而外为乏。阴纳智士，使图其计；纳勇士，使高其气。富贵甚足，而常有繁滋。徒党已具，是谓塞之。有国而塞，安能有国？

“十二曰，养其乱臣以迷之，进美女淫声以惑之，遗良犬马以劳之，时与大势以诱之，上察而与天下图之。

“十二节备，乃成武事。所谓上察天，下察地，征已见，乃伐之。”

顺启第十六

文王问太公曰：“何如而可为天下？”

太公曰：“大盖天下，然后能容天下；信盖天下，然后能约天下；仁盖天下，然后能怀天下；恩盖天下，然后能保天下；权盖天下，然后能不失天下；事而不疑，则天运不能移，时变不能迁。此六者备，然后可以为天下政。

“故利天下者，天下启之；害天下者，天下闭之；生天下者，天下德之；杀天下者，天下贼之；彻天下者，天下通之；穷天下者，天下仇之；安天下者，天下恃之；危天下者，天下灾之。天下者非一人之天下，唯有道者处之。”

三疑第十七

武王问太公曰：“予欲立功，有三疑：恐力不能攻强、离亲、散众，为之奈何？”

太公曰：“因之，慎谋，用财。夫攻强，必养之使强，益之使张。太强必折，太张必缺。攻强以强，离亲以亲，散众以众。

“凡谋之道，周密为宝。设之以事，玩之以利，争心必起。

“欲离其亲，因其所爱，与其宠人，与之所欲，示之所利，因以疏之，无使得志。彼贪利甚喜，遗疑乃止。

“凡攻之道，必先塞其明，而后攻其强，毁其大，除民之害。淫之以色，啖之以利，养之以味，娱之以乐。

“既离其亲，必使远民，勿使知谋，扶而纳之．莫觉其意，然后可成。

“惠施于民，必无爱财。民如牛马，数矮食之，从而爱之。

“心以启智，智以启财，财以启众，众以启贤，贤之有启，以王天下。”

【译文】

发启第十三

周文王在丰邑召见太公，对他说：“唉！商纣王真是暴虐到了极点，任意地杀戮无辜的百姓，请您辅助我拯救万民于水火，您看该怎么办呢？”

太公说：“君王应当修养德行，礼贤下士，施恩惠给老百姓，并观察天道的吉凶。当天道还没有灾祸的征兆时，不能首先倡导征讨；当人道没有出现祸乱时，不可首先谋划发动战争。一定要既看到了天灾，又

看到了人祸，才可以谋划兴师征讨。一定要既看到他的公开言行，又了解了他的秘密举动，才能明了他的内心世界；一定要既看到他的外在表现，又掌握他的内心情况，才能知道他的真实用意；一定要既看到他疏远哪些人，又看到他亲近哪些人，才能知道他的真情实感。

“实行吊民伐罪之道，就可以实现统一天下的政治理想；遵循正确的路线，就可以达到一统世界的目的；建立的礼乐制度若能适应社会发展的需要，就一定能取得成功；确立强大的优势地位，就能够战胜强大的敌人。

“不经过战斗就能大获全胜，以全军临敌却能完好无损，这真可谓是用兵如神。实在是微妙，微妙啊！

“能与他人同疾苦而相互救助，同情感而相互保全，同憎恶而相互帮忙，同喜好而共同追求。因此，不费一兵一甲也能取得胜利，没有冲车机弩也能发起攻势，没有壕沟营垒也能坚固防御。

“真正的智慧，不是表现为外在的聪明；真正的谋略，不是表现为外在的计谋；真正的勇敢，不是表现为外在的逞强；真正的利益，不是表现为外在的好处。为天下人谋利益的，天下人都欢迎他；为天下人招致灾祸的，天下人部反对他。天下不是哪一个人的天下，而是天下所有人的天下。夺取天下，就像追赶野兽一样，天下所有人都有分享兽肉的愿望；又好像是同船共渡，若渡河成功，那么大家都可以从中受益，若渡河失败，那么大家都会因此而遭难。这样做，天下人就都欢迎他，而不会反对他。

“不从民众那里掠取利益，却能够从民众那里得到利益；不从别国那里掠取利益，却能够从别国那里得到利益；不从天下掠取利益，却能够从天下获得利益。不掠取民众利益的，民众拥戴他；不掠取别国利益的，别国归顺他；不掠取天下利益的，天下拥护他。所以说，这种方法妙在使人看不见，这种事情妙在使人听不到，这种胜利妙在使人不可知。真是微妙，微妙啊！

“鸷鸟将要发起袭击时，必先收起翅膀低矮地飞行；猛兽将要进行搏斗时，必先平贴耳朵，俯下身子；圣贤将要采取行动时，必先向世人显露出自己的愚钝和笨拙。

“现在的商朝，谣言四起，社会动荡，而纣王依旧荒淫无度，这是国家灭亡的征兆。我观察他们的田地里，野草生长得比禾苗还要茂盛；我观察他们的大臣，奸佞小人比正直之士更受到重用；我观察他们的官吏，暴虐残忍，违法乱纪。可朝廷上下依然执迷不悟，这是到了国家灭亡的时候。

“旭日当空则天下万物都能普照阳光，正义所至则天下万物都能得到利益，大军兴起则天下万物都能欣然归附。伟大啊，圣人的德行！他独到的见地，无人能及，这才是最大的快乐啊！”

文启第十四

文王问太公说：“圣人应遵循一些什么样的治国原则？”

太公说：“无须担忧什么，也不必抑制什么，天下万物就能各得其所；既不抑制什么，也不去忧虑什么，天下万物就会繁荣滋长；政令的推行，要使百姓在不知不觉中受到感化，就如同时间在不知不觉中向前推移那样。圣人遵循这一原则，万事万物都会在无形之中发生变化，而且周而复始，永无止境！

“这种悠闲自得、无为而治的政治，圣贤必须反复探求；探求到了，就不能不珍藏在心中；既然将它珍藏于心，就不能不去贯彻实现；既然已经贯彻实现，就不必将其中的奥妙明告世人。天地不宣告自己的规律，所以才能促成万物生长；圣人不炫耀自己的英明，所以才能成就丰功伟业。

“古代的圣人，把人们聚集在一起组成家庭，把家庭聚集在一起组成国家，把国家聚集在一起组成天下，分封贤人使之成为万国诸侯，这可以称之为治理天下的纲纪。宣扬政治教化，顺应民俗民情，变邪僻为正直，移风易俗。各国的风俗尽管不同。但如能使百姓安居乐业，人人都尊敬爱戴他们的君主，这就叫作天下大定。唉！圣人致力于清静无为，贤君致力于端正身心。愚蠢的君主不能端正自己的身心，因而会和他人去争夺。君王热衷于争权夺利就会导致刑罚繁多，刑罚繁多就会导致百姓心生恐惧。百姓心怀忧惧就会流浪逃亡。上至一国之君，下至平民百姓，都无

法安身立命，以致社会长期动荡不安，这就叫作政治大失。

“天下人心的向背就如同流水，阻塞它就会停止，开启它就会流动，保持静止状态时它就很清澈。唉！真是太神奇了！圣人知道了它从哪里开始，就能推断出它在哪里终止。”

文王问：“想使天下清静，该怎么办呢？”

太公说：“自然界有四季轮回，老百姓也有固定不变的生计活动。君主若能与百姓共安生业，那么天下就会平安无事。所以说最好的政治首先是顺应民心进行治理，其次是教育感化进行治理，百姓受到了感化就会服从命令。因此，天道无为而能使万物生长，百姓无须施舍就能丰衣足食，这就是圣人的德治。”

文王说：“您所说的和我所想的完全吻合，我将朝思夕念，时刻不忘，把它作为治理天下的根本原则。”

文伐第十五

文王问太公说：“想运用文伐的方法打击敌人，应该怎么办？”

太公说：“大凡文伐，不外乎以下十二种方法：

“第一，根据敌人的喜好，来顺从满足他的愿望，那么他就会滋生骄傲情绪，肯定会去做邪恶的事情。如果能够利用他的这个弱点，就一定能够将他铲除掉。

“第二，亲近拉拢敌国君主的近臣，以分化削弱敌人的威力。敌国近臣一旦怀有二心，就再也不会忠心耿耿。朝廷失去了忠臣，国家必定面临危亡。

“第三，偷偷地去贿赂敌国君王的近侍近臣，跟他们建立深厚的交情。这些人身居国内而心向国外，国家必将发生灾祸。

“第四，助长敌国君主的放纵事乐，以增强其荒淫欲望，用大量的珠宝去贿赂他，送美女以供他淫乐。言辞谦卑，曲意听从，遵循他的命令，迎合他的心意。他将放松警惕，继续放纵自己的邪恶行为。

“第五，故意对敌国的忠臣表示敬畏，只送给他一些微薄的礼物。当他出使我国时，故意加以拖延，不要马上予以答复，极力促使敌国君主改派使者。然后再诚心解决使臣前来所要交涉的问题，向他表示亲近以博取他的信任。这样，敌国君主就会改善与我国的关系。这样以不同的态度来对待敌国的忠臣和奸佞，就能够离间敌国君臣之间的关系，从而可以谋取敌国了。

“第六，收买敌国朝廷内的大臣，离间敌国朝廷外的大臣，使那些有才干的大臣心向国外，造成敌国内部互相倾轧，这样敌国就很少有不灭亡的。

“第七，想使敌国君主对我深信不疑，就必须用许多贵重的礼物去贿赂他。同时收买他左右的亲近大臣，暗中给他们种种好处，使他们忽视生产，造成财粮匮乏，国库空虚。

“第八，用贵重的金银财宝贿赂敌国君主，然后乘机与他同谋他国，这种图谋对他是有利的。他得到利益后，必定会信任我们，这就密切了敌我两国的关系。这种密切关系的日益加强，必将导致敌国被我所利用。他自己有国反而被敌国所利用，这样的国家最终会遭到惨败。

“第九，用显赫的名号尊崇他，不要使他身陷困境，给他以权倾天下的感觉，服从他的意志以博取他的信任。把他抬到至高无上的地位，先夸耀他功绩举世无双，再恭维他德行可与圣人相提并论。这样，他必定妄自尊大，再也无心于国家的治理，国事就慢慢地荒废了。

“第十，对敌国君主表示卑微屈从，就一定能得到他的信任，从而了解他的真实情感。秉承他的意愿，满足他的要求，和他就像一母所生兄弟一样亲密无间。获取他的信任之后，就可以微妙地加以利用。一旦时机成熟，就可以有如神助般将它轻而易举地消灭掉。

“第十一，要想尽办法使敌国君主耳目闭塞。凡为臣民，没有不羡慕权势与财富，厌恶危险和灾祸的。暗中许诺他以高官厚禄，秘密赠送给他金银珠宝，就可以收买敌国的英雄豪杰。自己国内积蓄充实，但外表却装作贫乏。暗中吸纳敌国的谋士，使他与自己图谋大计；秘密结交敌国的勇士，借此鼓舞我军的士气。要尽可能地满足他们贪图富贵的欲望，并不断地使之滋长蔓延。这样，他们就会成为我们的同党，这就叫作闭塞敌国君主的视听。敌国国君虽统治着国家，但却耳目闭塞，这种统治怎么可能维持长久？

“第十二，培植扶持敌国作乱的臣子，以迷乱其君主的心智；进献美女淫乐，以迷惑其君主的意志；赠送良犬骏马，以疲乏其君主的身体；经常地报喜不报忧，以使他沾沾自喜。然后观察有利的时机，与天下人共谋夺取他的国家。

“在恰当运用了以上十二种文伐方法后，就可以进一步采取军事行动了。这就是所谓的上察天时，下观地利，有利的征兆一旦出现，就可以兴师讨伐敌国了。”

顺启第十六

文王问太公说：“如何才能治理好天下呢？”

太公回答说：“器量要盖过天下，然后才能包容天下；诚信要盖过天下，然后才能约束天下；仁爱要盖过天下，然后才能赢得天下；恩惠盖过天下，然后才能保全天下；权势盖过天下，然后才能不失掉天下；遇事果断毫不迟疑，就如同日月星辰的运行那样不可改变，如同春夏秋冬的更迭那样不可变动。这六点都具备了，然后就可以治理天下了。

“所以为天下人谋取利益的，天下人就欢迎他；为天下人招致灾祸的，天下人就反对他；使天下人得以生存的，天下人就感激他的恩情；使天下人无法生存的，天下人就痛恨他的残暴；顺应天下人的意愿的，天下人就拥护他；使天下人陷入穷困的，天下人就憎恨他；使天下人得到安定的，天下人就把他当作依靠；使天下人陷入危难的，天下人就将他视为灾星。天下并不是哪一个人的天下，只有深谙治国之道的人才能担负起一国之君的重任。”

三疑第十七

武王问太公说：“我想建立功勋，但有三点疑虑：担心自己的力量不足以进攻强敌，担心无法离间敌国君主与亲信，担心不能分化瓦解敌国的军队，请问应该怎么办呢？”

太公回答说：“处理这种情况，应该因势利导、周密谋划和使用钱财。进攻强敌，一定要先纵容他，使他恃强蛮横；放任他，使他狂妄自大。过于蛮横，一定会遭受挫折；过于狂妄，一定会导致失误。要进攻强大的敌人，必先助长他的强暴；要离间敌君的亲信，必先收买他的心腹；要瓦解敌国的军队，必先争取敌国的民心。

“凡是运用计谋，以周密最为重要。许诺给敌人一些好处，给予敌人一些利益，敌军内部必定会你争我夺。想要离间敌国君臣的关系，就应该根据君主近臣的喜好，给予他们一些好处，送给他们想得到的东西，许给他们丰厚的回报，以此来疏远他们和君主的关系，使他们不能够施展出自己的才华。他们因为得到种种好处而非常高兴，就不会对我们的图谋产生任何怀疑了。

“凡是进攻强敌，首先必须蒙蔽敌国君主的视听，然后再进攻他强大的军队，摧毁他庞大的国家，来为民众扫除祸害。而闭塞敌君耳目的方法是：用美色腐蚀他，用厚利引诱他，用美食娇养他，用淫乐迷乱他。

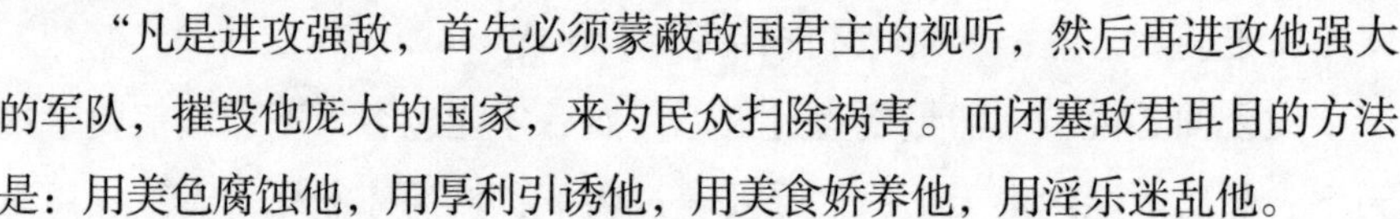

“既要离间他与亲信的关系，还须使他疏远自己的民众，不要让他识破了我们的计谋，要用种种手段引诱敌军入我方的圈套，让他无法觉察我们的意图，这样我们就能够成就大事了。

“要将恩惠施舍给广大民众，一定不要吝惜财物。民众就如同牛马，你经常喂养他们，他们就会拥护爱戴你。心灵可以产生智慧，智慧可以产生财富，财富可以养育民众，民众中可以涌现贤才。在贤才的辅佐之下，君主就可以统治天下了。”

【原文】

卷三　龙韬

王翼第十八

武王问太公曰：“王者帅师，必有股肱羽翼，以成威神，为之奈何？”

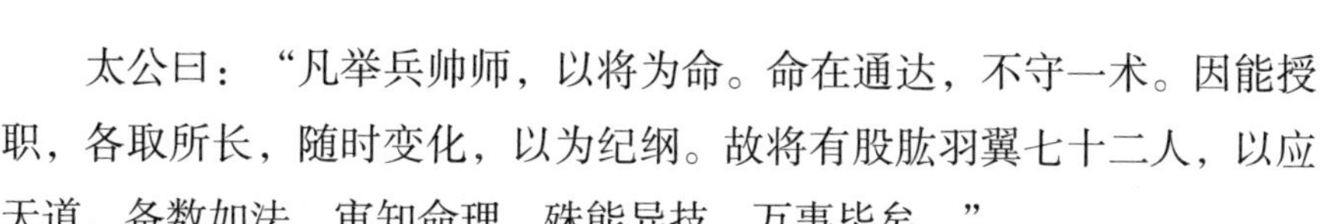

太公曰："凡举兵帅师，以将为命。命在通达，不守一术。因能授职，各取所长，随时变化，以为纪纲。故将有股肱羽翼七十二人，以应天道。备数如法，审知命理，殊能异技，万事毕矣。"

武王曰："请问其目？"

太公曰："心腹一人，主潜谋应卒，揆天消变，总揽计谋，保全民命。

"谋士五人，主图安危，虑未萌，论行能，明赏罚，授官位，决嫌疑，定可否。

"天文三人，主司星历，候风气，推时日，考符验，校灾异，知天心去就之机。

"地利三人，主三军行止形势，利害消息，远近险易，水涸山阻，不失地利。

"兵法九人，主讲论异同，行事成败，简练兵器，刺举非法。

"通粮四人，主度饮食，备蓄积，通粮道，致五谷，令三军不困乏。

"奋威四人，主择材力，论兵革，风驰电掣，不知所由。

"伏鼓旗三人，主伏鼓旗，明耳目，诡符节，谬号令，罔忽往来，出入若神。

"股肱四人，主任重持难，修沟堑，治壁垒，以备守御。

"通材三人，主拾遗补过，应偶宾客，论议谈语，消患解结。

"权士三人，主行奇谲，设殊异，非人所识，行无穷之变。

"耳目七人，主往来听言视变，览四方之事、军中之情。

"爪牙五人，主扬威武，激励三军，使冒难攻锐，无所疑虑。

"羽翼四人，主扬名誉，震远方，摇动四境，以弱敌心。

"游士八人，主伺奸候变，开阖人情，观敌之意，以为间谍。

"术士二人，主为谲诈，依托鬼神，以惑众心。

"方士二人，主百药，以治金疮，以痊万病。

"法算二人，主计会三军营壁、粮食、财用出入。"

论将第十九

武王问太公曰："论将之道奈何？"

太公曰："将有五材、十过。"

武王曰："敢问其目？"

太公曰："所谓五材者，勇、智、仁、信、忠也。勇则不可犯，智则不可乱，仁则爱人，信则不欺，忠则无二心。

"所谓十过者，有勇而轻死者，有急而心速者，有贪而好利者，有仁而不忍人者，有智而心怯者，有信而喜信人者，有廉洁而不爱人者，有智而心缓者，有刚毅而自用者，有懦而喜任人者。

"勇而轻死者可暴也，急而心速者可久也，贪而好利者可遗也，仁而不忍人者可劳也，智而心怯者可窘也，信而喜信人者可诳也，廉洁而不爱人者可侮也，智而心缓者可袭也，刚毅而自用者可事也，懦而喜任人者可欺也。

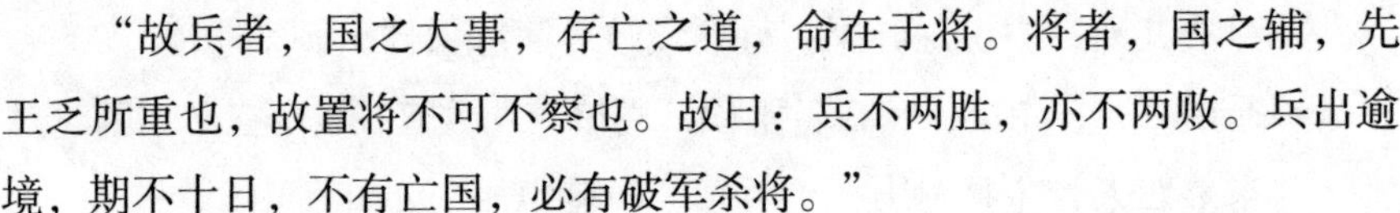

"故兵者，国之大事，存亡之道，命在于将。将者，国之辅，先王之所重也，故置将不可不察也。故曰：兵不两胜，亦不两败。兵出逾境，期不十日，不有亡国，必有破军杀将。"

武王曰："善哉！"

选将第二十

武王问太公曰："王者举兵，欲简练英雄、知士之高下，为之奈何？"

太公曰："夫士外貌不与中情相应者十五：有贤而不肖者，有温良而为盗者，有貌恭敬而心慢者，有外廉谨而内无至诚者，有精精而无情者，有湛湛而无诚者，有好谋而不决者，有如果敢而不能者，有倥倥而不信者，有恍恍惚惚而反忠实者，有诡激而有功效者，有外勇而内怯者，有肃肃而反易人者，有嗃嗃而反静悫者，有势虚形劣而外出无所不至、无所不遂者。天下所贱，圣人所贵，凡人莫知，非有大明不见其际，此士之外貌不与中情相应者也。"

武王曰："何以知之？"

太公曰："知之有八征：一曰问之以言以观其辞，二曰穷之以辞以观其变，三曰与之间谍以观其诚，四曰明白显问以观其德，五曰使之以财以观其廉，六曰试之以色以观其贞，七曰告之以难以观其勇，八曰醉

之以酒以观其态。八征皆备，则贤、不肖别矣。”

立将第二十一

武王问太公曰：“立将之道奈何？”

太公曰：“凡国有难，君避正殿，召将而诏之曰：‘社稷安危，一在将军。今某国不臣，愿将军帅师应之。’

“将既受命，乃命太史卜，斋三日，之太庙，钻灵龟，卜吉日，以授斧钺。君入庙门，西面而立；将入庙门，北面而立。君亲操钺持首，授将其柄曰：‘从此上至天者，将军制之。’复操斧持柄，授将其刃曰：‘从此下至渊者，将军制之。见其虚则进，见其实则止，勿以三军为众而轻敌，勿以受命为重而必死，勿以身贵而贱人，勿以独见而违众，勿以辩说为必然。士未坐勿坐，士未食勿食，寒暑必同。如此，则士众必尽死力。’

“将已受命，拜而报君曰：‘臣闻国不可从外治，军不可从中御。二心不可以事君，疑志不可以应敌。臣既受命专斧钺之威，臣不敢生还。愿君亦垂一言之命于臣！君不许臣，臣不敢将。’

“君许之，乃辞而行。军中之事，不闻君命，皆由将出，临敌决战，无有二心。若此，则无天于上，无地于下，无敌于前，无君于后。是故智者为之谋，勇者为之斗，气厉青云，疾若驰骛，兵不接刃，而敌降服。战胜于外，功立于内，吏迁士赏，百姓欢说，将无咎殃。是故风雨时节，五谷丰熟，社稷安宁。”

武王曰：“善哉！”

将威第二十二

武王问太公曰：“将何以为威？何以为明？何以为禁止而令行？”

太公曰：“将以诛大为威，以赏小为明，以罚审为禁止而令行。故杀一人而三军震者，杀之；赏一人而万人说者，赏之，杀贵大，赏贵小。杀及当路贵重之臣，是刑上极也；赏及牛竖、马洗厩养之徒，是赏下通也。刑上极，赏下通，是将威之所行也。”

励军第二十三

武王问太公曰："吾欲令三军之众，攻城争先登，野战争先赴，闻金声而怒，闻鼓声而喜，为之奈何？"

太公曰："将有三胜。"

武王曰："敢问其目？"

太公曰："将，冬不服裘，夏不操扇，雨不张盖，名曰礼将；将不身服礼，无以知士卒之寒暑。出隘塞，犯泥涂，将必先下步，名曰力将；将不身服力，无以知士卒之劳苦。军皆定次，将乃就舍；炊者皆熟，将乃就食；军不举火，将亦不举，名曰止欲将；将不身服止欲，无以知士卒之饥饱。将与士卒共寒暑、劳苦、饥饱，故三军之众，闻鼓声则喜，闻金声则怒。高城深池，矢石繁下，士争先登；白刃合，士争先赴。士非好死而乐伤也，为其将知寒暑、饥饱之审，而见劳苦之明也。"

阴符第二十四

武王问太公曰："引兵深入诸侯之地，三军卒有缓急，或利或害，吾将以近通远，从中应外，以给三军之用，为之奈何？"

太公曰："主与将有阴符，凡八等：有大胜克敌之符，长一尺；破军擒将之符，长九寸；降城得邑之符，长八寸；却敌报远之符，长七寸；警众坚守之符，长六寸；请粮益兵之符，长五寸；败军亡将之符，长四寸；失利亡士之符，长三寸。诸奉使行符，稽留者，若符事泄，闻者、告者皆诛之。八符者，主将秘闻，所以阴通言语不泄中外相知之术。敌虽圣智，莫之能识。"

武王曰："善哉！"

阴书第二十五

武王问太公曰："引兵深入诸侯之地，主将欲合兵行无穷之变，图不测之利，其事烦多，符不能明，相去辽远，言语不通，为之奈何？"

太公曰："诸有阴事大虑，当用书，不用符。主以书遗将，将以书

问主，书皆一合而再离，三发而一知。再离者，分书为三部；三发而一知者，言三人，人操一分，相参而不相知情也。此谓阴书，敌虽圣智，莫之能识。”

武王曰：“善哉！”

军势第二十六

武王问太公曰：“攻伐之道奈何？”

太公曰：“势因于敌家之动，变生于两陈之间，奇正发于无穷之源。故至事不语，用兵不言。且事之至者，其言不足听也；兵之用者，其状不足见也。倏而往，忽而来，能独专而不制者，兵也。夫兵闻则议，见则图，知则困，辨则危。故善战者，不待张军；善除患者，理于未生；善胜敌者，胜于无形；上战无与战。故争胜于白刃之前者，非良将也；设备于已失之后者，非上圣也；智与众同，非国师也；技与众同，非国工也。事莫大于必克，用莫大于玄默，动莫神于不意，谋莫善于不识。夫先胜者，先见弱于敌，而后战者也，故事半而功倍焉。

“圣人征于天地之动，孰知其纪，循阴阳之道而从其候；当天地盈缩因以为常；物有死生，因天地之形。故曰：未见形而战，虽众必败。

“善战者，居之不挠，见胜则起，不胜则止。故曰：无恐惧，无犹豫。用兵之害，犹豫最大；三军之灾，莫过狐疑。善战者，见利不失，遇时不疑，失利后时，反受其殃。故智者从之而不释，巧者一决而不犹豫，是以疾雷不及掩耳，迅电不及瞑目，赴之若惊，用之若狂，当之者破，近之者亡，孰能御之？

“夫将有所不言而守者神也，有所不见而视者明也。故知神明之道者，野无衡敌，对无立国。”

武王曰：“善哉！”

奇兵第二十七

武王问太公曰：“凡用兵之道，大要何如？”

太公曰：“古之善战者，非能战于天上，非能战于地下，其成与败，皆由神势，得之者昌，失之者亡。夫两陈之间，出甲陈兵，纵卒乱行者，所以为变也；深草蓊翳者，所以逃遁也；溪谷险阻者，所以止车御骑也；隘塞山林者，所以少击众也；坳泽窈冥者，所以匿其形也；清明无隐者，所以战勇力也；疾如流矢，如发机者，所以破精微也；诡伏设奇、远张诳诱者，所以破军擒将也；四分五裂者，所以击圆破方也；因其惊骇者，所以一击十也；因其劳倦暮舍者，所以十击百也；奇伎者，所以越深水渡江河也；强弩长兵者，所以逾水战也；长关远候，暴疾谬遁者，所以降城服邑也；鼓行喧嚣者，所以行奇谋也；大风甚雨者，所以搏前擒后也；伪称敌使者，所以绝粮道也；谬号令与敌同服者，所以备走北也；战必以义者，所以励众胜敌也；尊爵重赏者，所以劝用命也；严刑重罚者，所以进罢怠也；一喜一怒、一与一夺、一文一武、一徐一疾者，所以调和三军、制一臣下也；处高敞者，所以警守也；保险阻者，所以为固也；山林茂秽者，所以默往来也；深沟高垒粮多者，所以持久也。

“故曰：不知战攻之策，不可以语敌；不能分移，不可以语奇；不通治乱，不可以语变。故曰：将不仁，则三军不亲；将不勇，则三军不锐；将不智，则三军大疑；将不明，则三军大倾；将不精微，则三军失其机；将不常戒，则三军失其备；将不强力，则三军失其职。故将者人之司命，三军与之俱治，与之俱乱；得贤将者，兵强国昌；不得贤将者，兵弱国亡。”

武王曰：“善哉！”

五音第二十八

武王问太公曰：“律音之声，可以知三军之消息，胜负之决乎？”

太公曰：“深哉！王之问也。夫律管十二，其要有五音——宫、商、角、徵、羽，此其正声也，万代不易。五行之神，道之常也。可以知敌。金、木、水、火、土，各以其胜攻之。

“古者三皇之世，虚无之情以制刚强。无有文字，皆由五行。五行之道，天地自然。六甲之分，微妙之神。其法：以天清静，无阴云风

雨，夜半，遣轻骑往至敌人之垒，去九百步外，遍持律管当耳，大呼惊之。有声应管，其来甚微。角声应管，当以白虎；徵声应管，当以玄武；商声应管，当以朱雀；羽声应管，当以勾陈；五管声尽不应者，宫也，当以青龙。此五行之符，佐胜之征，成败之机。”

武王曰：“善哉！”

太公曰：“微妙之音，皆有外候。”

武王曰：“何以知之？”

太公曰：“敌人惊动则听之。闻袍鼓之音者，角也；见火光者，徵也；闻金铁矛戟之音者，商也；闻人啸呼之音者，羽也；寂寞无闻者，宫也。此五者，声色之符也。”

兵征第二十九

武王问太公曰：“吾欲未战先知敌人之强弱，预见胜负之征，为之奈何？”

太公曰：“胜负之征，精神先见，明将察之，其败在人。谨候敌人出入进退，察其动静，言语妖祥，士卒所告。凡三军说怿，士卒畏法，敬其将命。相喜以破敌，相陈以勇猛，相贤以威武，此强征也。三军数惊，士卒不齐，相恐以敌强，相语以不利，耳目相属，妖言不止，众口相惑，不畏法令，不重其将，此弱征也。

“三军齐整，陈势已固，深沟高垒，又有大风甚雨之利，三军无故，旌旗前指，金铎之声扬以清，鼙鼓之声宛以鸣，此得神明之助，大胜之征也。行陈不固，旌旗乱而相绕，逆大风甚雨之利，士卒恐惧，气绝而不属，戎马惊奔，兵车折轴，金铎之声下以浊，鼙鼓之声湿如沐，此大败之征也。

“凡攻城围邑：城之气色如死灰，城可屠；城之气出而北，城可克；城之气出而西，城必降；城之气出而南，城不可拔；城之气出而东，城不可攻；城之气出而复人，城主逃北；城之气出而覆我军之上，军必病；城之气出高而无所止，用兵长久；凡攻城围邑，过旬不雷不雨，心亟去之，城必有大辅。此所以知可攻而攻，不可攻而止。”

武王曰："善哉！"

农器第三十

武王问太公曰："天下安定，国家无事，战攻之具，可无修乎？守御之备，可无设乎？"

太公曰："战攻守御之具，尽在于人事。耒耜者，其行马蒺藜也。马、牛、车、舆者，其营垒蔽橹也。锄耰之具，其矛戟也。蓑薜簦笠者，其甲胄干楯也。钁、锸、斧、锯、杵、臼，其攻城器也。牛马，所以转输粮用也。鸡犬，其伺候也。妇人织红，其旌旗也。丈夫平壤，其攻城也。春钹草棘，其战车骑也。夏耨田畴，其战步兵也。秋刈禾薪，其粮食储备也。冬实仓廪，其坚守也。田里相伍，其约束符信也。里有吏，官有长，其将帅也。里有周垣，不得相过，其队分也。粳输粟收刍，其廪库也。春秋治城郭，修沟渠，其堑垒也。故用兵之具，尽在于人事也。善为国者，取于人事。故必使遂其六畜，辟其田野，安其处所。丈夫治田有亩数，妇人织红有尺度，是富国强兵之道也。"

武王曰："善哉！"

【译文】

王翼第十八

武王问太公说："君主统率军队，一定要有得力的辅佐之人，以造成威严的气势，要做到这一点该怎么办呢？"

太公回答说："凡是举兵兴师，军队的命运都系于将帅一身。将帅要掌握好全军的命运，关键是通晓各方面的情况，而无须专精于某项技术。所以，用人应该根据其才能授给官职，发挥各人的特长，随着时机的变化而变化，并使之成为一项制度。因此将帅要有得力的辅佐七十二人，以便顺应天道。按照这种方法配备助手，就是明白了做将帅的道理。只要发挥各种人才特殊的才能，运用他们奇特的技巧，做任何事情

都能手到擒来，大功告成。”

武王问：“请问它的具体内容是怎样的？”

太公说：“心腹一人，主要负责密谋策划，应对突发事件，测度天象，消除灾异，总体上掌管军政大计，保全百姓的生命；

“谋士五人，主要负责谋划安危大事，考虑形势的发展变化，评定将士的品行才能，申明赏罚制度，授予各种官职，决断疑难问题，裁定事情可否；

“天文三人，主管星象历数，观测风向及时气的变化，推算时日吉凶，考察吉祥瑞兆，核验灾异现象，从而掌握人心向背的规律；

“地利三人，主要负责明察军队行军、驻扎的地形地势，分析其利弊得失的消长情况，考察距离的远近、地形的险易，提供江河水情和山势险阻等情况，以确保军队作战占据有利地形；

“兵法九人，主要负责探讨敌我形势的异同，分析作战胜负的原因，选择适合不同条件下作战的兵器，刺探检举各种违法行为；

“通粮四人，主要负责筹划给养，筹备储存，确保粮道畅通，征集军需粮秣，使军队作战时供给充足；

“奋威四人，主要负责选拔有才能的勇士，探讨选用何种武器装备，以保证军队能够风驰电掣般行动，出其不意地打击敌人。

“伏鼓旗三人，主管战鼓和军旗，明确视听信号，制造假符节，发布假命令以迷惑敌人，忽来忽往，神出鬼没；

“股肱四人，主要任务是担负重要的使命，掌管艰巨的工作，修造沟堑，构筑壁垒，做好防守抵抗的充分准备；

“通材三人，主要负责完善将帅的不足，弥补将帅的过失，接待宾客，发表议论，讨论问题，以消除祸患，排解纠纷；

“权士三人，主要负责实施奇谋诡计，设置绝术异技，让敌人不能识破其奥秘，而能进行无穷无尽的变化。

“耳目七人，主要任务是通过与外界交往，听风声，观动静，查明天下形势，了解敌军情况；

“爪牙五人，主要负责弘扬军威，激励三军斗志，使他们敢于冒险犯难，攻坚破锐，而没有什么怀疑和担忧；

“羽翼四人，主要负责宣扬将帅的威名声誉，以震慑远方，动摇邻国，从而削弱敌人的斗志；

“游士八人，主要负责探察敌方的奸佞，侦察敌方的变乱，操纵敌国民心，观察敌人的意图，进行间谍活动；

“术士二人，主要负责使用诡诈，借助鬼神，来迷惑敌人军心；

“方士二人，主要负责掌管各种药物，治疗创伤，医治各种疾病；

“法算二人，主要负责计算军队营垒、粮食和财用的收支情况。”

论将第十九

武王问太公说：“评论将帅的原则是什么？”

太公说：“将帅应该具备五种美德，避免十种缺点。”

武王问：“请问它的具体内容是什么？”

太公说：“所谓五种美德，是指勇敢、明智、仁慈、诚信和忠贞。勇敢就不会被侵犯，明智就不会被扰乱，仁慈就会爱护士卒，诚信就不会欺骗他人，忠贞就不会产生二心。

“所谓十种缺点是指，勇敢而轻易赴死，急躁而不够沉稳，贪婪而喜好私利，宽厚而不讲原则，聪明而内心胆怯，诚信而喜欢轻信别人，廉正却对部下不够仁爱，有谋略却行动迟缓、犹豫不决，坚强而刚愎自用，软弱而喜欢听凭他人摆布。

“勇敢而轻易赴死的，可以用激将法激怒他；急躁而沉不住气的，可以用持久战拖垮他；贪婪而喜好私利的，可以送东西去贿赂他；宽厚而不讲原则的，可以骚扰他，使他感到疲劳；聪明而心中胆怯的，可以威逼他，让他无计可施；诚信而喜欢轻信别人的，可以欺骗他；廉洁而不善待部下的，可以侮辱他；爱动脑筋却优柔寡断的，可以乘其不备向他发起进攻；坚强而刚愎自用的，可以算计他，软弱而喜欢听凭他人摆布的，可以欺负他。

“所以说战争，是国家的大事，一个国家是生存还是被毁灭，它的命运都掌握在将帅的手中。将帅，是国家的辅佐，为历代君王所重视，因此

选拔任命将帅务必要认真考察。所以说：打仗没有双方都取得胜利的，也没有双方都遭到失败的。只要军队越出了国境，不出十天时间，不是一方被打败招致国家灭亡，就一定是另一方军队被攻克，将帅遭杀戮。”

武王说：“说得对啊！”

选将第二十

武王问太公说：“国君发动战争，要选拔训练一批才能出众、勇武过人的人充当将帅，那么采用什么办法才能够知道这些人品德能力的高低呢？”

太公说：“士的外表与他的内心不相符合的情况有下面十五种：有的表面看起来品德才能都不错，而实际上却并非如此；有的貌似温和善良，却在干着偷窃劫掠之事；有的外表谦恭有礼，而内心实则傲慢无礼，有的外表廉洁不贪、谨小慎微，却并非出自真心实意；有的外表看起来精明强干，其实并没有什么真才实学；有的外表忠厚老实，内心却并不诚实；有的外表看上去足智多谋，其实内心却是犹豫不决、当断不断；有的外表好似坚决，其实却没有什么才干，难成大器；有的貌似诚恳真挚，其实内心却是不守信用；有的外表动摇不定、难以捉摸，内心反而是忠心耿耿、值得信赖；有的言行矫情怪异，办起事来却有成效；有的外表勇敢而内心胆怯；有的外表严肃庄重，而实际上却平易近人；有的外表严厉冷酷，内心反而温和忠厚；有的外表虚弱、形貌丑陋，但却能受命出使无所不至，办事无所不能。天下人轻视的东西，却常常为圣人所推崇，一般人无法知晓其中的原因，除非是那些见解高明的人才能搞清两者的界限，士的外表与他的内心不相一致的地方正在于此。”

武王问：“通过什么办法才能真正了解他们呢？”

太公说：“了解他们有八种途径：一是向他询问问题看他如何应答；二是追问不止来看他的应变能力怎样；三是通过间谍来观察其是否忠心耿耿；四是明知故问来看他是否隐瞒，借以考查其德行；五是派他管理钱财看他是否廉洁不贪，六是用美色去试探，看他是否意志坚定；七是向他告知一些危险困难的事情，看他是否愿意承担，借以考查其是否勇敢，八是拿酒灌醉他，看他是否能够神态自若。八种方法都采用过之后，一个人称得上贤明还是不贤明，就一目了然了。”

立将第二十一

武王问太公说：“任命将帅的方法是怎样的？”

太公说：“凡是国家遇到危急情况，国君就迁离正殿以避祸患，而在偏殿上召见主将并向他颁发诏书：‘国家的安危，全系于将军身上。现在某国反叛，请将军率领军队前往征讨。’

“主将接受命令之后，国君就下令大史占卜，斋戒三天，然后前往太庙，钻炙龟甲，通过占卜选择吉日，向主将授予斧钺。在吉日那天，国君进入太庙门，向西站立；主将也进入太庙门，向北站立。国君亲自拿着钺的上部，将钺柄交给主将并宣布：‘从今以后，军队中上至于天的事情都全权交给将军您去处置。’然后又拿着斧子柄，将斧刃交给主将并宣布：‘从今以后，军队中下至于渊的事情也全权交给将军您去定夺。看见敌人虚弱就前进，看见敌人强大就停止。不要因为我军人多势众而轻视敌人，不要只想着完成任务而不顾实际情况和敌人一味拼命，不要因为自己身份高贵而轻视别人，不要因为自己见解独到而一意孤行，违背了众人的意愿；不要因为自己能说会道就一切想当然，自以为是。士卒没有坐下，你不要先坐，士卒没有吃饭，你不要先吃，冷也好，热也好，都一定要和士卒共同承受。如果这样，那么士兵们必定会拼死作战。’

“主将接受命令后，向国君行敬礼并回答说：‘臣听说国家大事不可以从外部来治理，领兵打仗不能够在朝廷中遥控指挥。怀有二心就不能够忠心耿耿侍奉国君，一心怀疑虑就不可能专心专意地对付敌人。臣既然已经接受了君命来执掌军事大权，不完成任务臣不敢活着回来面见君王。希望君王您遵照上面所说，让我全权统辖一切！您若不答应臣的请求，则臣不敢担此重任。’

“国君同意之后，主将就辞别国君率军出征。从此军中的一切事务，都不再听命于国君，而全部由主将来统一指挥。和敌人作战时，因

没有外界的干扰而可以专心致志。像这样，主将率军出征，就可以上不受天时限制，下不受地形牵制，前没有敌人敢于阻挡，后没有君王横加干涉。因此，谋略之士都愿为他献计献策，勇武之人都肯替他效力拼杀。士气昂扬直冲云霄，动作迅捷如骏马奔驰，仗还未打敌人就已投降。在朝廷之外取得了战争的胜利，在朝廷之内建立了功勋，官员获得升迁，士卒得到奖赏，老百姓欢欣鼓舞，主将也不会因过失而受罚。因此风调雨顺，五谷丰登，国家安定。”

武王说：“说得好啊！”

将威第二十二

武王问太公说：“将帅凭借什么来树立威信？凭借什么来体现贤明？凭借什么来做到命令发出部下就立即执行，不准做的部下就马上停止？”

太公回答说：“将帅通过诛杀地位高的人来树立威信，通过奖赏地位低的人来体现贤明，通过赏罚分明来做到有禁必止、有令必行。因此，杀一人而能使全军为之震慑的，就杀掉他；赏一人而能使全军为之高兴的，就奖赏他。诛杀应当以诛杀那些地位高贵的人为重点，而奖赏则应当以奖赏那些地位低下的人为重点。诛杀的人里有身居显位执掌大权的臣子，说明刑罚触及到了最上层；奖赏的人中有放牛喂马的下人，说明奖赏施行到了最下层。刑罚到达了最高层，奖赏到达了最底层，这样将帅的威信自然也就得以树立了。”

励军第二十三

武王问太公说：“我想使三军将士，攻城时争着往上攀登，野战时争着冲锋陷阵，听到收兵的鸣金声就生气恼怒，听到进军的击鼓声就欢欣鼓舞，想要做到这个样子，该怎么办呢？”

太公说：“将帅有三种打败敌人取得胜利的方法。”

武王说：“请问它的具体内容是怎样的？”

太公说：“作为将帅，冬天不穿皮衣，夏天不拿扇子，雨天不撑伞篷，这样的将帅，称之为礼将；将帅如果不能以身作则，就没有办法懂得士卒的冷暖。途经险要的地方，通过泥泞的道路，将帅一定要从车马上下来步行，这样的将帅，称之为力将；将帅如果不身体力行，就没有办法了解士卒的辛劳。军队的驻扎宿营都安排妥当之后，将帅才回自己的住处去休息；士卒的饭菜都做熟之后，将帅自己才开始吃饭；军队没有举火照明，将帅自己也不举火照明，这样的将帅，称之为止欲将；将帅如果不能克制自己的欲望，就没有办法体会到士卒的饥饱。将帅如果能与士卒同甘共苦，那么全军将士听到击鼓声就欢欣鼓舞，听到鸣金声就生气恼怒。攻打防守牢固的城池时，敌人的弓箭和石头即使像大雨一样倾盆而下，士卒们也会争先恐后地往上攀登。敌我交战、短兵相接的时候，士卒们也会你争我赶地向前冲锋。士卒们并不是不怕死亡、喜欢伤痛，而是由于将帅关心他们的冷暖和饥饱，体恤他们的劳苦，因此他们心甘情愿地为将帅效力，即使牺牲也在所不辞。”

阴符第二十四

武王问太公说：“率领军队深入到别的诸侯境内，军队突然遇到了紧急情况，有的对我军有利，有的对我军有害，我想从近路通知远方，从内部策应外援，以满足三军的需要，要做到这一步该怎么办呢？”

太公说：“君王授予将帅阴符，这些阴符共有八个种类：有我军大获全胜、全歼敌人的阴符，长度为一尺；有打败敌军、抓获敌将的阴符，长度为九寸；有敌兵弃城投降，我军占领敌国的阴符，长度为八寸；有击退敌人、通报战况的阴符，长度为七寸；有告诫将士牢固防守的阴符，长度为六寸；有请求粮草援助、增加兵力的阴符，长度为五寸：有通报作战失利、主将阵亡情况的阴符，长度为四寸；有报告战斗失败、全军覆没消息的阴符，长度为三寸。所有奉命传递阴符的，如果耽误了时间，泄露了机密，听到的人和传告的人都要被处死刑。这八种阴符，只有君王和将帅知晓其中的秘密，是一种用来暗中传递消息而不泄露朝廷和战场机密的通信工具。敌人即使再聪明，也没有人能识破其中的奥秘。”

武王赞叹道：“说得好啊！”

阴书第二十五

武王问太公说："率领军队深入到别的诸侯境内，君王和主将想要集结兵力，灵活机动地打击敌人，出其不意地战胜敌军，然而情况纷繁复杂，阴符也难以发挥它的作用，君王和主将相距又非常遥远，言语不通，碰到这样的情况该怎么办呢？"

太公说："各种密谋大计，都应当用阴书，而不用阴符。君王将阴书给予主将以传达他的指示，主将则用阴书向君王请示问题，这种阴书都是一合而再离、三发而一知。所谓一合而再离，就是把一封书信分为三个部分；所谓'三发而一知'，就是派三个人送信，每人各拿其中的一部分，必须相互参照否则就不能明了书信的内容。这就叫作阴书。敌人即使聪明异常，也不能识破我军的机密。"

武王赞道："说得好啊！"

军势第二十六

武王问太公说："进攻作战的原则是什么？"

太公说："战争的态势取决于敌人的行动，战术的变化产生于两军的对垒，奇正的运用来源于将帅无穷的智谋。因此，最重要的机密不能泄露，用兵的谋略不可言传。况且，能够表现为言论，使人听到的机密就不是真正的机密；能够暴露在外界，让人看到的部署也不会是真正的部署。转眼间去，转眼间来，能够独自一人掌握而不受制于他人，这就是用兵的原则。敌人探听到军事机密，就会商议对策；发现了我军的行动，就会算计谋划；知道了我军企图，我军就会陷入困境；判明了我军的行动规律，我军就会遭遇危险。所以善于打仗的，不需要等到兵力部署完之后才知分晓；善于消除祸患的，能够防患于未然；善于击败敌人的，能够不露痕迹地取得胜利，最高明的作战就是不战而胜。所以，要和敌人拼死搏杀才能获得胜利的，算不上是优秀的将领；失守之后才想到要设防，这不是一个聪明人的作为；智慧与一般人相同的，不能担任皇帝的辅佐；技艺与普通人相同的，不能称为一国的能工巧匠。军事上最重要的莫过于稳操胜券，用兵上最重要的莫过于严守机密，行动上最重要的莫过于出其不意，谋略上最高明的莫过于神妙莫测。那些未战先胜的，往往先在敌人面前露几个破绽，然后再进行决战，因而常常可以花费较小的力气而取得战争的胜利。

“圣人观察自然界的种种变化，反复探究其运动的规律，遵循阴阳消长的规律，了解事物变化的征兆，根据自然界万物盛衰的原理以确立行动的规则。万物的生死，取决于天地的变化。所以说，还没有弄清战争的形势就轻率出击，即使人数众多也一定失败。

“善于指挥打仗的人，按兵不动等待时机，不受外界的干扰。看到有胜利的可能就发动进攻，看不到成功的希望就驻足观察。所以说：不要恐惧害怕，不要犹豫不决，作战指挥的大忌就是犹豫不决，军队最可怕的灾难也莫过于犹豫不决。善于指挥作战的人，见到有利的战机决不放过，遇到有利的时势从不迟疑。否则，失掉了有利的形势，错过了有利的战机，自己反而会遭受祸患。所以，聪明的人抓住战机就牢牢把握，机智的人一旦下了决心就再不迟疑。因此打起仗来才能快如迅雷使人来不及掩住耳朵，快如闪电使人来不及闭上眼睛。前进时好像惊马飞奔，作战时好像狂风扫荡，凡是阻拦他的都被击败，凡是靠近他的都被消灭，谁能够抵挡得了像他这样的人带领的一支队伍呢？

“将帅，看似不动声色实则胸有成竹的叫作神，看似视而不见实则秋毫必察的叫作明。因此，掌握了神明的方法，天下就没有能够抗衡的敌人，也没有敢于作对的国家了。”

武王说：“说得好极了！”

奇兵第二十七

武王问太公说：“一切用兵的法则，其要领是什么？”

太公说：“古代善于指挥作战的人，并不是可以上天入地、无所不能，他的成功与失败，全部在于神奇莫测、异乎寻常的态势，得到这种态势的就会取胜，失去这种态势的就会失败。两军对阵的时候，脱下铠甲放下武器，任由士兵毫无秩序地行进，其目的是为了迷惑敌人；草木

茂盛的地方，可以用作撤退躲避；溪流湍急、河谷险要的地方，可以用来阻碍敌人的战车、抵挡敌人的骑兵；险要的关塞和山林，可以用来以少击众；低洼潮湿幽暗的地方，可以用来藏匿军队的行踪；清澈明朗、无遮无拦的地方，可以用来和敌人比勇斗力；动作快如离弦之箭，猛如拨动弩牙，其目的是为了粉碎敌人精细周密的安排；巧妙埋伏，设置奇兵，虚张声势，诱骗敌人，其目的是为了打败敌军抓获敌将；战场分散，从四面八方发起攻势，这是为了打破敌人的圆阵和方阵；趁着敌人惊慌害怕时发动进攻，可以达到以一击十的目的；趁着敌人疲劳倦怠、夜晚宿营时发起攻势，可以达到以十击百的目的；使用奇特的技巧，可以用来跨越深水、飞渡江河；使用强弩和长兵器，可以满足渡过江河作战的需要；在远方设立关卡，派士兵出去侦察，行动迅猛，不拘常法，目的是为了使敌军投降称臣、占领敌方的城邑；大张声势地进军，吵吵嚷嚷地前进，是为了施行奇妙的计策；大风暴雨的天气，可以用来攻前袭后向敌人展开多方位的进攻；假扮敌人使者潜入敌区，目的是为了切断敌军粮道；错传敌人的号令，和敌人穿同样的衣服，是为了打败仗撤退时做准备；作战之前一定要使官兵明确战斗的意义，这可以激励士气战胜敌人；加封爵位，加重赏赐，目的是为了鼓励官兵舍身杀敌；实施严厉的刑罚，加重惩处，目的是为了使官兵消除懈怠奋勇前进；有喜有怒、有与有夺、有文有武、有慢有快，这样做的目的是为了使全军齐心协力、使属下统一行动；地处高大开阔的地方，便于加强警戒与防守；占据地势险要的地方，便于加固自己的防卫；茂密荒野的深山老林，可以用来掩护我军的行动；壕沟深、壁垒高、粮草充足的地方，可以用来和敌人打持久战。

“因而说：不懂得攻战的策略，就谈不上对敌作战；不会灵活机动地调遣兵力，就谈不上出奇制胜；不明白军队治理得好与坏的关系，就谈不上随机应变。所以说：将帅不仁慈，那么士兵就不会亲近他；将帅不勇敢，那么军队就没有了锐气；将帅不聪明，那么士兵就会疑心重重；将帅不精明，军队就会惨遭失败；将帅考虑问题不够精细周密，军队就会错失良机；将帅一时疏忽，那么军队就会疏于防备；将帅不够强大有力，那么手下就会玩忽职守。所以将帅是军队的主宰，军队或者与他一道治理严整，或者和他一起陷于混乱；得到好的将领，就会军队强大、国家昌盛；得不到好的将领，就会军队衰弱、国家灭亡。”

武王说：“说得好啊！”

五音第二十八

武王问太公说：“从律管发出的声乐中，可以了解敌我双方力量的消长，预知战争的胜负吗？”

太公回答说：“君王您所问的这个问题，可是一门大学问啊！律管共有十二个，其中重要的音阶有五个——宫、商、角、徵、羽，这是最纯正的乐音，世世代代不会更改。五行相生相克，神妙无比，这是天地间的自然规律。借此可以预测敌情的变化。金、木、水、火、土五行，各以其生克关系取胜，用兵打仗也是以其胜去攻不胜啊！

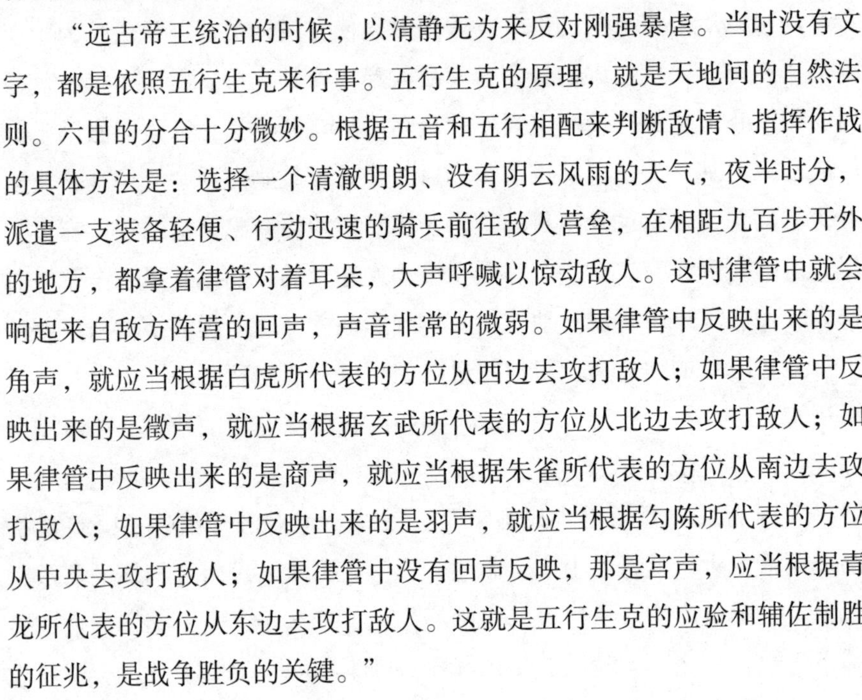

“远古帝王统治的时候，以清静无为来反对刚强暴虐。当时没有文字，都是依照五行生克来行事。五行生克的原理，就是天地间的自然法则。六甲的分合十分微妙。根据五音和五行相配来判断敌情、指挥作战的具体方法是：选择一个清澈明朗、没有阴云风雨的天气，夜半时分，派遣一支装备轻便、行动迅速的骑兵前往敌人营垒，在相距九百步开外的地方，都拿着律管对着耳朵，大声呼喊以惊动敌人。这时律管中就会响起来自敌方阵营的回声，声音非常的微弱。如果律管中反映出来的是角声，就应当根据白虎所代表的方位从西边去攻打敌人；如果律管中反映出来的是徵声，就应当根据玄武所代表的方位从北边去攻打敌人；如果律管中反映出来的是商声，就应当根据朱雀所代表的方位从南边去攻打敌人；如果律管中反映出来的是羽声，就应当根据勾陈所代表的方位从中央去攻打敌人；如果律管中没有回声反映，那是宫声，应当根据青龙所代表的方位从东边去攻打敌人。这就是五行生克的应验和辅佐制胜的征兆，是战争胜负的关键。”

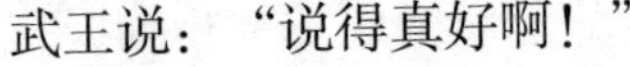

武王说：“说得真好啊！”

太公说：“微妙的音律，都有外在的征兆。”

武王问："怎样才能知道呢？"

太公说："当敌人惊动时就仔细倾听。听到击鼓的声音，那代表着角声；看见火光，那代表着徵声；听见各种兵器碰撞的声音，那代表着商声；听到敌人大声呼叫的声音，那代表着羽声；安安静静，什么声音也听不到，那代表着宫声。以上五个方面，说明所见与所闻是相一致、相吻合的。"

兵征第二十九

武王问太公说："我想在没有开战之前就先知道敌人力量的强弱，事先看出战争胜败的征兆，要做到这一点，应该怎么办呢？"

太公说："胜败的征兆，首先表现在人的精神面貌上，明智的将领能够觉察出来。但能否成功地运用这些征兆去打败敌人，关键还在人自身。严密地侦察敌人出入进退的情况，不放过他们的一举一动，注意他们谈论的吉兆和凶兆以及相互告知的事情。凡是全军高兴喜悦，士卒畏惧法令，尊重将帅的命令，相互之间都认为打败敌人可喜可贺，讲述的都是在战场上勇敢杀敌的事情，都以能在敌人威胁面前英勇不屈作为一种好的德行，这是军队战斗力强的征兆。反之，全军因多次受惊吓而行动失常，士卒们不能同心协力一致对外，相互之间都对敌人的强大感到畏惧，互相传播着对作战不利的消息，彼此之间议论纷纷，谣言四起无法平息，互相欺骗蒙蔽，不害怕法令，不尊重将领，这是军队战斗力弱的征兆。

"全军上下团结一心，阵势坚固，沟垒高深，又有狂风暴雨的便利条件，三军不待命令就开始行动，旌旗指向前方，金铎之声高扬而清澈，鼙鼓之声宛转而嘹亮，这是得到了神明的帮助，作战必将取得胜利的征兆。反之，队行不整齐，阵势不坚固，旌旗纷乱且相互缠绕，没有顺着大风大雨作战的便利条件，士卒惊恐害怕，士气衰竭且涣散，战马受惊狂奔，兵车轴木被折断，金铎之声低沉而混浊，鼙鼓之声沉闷而压抑，这是作战必定会惨败的征兆。

"凡是包围攻打城邑，如果城邑上空的气的颜色像死灰一样，那么这座城邑可以被毁灭；如果城邑上空的气出而向北流动，那么这座城邑可以被攻占；如果城邑上空的气出而向西流动，那么这座城邑必定会投降；如果城邑上空的气出而向南流动，那么这座城邑将坚固得无法摧毁；如果城邑上空的气出而向东流动，那么这座城邑将不会被攻占；如果城邑上空的气出而又入，那么守城的主将必定弃城逃亡；如果城邑上空的气出而覆盖在我军的头上，那么我军必将遭遇不测；如果城邑上空的气高高上升没有停止，那么这一定是一场持久战。只要是包围攻打城邑，如果过了十天还不打雷下雨，就必须赶快撤退，因为城中一定有得力的辅佐之人。这就是懂得了可以攻打就攻打、不能攻打就停止的道理。

武王说："讲得好极了！"

农器第三十

武王问太公说："天下太平，国家安宁，打仗用的武器，就可以不修整了吗？防守御敌的设施，就可以不修筑了吗？"

太公说："作战的武器、防卫的设施，全都是人们平时的生产、生活器具。耒耜，可以用来充当起阻碍作用的拒马和蒺藜；马车和牛车，可以用来充当起遮蔽作用的营垒和蔽橹；锄耰等农具，则可以用来充当作战用的矛戟；雨衣、雨伞和斗笠，可以充当作战用的铠甲、头盔和盾牌；䦆、锸、斧、锯、杵、臼，可以用作攻城的器械；牛、马可以用来运输粮草，鸡、狗可以用来侦察和警戒；妇女们纺织出来的东西，可用来制作旌旗；男子们平整土地的技术，可以运用到攻城之上；春天农民们割草除棘的方法，可以用来和敌人车兵、骑兵作战；夏天农民们耘田锄草的方法，可以用来同敌人步兵作战；秋天收割的庄稼和柴草，可以作为备战用的粮草；冬天粮仓里装满了粮食，战士们可以坚守阵地，和敌人长期抗战；同村同里的人，平时相编为伍，这可以用作作战时军队编组和管理的依据；宅院中有官吏，官府中有长官，他们可以充当作战时军队的将领；里与里之间修筑了围墙，相互之间不能翻越，这就是作战时队伍的划分；运输的粮食、收割的草料，就是作战时军队的后勤仓库；春秋两季修造的城郭、开挖的沟渠，可以充当战时的壁垒壕沟。所

以说作战时的一切所需，全部包含在日常的生产与生活当中。善于治理国家的人，都是从日常的生产与生活中取其所需。因此他一定鼓励人民大力养殖家畜，开垦土地，安居乐业，使得男子们有田可种，妇女们有布可织，而且达到一定的数量。这就是富国强兵的办法。”

武王说：“说得真好啊！”

【原文】

卷四　虎韬

军用第三十一

武王问太公曰：“王者举兵，三军器用，攻守之具，科品众寡，岂有法乎？”

太公曰：“大哉，王之问也！夫攻守之具，各有科品，此兵之大威也。”

武王曰：“愿闻之。”

太公曰：“凡用兵之大数，将甲士万人，法用：

“武冲大扶胥三十六乘，材士强弩矛戟为翼，一车二十四人推之，以八尺车轮，车上立旗鼓。兵法谓之震骇，陷坚陈，败强敌。

“武翼大橹矛戟扶胥七十二具，材士强弩矛戟为翼，以五尺车轮、绞车连弩自副，陷坚阵，败强敌。

“提翼小橹扶胥一百四十四具，绞车连弩自副，以鹿车轮，陷坚陈，败强敌。

“大黄参连弩大扶胥三十六乘，材士强弩矛戟为翼，飞凫、电影自副。飞凫，赤茎白羽，以铜为首；电影，青茎赤羽，以铁为首。昼则以绛缟，长六尺，广六寸，为光耀；夜则以白缟，长六尺，广六寸，为流星。陷坚陈，败步骑。

“大扶胥冲车三十六乘，螳螂武士共载，可以击纵横，可以败敌。

“辎车骑寇，一名电车，兵法谓之电击。陷坚陈，败步骑寇夜来前。

“矛戟扶胥轻车一百六十乘，螳螂武士三人共载，兵法谓之霆击。陷坚陈，败步骑。

“方首铁棓维胎，重十二斤，柄长五尺以上，千二百枚，一名天棓。大柯斧，刃长八寸，重八斤，柄长五尺以上，千二百枚，一名天钺。方首铁槌，重八斤，柄长五尺以上，千二百枚，一名天键。败步骑群寇。

“飞钩长八寸，钩芒长四寸，柄长六尺以上，千二百枚，以投其众。

“三军拒守，木螳螂剑刃扶胥，广二丈，百二十具，一名衍马。平易地，以步兵败车骑。

“木蒺藜，去地二尺五寸，百二十具。败步骑，要穷寇，遮走北。

“轴旋短冲矛戟扶胥，百二十具，黄帝所以败蚩尤氏。败步骑，要穷寇，遮走北。

“狭路、微径，张铁蒺藜，芒高四寸，广八寸，长六尺以上，千二百具。败步骑。

“突瞑来前促战，白刃接，张地罗，铺两镞蒺藜，参连织女，芒间相去二寸，万二千具。旷野草中，方胸铤矛，千二百具。张铤矛法：高一尺五寸。败步骑，要穷寇，遮走北。

“狭路、微径、地陷，铁械锁参连，百二十具。败步骑，要穷寇，遮走北。

“垒门拒守，矛戟小橹，十二具，绞车连弩自副。

“三军拒守，天罗虎落锁连，一部广一丈五尺，高八尺，百二十具。虎落剑刃扶胥，广一丈五尺，高八尺，五百二十具。

“渡沟堑，飞桥一间，广一丈五尺，长二丈以上，着转关辘轳，八具，以环利通索张之。

“渡大水，飞江广一丈五尺，长二丈以上，八具，以环利通索张之。天浮铁螳螂，矩内圆外，径四尺以上，环络自副，三十二具。以天

浮张飞江，济大海，谓之天潢，一名天舡。

“山林野居，结虎落柴营。环利铁锁，长二丈以上，千二百枚。环利大通索，大四寸，长四丈以上，六百枚。环利中通索，大二寸，长四丈以上，三百枚。环利小微缧，长二丈以上，万二千枚。

“天雨盖，重车上板，结枲组铻，广四尺，长四丈以上。车一具，以铁布弋张之。

“伐木大斧，重八斤，柄长三尺以上，三百枚；棨攫刃，广六寸，柄长五尺以上，三百枚；铜筑固为垂，长五尺以上，三百枚；鹰爪方胸铁耙；柄长七尺以上，三百枚；方胸铁叉，柄长七尺以上，三百枚；方胸两枝铁叉，柄长七尺以上，三百枚。

“芟草木大镰，柄长七尺以上，三百枚；大橹刀，重八斤，柄长六尺，三百枚；委环铁弋，长三尺以上，三百枚；椓弋大锤，重五斤，柄长二尺以上，百二十具。

“甲士万人，强弩六千，戟楯二千，矛楯二千，修治攻具、砥砺兵器巧手三百人，此举兵军用之大数也。”

武王曰：“允哉！”

三阵第三十二

武王问太公曰：“凡用兵为天阵、地阵、人阵，奈何？”

太公曰：“日月、星辰、斗杓，一左一右，一向一背，此谓天阵；丘陵、水泉亦有前后左右之利，此谓地阵；用车用马，用文用武，此谓人阵。”

武王曰：“善哉！”

疾战第三十三

武王问太公曰：“敌人围我，断我前后，绝我粮道，为之奈何？”

太公曰：“此天下之困兵也，暴用之则胜，徐用之则败。如此者，为四武冲陈，以武车骁骑，惊乱其军而疾击之，可以横行。”

武王曰：“若已出围地，欲因以为胜，为之奈何？”

太公曰："左军疾左，右军疾右，无与敌人争道；中军迭前迭后。敌人虽众，其将可走。"

必出第三十四

武王问太公曰："引兵深入诸侯之地，敌人四合而围我，断我归道，绝我粮食。敌人既众，粮食甚多，险阻又固，我欲必出，为之奈何？"

太公曰："必出之道，器械为宝，勇斗为首。审知敌人空虚之地，无人之处，可以必出。将士人持玄旗，操器械，设衔枚，夜出。勇力、飞足、冒将之士居前，平垒为军开道。材士、强弩为伏兵居后，弱卒车骑居中。陈毕徐行，慎无惊骇。以武冲扶胥前后拒守，武翼大橹以备左右。敌人若惊，勇力、冒将之士疾击而前，弱卒车骑以属其后，材士强弩隐伏而处。审候敌人追我，伏兵疾击其后，多其火鼓，若从地出，若从天下，三军勇斗，莫我能御。"

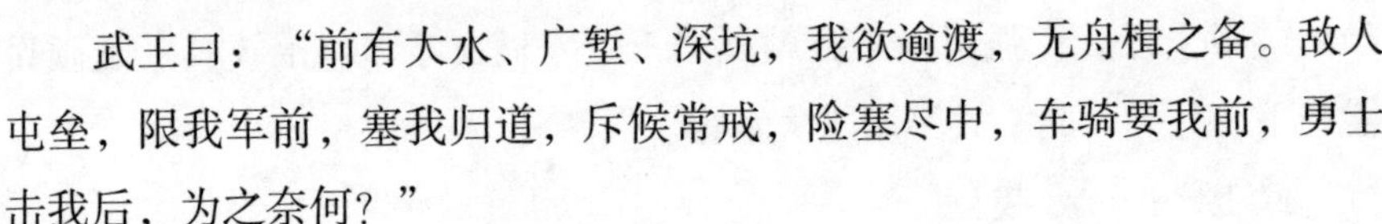

武王曰："前有大水、广堑、深坑，我欲逾渡，无舟楫之备。敌人屯垒，限我军前，塞我归道，斥候常戒，险塞尽中，车骑要我前，勇士击我后，为之奈何？"

太公曰："大水、广堑、深坑，敌人所不守，或能守之，其卒必寡。若此者，以飞江、转关与天潢以济吾军。勇力材士从我所指，冲敌绝陈，皆致其死。先燔吾辎重，烧吾粮食，明告吏士，勇斗则生，不勇则死。已出者，令我踵军设云火远候，必依草木、丘墓、险阻，敌人车骑必不敢远追长驱。因以火为记，先出者令至火而止，为四武冲陈如此，则吾三军皆精锐勇斗，莫我能止。"

武王曰："善哉！"

军略第三十五

武王问太公曰："引兵深入诸侯之地，遇深溪、大谷、险阻之水，吾三军未得毕济，而天暴雨，流水大至，后不得属于前，无有舟梁之备，又无水草之资，吾欲毕济，使三军不稽留，为之奈何？"

太公曰："凡帅师将众，虑不先设，器械不备，教不素信，士卒不

习，若此，不可以为王者之兵也。凡三军有大事，莫不习用器械。攻城围邑，则有轒辒、临冲；视城中，则有云梯、飞楼；三军行止，则有武冲、大橹前后拒守；绝道遮街，则有材士强弩，卫其两傍；设营垒，则有天罗、武落、行马、蒺藜。昼则登云梯远望，立五色旌旗；夜则设云火万炬，击雷鼓，振鼙铎，吹鸣笳；越沟堑，则有飞桥、转关、辘轳、组铻；济大水，则有天潢、飞江；逆波上流，则有浮海、绝江。三军用备，主将何忧！”

临境第三十六

武王问太公曰：“吾与敌人临境相拒，彼可以来，我可以往，阵皆坚固，莫敢先举。我欲往而袭之，彼亦可来，为之奈何？”

太公曰：“分兵三处：令我前军，深沟增垒而无出，列旌旗，击鼙鼓，完为守备；令我后军，多积粮食，无使敌人知我意；发我锐士潜袭其中，击其不意，攻其无备。敌人不知我情，则止不来矣。”

武王曰：“敌人知我之情，通我之谋，动则得我事，其锐士伏于深草、要隘路，击我便处，为之奈何？”

太公曰：“令我前军，日出挑战，以劳其意；令我老弱，曳柴扬尘，鼓呼而往来；或出其左，或出其右，去敌无过百步，其将必劳，其卒必骇。如此，则敌人不敢来。吾往者不止，或袭其内，或击其外，三军疾战，敌人必败。”

动静第三十七

武王问太公曰：“引兵深入诸侯之地，与敌之军相当，两阵相望，众寡强弱相等，未敢先举。吾欲令敌人将肿恐惧，士卒心伤，行阵不固，后陈欲走，前陈数顾；鼓噪而乘之，敌人遂走，为之奈何？”

太公曰：“如此者，发我兵去寇十里而伏其两旁，车骑百里而越其前后，多其旌旗，益其金鼓。战合，鼓噪而俱起，敌将必恐，其军惊骇，众寡不相救，贵贱不相待，敌人必败。”

武王曰：“敌之地势，不可伏其两旁，车骑又无以越其前后，敌知我虑，先施其备，我士卒心伤，将帅恐惧，战则不胜，为之奈何？”

太公曰：“微哉，王之问也！如此者，先战五日，发我远候，往视其动静，审候其来，设伏而待之。必于死地，与敌相遇，远我旌旗，疏我行陈，必奔其前，与敌相当。战合而走，击金而止，三里而还，伏兵乃起，或陷其两旁，或击其前后，三军疾战，敌人必走。”

武王曰：“善哉！”

金鼓第三十八

武王问太公曰：“引兵深入诸侯之地，与敌相当，而天大寒甚暑，日夜霖雨，

旬日不止，沟垒悉坏，隘塞不守，斥候懈怠，士卒不戒。敌人夜来，三军无备，上下惑乱，为之奈何？”

太公曰：“凡三军以戒为固，以怠为败。令我垒上，谁何不绝，人执旌旗，外内相望，以号相命，勿令乏音，而皆外向。三千人为一屯，诫而约之，各慎其处。敌人若来，视我军之警戒，至而必还，力尽气怠，发我锐士，随而击之。”

武王曰：“敌人知我随之，而伏其锐士，佯北不止，过伏而还，或击我前，或击我后，或薄我垒。吾三军大恐，扰乱失次，离其处所，为之奈何？”

太公曰：“分为三队，随而追之，勿越其伏，三队俱至，或击其前后，或陷其两旁，明号审令，疾击而前，敌人必败。”

绝道第三十九

武王问太公曰：“引兵深入诸侯之地，与敌相守，敌人绝我粮道，又越我前后。吾欲战则不可胜，欲守则不可久，为之奈何？”

太公曰：“凡深入敌人之地，必察地之形势，务求便利。依山林、险阻、水泉、林木而为之固，谨守关梁；又知城邑、丘墓地形之利。如是，则我军坚固，敌人不能绝我粮道，又不能越我前后。”

武王曰：“吾三军过大林、广泽、平易之地，吾盟误失，率与敌

人相薄，以战则不胜，以守则不固，敌人翼我两旁，越我前后，三军大恐，为之奈何？”

太公曰：“凡帅师之法，当先发远候，去敌二百里，审知敌人所在。地势不利，则以武冲为垒而前，又置两踵军于后，远者百里，近者五十里，即有警急，前后相救。吾三军常完坚，必无毁伤。”

武王曰：“善哉！”

略地第四十

武王问太公曰：“战胜深入，略其地，有大城不可下，其别军守险与我相拒。我欲攻城围邑，恐其别军卒至而击我，中外相合击我表里，三军大乱，上下恐骇，为之奈何？”

太公曰：“凡攻城围邑，车骑必远，屯卫警戒，阻其外内。中人绝粮，外不得输，城人恐怖，其将必降。”

武王曰：“中人绝粮，外不得输，阴为约誓，相与密谋；夜出，穷寇死战，其车骑锐士或冲我内，或击我外，士卒迷惑，三军败乱，为之奈何？”

太公曰：“如此者，当分军为三军，谨视地形而处，审知敌人别军所在，及其大城别堡，为之置遗缺之道，以利其心，谨备勿失。敌人恐惧，不入山林，即归大邑。走其别军，车骑远要其前，勿令遗脱。中人以为先出者得其径道，其练卒材士必出，其老弱独在。车骑深入长驱，敌人之军必莫敢至。慎勿与战，绝其粮道，围而守之，必久其日。无燔人积聚，无坏人宫室，冢树社丛勿伐，降者勿杀，得而勿戮，示之以仁义，施之以厚德，令其士民曰：‘罪在一人。’如此，则天下和服。”

武王曰：“善哉！”

火战第四十一

武王问太公曰：“引兵深入诸侯之地，遇深草蓊秽，周吾军前后左右，三军行数百里，人马疲倦休止。敌人因天燥疾风之利燔吾上风，车骑锐士坚伏吾后，吾三军恐怖，散乱而走，为之奈何？”

太公曰："若此者，则以云梯、飞楼远望左右，谨察前后，见火起，即燔吾前而广延之，又燔吾后。敌人若至，则引军而却。按黑地而坚处，敌人之来，犹在吾后，见火起，必还走。吾按黑地而处，强弩材士卫吾左右，又燔吾前后。若此，则敌不能害我。"

武王曰："敌人燔吾左右，又燔吾前后，烟覆吾军，其大兵按黑地而起，为之奈何？"

太公曰："若此者，为四武冲阵，强弩翼吾左右，其法无胜亦无负。"

垒虚第四十二

武王问太公曰："何以知敌垒之虚实自来自去？"

太公曰："将必上知天道，下知地理，中知人事。登高下望，以观敌之变动；望其垒，即知其虚实；望其士卒，则知其去来。"

武王曰："何以知之？"

太公曰："听其鼓无音，铎无声，望其垒上多飞鸟而不惊，上无氛气，必知敌诈而为偶人也。敌人卒去械，未定而复返者，彼用其士卒太疾也。太疾则前后不相次；不相次则行阵必乱。如此者，急出兵击之，以少击众，则必胜矣。"

【译文】

军用第三十一

武王问太公说："君王发动战争，全军所用的武器装备和攻守的划分和数量的多少，难道有一定的标准吗？"

太公说："君王您所问的可不是个小问题。就拿攻守的器械来繁多，而且用法各异，这可是关系到军队威力的大事。"

武王说："我想听听这方面的详细内容。"

太公说："凡是领兵作战，所使用的武器装备都有个大概的标准。如果统率士兵达到万人，那么按照标准应配置的武器装备有：

“武冲大扶胥战车三十六辆，让勇武之士手执强弓、劲弩、长矛、铁戟护卫在战车两侧，每辆车用二十四人推行，其车轮的高度为八尺，车上没有旌旗和战鼓。按照兵法上所说，这种车辆被称为‘震骇’，它可以用来攻破坚固的敌阵，击败强大的敌人。

“武翼大橹矛戟扶胥战车七十二辆，同样以勇武之士手执强弓、劲弩、长矛、铁戟护卫在两侧，这种车装置有五尺高的车轮，并附设有用绞车发射的连弩，它可以用来攻破坚固的敌阵，击败强大的敌军。

“提翼小橹扶胥战车一百四十四辆，并附设有用绞车发射的连弩。这是一种用人力推挽的小车，可以用来攻破坚固的敌阵，击败强大的敌军。

“大黄参连弩大扶胥三十六辆，以勇武之士手执强弓、劲弩、长矛、铁戟护卫左右，并附设飞凫和电影两种旗帜。飞凫用红色的杆、白色的羽制成，用铜做旗杆头；电影用青色的杆、红色的羽制成，用铁做旗杆头。白天就用红色的丝绢做旗子，长六尺，宽六寸，称之为‘光耀’；晚上就用白色的丝绢做旗子，长六尺，宽六寸，称之为‘流星’。这种战车可以用来攻破坚固的敌阵，击败其步兵和骑兵。

“大扶胥冲车三十六辆，车上载有骁勇善战的武士，可以用来纵横冲击，打败敌人。

“辎车骑寇，又名‘电车’，兵法上称之为‘电击’，这种战车可以用来攻破坚固的敌阵，打败敌人步兵和骑兵的夜袭。

“矛戟扶胥轻车一百六十乘，每辆车上载有骁勇善战的武士三人，兵法上称之为‘霆击’，可以用它来攻破坚固的敌阵，打败敌人的步兵和骑兵。

“方首铁棓维胎，又名‘天棓’，重达十二斤，柄长五尺以上，共设置一千二百把。大柯斧，又名‘天钺’，刀刃长达八寸，重八斤，柄长五尺以上，也设置一千二百把。方首铁槌，又名‘天槌’，重八斤，柄长五尺以上，同样也设置一千二百把，这三种武器都可以用来击败敌军成群的步兵和骑兵。

“飞钩长八寸，钩芒长四寸，柄长六尺以上，共准备一千二百枚，可以用它来投掷杀伤敌人。

“当军队严密防守时，应使用‘木螳螂剑刃扶胥’，长度为二丈，共设置一百二十具，它的另一个名称叫‘行马’。在地势平坦开阔的地方，步兵可以用它来打败敌人的战车和骑兵。

“木蒺藜，安插时应距离地面二尺五寸，共一百二十具，可以用来击败敌人的步兵和骑兵，拦截走投无路的敌兵，阻遏撤退逃跑的残寇。

“轴旋短冲矛戟扶胥战车一百二十辆，黄帝就是使用这种战车打败了蚩尤氏。它可以用来击败敌人的步骑，搓截走投无路的敌兵，阻遏撤退逃跑的残寇。

“在一些狭窄的小路上，可以布设铁蒺藜，其刺长四寸，宽八寸，每具长六尺以上，共设置一千二百具，可以用它来击败敌人的步骑。

“敌人趁着天色昏暗来突袭我军，白刃相接，这时应该张设地罗之网，布撒两镞蒺藜和参连织女等障碍物，芒刺之间的距离为二寸，共布设一万二千具。在旷野深草地区作战，要配置方胸铤矛共一千二百具，布设方胸铤矛的方法，是使它高出地面一尺五寸。这些器械，都可以用来击败敌人的步骑，拦截走投无路的敌兵，阻遏撤退逃跑的残寇。

“在一些狭窄的小路和低陷的地形上，可以张设铁械锁参连，共一百二十具。它可以用来击败敌人的步骑，拦截走投无路的敌兵，阻遏撤退跳跑的残寇。

“如果守卫军营营门，就可使用矛戟小橹十二具，并附带设置用绞车发射的连弩。

“如果军队进行守御，就应设置天罗虎落锁连，每部宽一丈五尺，高八尺，共准备一百二十具。此外，还需设置虎落剑刃扶胥，每具宽一丈五尺，高八尺，共准备五百二十具。

“跨越沟堑，则要装备飞桥，每架宽一丈五尺，长二丈以上，上面装有转关辘轳，一共八具，用铁环和长绳架设。

“横渡大河，则要装备飞江，宽一丈五尺，长二丈以上，共计八具，用铁环和长绳架设。天浮和铁螳螂，外部是矩形，内部呈圆形，直径超过了四尺，并附设有联结用的铁环和绳索，共计三十二具。

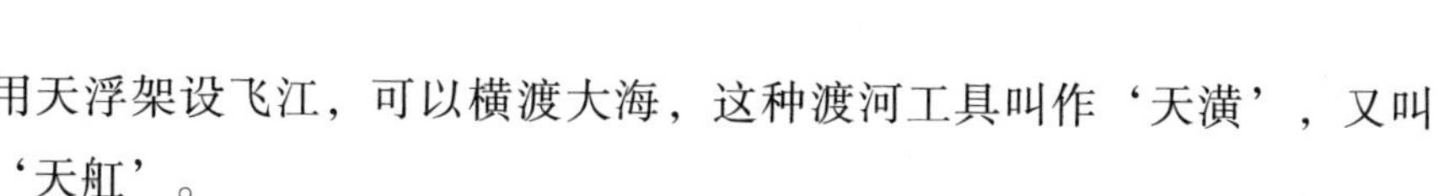

用天浮架设飞江，可以横渡大海，这种渡河工具叫作‘天潢’，又叫‘天舡’。

“如果军队在山林旷野地区扎营，应结筑虎落柴营，用铁环长绳相联结，每条长两丈以上，共需一千二百条。带铁环的粗大绳索，铁环直径为四寸，绳长四丈以上，共计六百条；带铁环的中号绳索，铁环直径为二寸，绳长四丈以上，共计三百条。小号绳索，绳长二丈以上，共计一万二千条。

“天下雨的时候，辎重车要盖上车顶板，板上锲刻齿槽，使它能与车子互相契合，每副木板宽为四尺，长度在四丈以上，每辆车配置一对，并用铁杙加以固定。

“砍伐树木用的大斧子，重达八斤，柄长三尺以上，共三百枚。棨镢，刃宽六寸，柄长五尺以上，共三百枚。铜筑固为垂，长五尺以上，共三百把。鹰爪方胸铁耙，柄长七尺以上，共三百把。方胸铁叉，柄长七尺以上，共三百把。方胸两枝铁叉，柄长七尺以上，共三百把。

“剪除草木用的大镰刀，柄长七尺以上，共三百把。大橹刀，重为八斤，柄长七尺，共三百把。带环的铁橛，长三尺以上，共三百把。钉铁橛用的大铁链，重为五斤，柄长二尺以上，共一百二十把。

“军队万人，需要装备强弩六千张，戟和大盾两千套，矛和盾两千套，还需要配备修理攻城器械和磨砺兵器的能工巧匠共三百人。以上就是兴师作战时所需要的武器装备的大概数目。”

武王说：“的确像你所说的这样啊！”

三阵第三十二

武王问太公说：“只要是用兵打仗，一般都会布设所谓的天阵、地阵和 人阵，请问这是怎么一回事呢？”

太公解释说：“根据日月、星辰、北斗星在我前后左右的具体运行位置来布阵，这就是所谓的天阵；利用丘陵、水泽等地形条件来布阵，就是所谓的地阵；根据所使用的车、马等武器装备来布阵，还有根据部队的实际情况或者采用政治诱降或者采用武力夺取等不同战法来布阵，都是所谓的人阵。”

武王说：“讲得好！”

疾战第三十三

武王问太公说：“敌人包围了我军，切断了我军与外界的联系，断绝了我军运送粮草的通路，处在这种情况下，应该怎么办呢？”

太公说：“这就是天下处境最为困难的军队，只有迅速突围才能摆脱不利处境，行动迟缓只会招致最后的失败。突围的具体做法是，让军队排列成四武冲阵的队形，凭借战车和骁勇善战的骑兵，使敌人受到惊吓，陷入混乱之中，而我军正好借此机会发动突然袭击，这样就能够突出重围，畅通无阻了。”

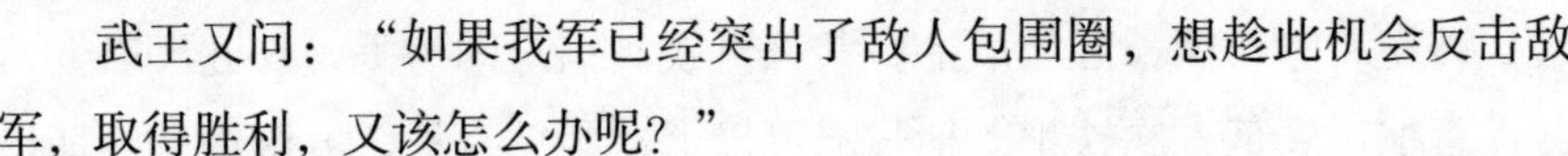

武王又问：“如果我军已经突出了敌人包围圈，想趁此机会反击敌军，取得胜利，又该怎么办呢？”

太公说：“我军左边的军队迅速向敌人的左翼发起攻击，右边的军队迅速向敌人的右翼发起攻击，不要和敌人争夺道路；同时中部的军队或前或后地轮番向敌人发动攻势。这样敌军虽然人数众多，但是仍将被打败。”

必出第三十四

武王问太公说：“率领军队深入到别国诸侯境内，敌人从四面八方将我军团团围住，切断了我军的退路，断绝了我军的粮道。敌军不仅人数众多，而且粮食准备得也很充足，同时还占据着有利的地形，防守十分牢固。尽管条件非常险恶，但我军一定要突出重围，请问应该怎样做呢？”

太公说：“要想突出包围，武器装备至关重要，而英勇战斗则是首要条件。仔细探察敌人防守空虚、兵力薄弱的地方，然后乘虚而入，就能够突出包围。突围时，将领和士兵每人手持黑色的旗帜，拿着器械，口中衔枚，趁着夜幕降临开始行动。挑选一些勇武有力、行步如飞、勇往直前的将士担任开路先锋，攻占敌军的营垒，为我军打开通道；挑选一些勇武之士手执强弓劲弩担任伏兵，在后面掩护大部队进攻；而让士

卒中的老弱病残者和战车、骑兵在中间行进。阵势部署完毕后就可以开始突围，注意一定要从容不迫，谨慎小心，不要惊慌害怕，以免引起骚乱。突围时可使用武冲扶胥战车前后护卫，使用武翼大橹，战车左右守备。敌人一旦有所察觉，我勇敢有力的先头部队就迅速发起突击，向前推进，老弱病残者和战车、骑兵则跟在他们的后面，而那些手执强弓劲弩的勇武之士则埋伏起来，让敌人丝毫也不能察觉。当侦察清楚是敌兵前来追击我军之时，埋伏的士兵就迅猛地攻击他的后方，并摇动火把敲击战鼓以扰乱敌人的视听。一时之间，我军将士仿佛从地而出，从天而降，同敌人奋力拼杀，敌人也就无法抵挡得住我军的突围。"

武王接着问："前面有大河、宽堑、深坑，我军想摆渡过去，可事先又没有准备好船桨。敌人聚集兵力修筑营垒，前面有敌兵阻止我军前进，后面有敌兵切断了我军的退路，敌人的哨兵始终戒备森严，险要的地形又全都被敌军所占掘。而且敌人的战车、骑兵在前面拦截，敌军中的亡命之徒又在后面追击。如果遇到这种情况，那又该如何应对呢？"

太公说："一般说来，大河、宽堑和深坑是敌人所不设防的，即使有时派人防守，守兵也不会多。像这种情况，就可以用飞江、转关和天潢等浮桥或船只使我军渡过河去。勇敢的将士们听从主将的指挥，冲锋陷阵，杀得敌人落花流水，片甲不留。激战前，要先焚毁我军的辎重和粮食，明确地告诉全军将士，奋勇作战就有生还的希望，畏缩怯战只能是死路一条。突围成功之后，命令我军后卫部队设置烟火信号，并在远处侦察。同时，一定要占领丛林、坟墓等险阻地形，这样，敌人的战车骑兵就一定不敢长驱远追了。之所以用火作为信号，是指示那些先期突围的士卒到有火的地方集中，以组成四武冲阵的队形。这样，我军就会成为一支精锐之师、勇猛之师，敌人再也无法阻挡了。"

武王赞叹道："说得好啊！"

军略第三十五

武王问太公说："率领军队深入敌国境内，遇到了深溪、大谷和难以渡过的河流。我军人马还没有全部摆渡过去，这时天忽然下起了大雨，洪水滔滔涌来，前后的队伍被水隔断。既没有备用的渡船和桥梁，又缺少堵水用的干苹等物资，面临这样一种困境，我想让所有人马都摆渡过去，以免整个部队停留太久，请问该怎么办呢？”

太公说：“凡是率军出征，战前不做周密的计划部署，事先不预备好各种器械，平时的训练没有一一落实，士卒们对于作战技术感到生疏，凡此种种，都不是王者之师应有的表现。军队要打仗，没有不训练士兵熟练地使用各种器械的。如围攻城邑，就要用到轒辒、临冲等攻城战车；监视城内敌人的动静，就用云梯和飞楼；军队前进和驻扎，就用武冲、大橹等战车在前后掩护；阻断道路交通，就派勇武之士手执强弓劲弩守卫在道路两侧；修筑营垒，就要用到天罗、武落、行马、蒺藜。白天就登上云梯向远处眺望，并树起五色旌旗报告敌情；夜晚就点起很多的云火，并击响雷鼓，敲击鼙鼓，摇动大铎，吹响鸣笳，作为指挥信号；翻越沟堑，就用飞桥、转关、辘轳、鉏铻；横渡大河，就用天潢、飞江；逆流而上，就用浮海、绝江。全军所需的用具都已准备妥当，主将还有什么可担忧的呢！”

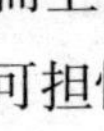

临境第三十六

武王问太公说：“我军和敌军在国境线上相互对峙，敌军可以打过来，我军也可以攻过去，双方的阵势都很坚固，谁也不敢轻举妄动。我想去袭击敌人，可又担心敌人来袭击我军，碰到这样的情形，应该如何处理呢？”

太公说：“最好的办法就是把我军分为三个部分：指挥前军深挖战壕，高筑壁垒，但不要出战，而是布列旌旗，敲击鼙鼓，为防卫做好准备；命令我方后军，多多储存粮食，不要让敌人摸清了我军的企图；然后，出动我方的精锐部队——中军，偷袭敌军的指挥中心，出其不意，攻其不备。敌人不了解我军的真实情况，就会止步不前，不敢进行反攻了。”

武王接着发问：“假如敌人掌握了我军的情况，洞察了我军的企图，我军一有行动，敌人就清楚我们要做什么，于是派遣他的精兵良将埋伏在草木茂盛的地带，在一些狭窄的路口拦截我军，占据有利的地形

攻打我军，那又该怎么办呢？”

太公说：“命令我方前军，每天出去挑战，以使敌人的斗志懈怠；命令我军那些年老体弱的士卒，一边拖着柴草奔跑，使尘土飞扬，迷惑敌人，一边擂鼓呐喊，你跑过来我跑过去，以壮大声势；挑战时我军有时从敌军的左边冒出来，有时又从敌人的右边冒出来，且与敌人相距不超过百步。我军的骚扰一定令敌将疲惫劳累，使敌兵惊恐不安。这样，敌人就不敢来进犯我军。我军如此不断地袭扰敌人，或者袭击他的内部，或者袭击他的外部，这时全军再迅猛出击，那么敌人必败无疑。”

动静第三十七

武王问太公说：“率领军队深入到敌国境内，我军和敌军人数相等、力量相当，可以说势均力敌，双方互相对峙着，谁也不敢轻举妄动。我想使敌军将帅心怀恐惧，敌军士卒情绪低落，军队行列不能稳固，后面的人想逃跑，前面的人不断回头张望；再趁此机会擂鼓呐喊向敌人发动攻势，敌人于是溃不成军。请问要做到这一步，应该怎么办呢？”

太公回答说：“想做到这样，就须派遣我军士卒到与敌人相距十里的地方，并在道路两侧设下埋伏，再派遣战车和骑兵到百里之外，迂回到敌军阵营的前后，并命令各部队多备旌旗，增设金鼓。等到两军一交战，就擂鼓呐喊，各路人马一起向敌人发起攻势。在这种情况下，敌军将领必然心怀恐惧，敌军士卒也一定惊慌害怕，以致大小部队互不救援，官兵之间自顾不暇。如此，敌人必败无疑。”

武王又问：“如果敌军所处的地势，不利于我军埋伏在其两旁，战车和骑兵又无法迂回到敌军阵营的前后，而敌人明了我军的意图，预先就做好了准备。这种种情形使我军士卒情绪低落，将帅心怀恐惧，如果交战一定不可能取得胜利。碰到这种情况，又该如何处理呢？”

太公说：“君王您问得真是精妙呀！像这种情况，就在交战的前五天，派遣我军的哨兵，去偷窥敌人的情况，仔细侦察出敌军准备向我进犯的蛛丝马迹，然后设下埋伏等待他。一定要选择那些敌人无处逃生的地理位置来和他交战，疏散我军旌旗，拉开我军队伍的间距，并以与敌人相当的兵力向敌军发起攻势。双方刚一交战，我军就假装逃跑，听到收兵的锣声就马上停止，后退到距离敌人三里开外又猛杀一个回马枪。这时，早就埋伏在那里的士兵乘机而起，有的攻打敌人两侧，有的袭击敌人前后，全军将士奋勇作战，敌人一定兵败逃走。”

武王说：“讲得好啊！”

金鼓第三十八

武王问太公说：“率领军队深入敌国境内，敌我双方兵力相当。正好碰上寒冬腊月或酷暑时节，或者倾盆大雨夜以继日下了整整十天，仍不见停止，以致战壕营垒全部塌毁。我险要的关口难以守卫，侦察兵松懈懒散，士兵们放松警戒。夜晚，敌人乘机前来袭击，全军上下毫无准备，整个阵营一片混乱，请问碰到这种情况应该怎么办呢？”

太公说：“无论什么军队，只要加强戒备就能固不可摧，倘若放松警惕就会招致失败。因此下令我军营垒之上，口令问答声不绝于耳。哨兵们手拿旌旗，进行营垒内外信号的传递，通过号令互相联络，传递命令，不要让传令之声停止。而且使士卒们全部面向敌人，以便随时投入战斗。每三千人编为一屯，警告他们并且严格地管束他们，使每个人都能小心谨慎地做好自己的防守工作。敌人如果前来进犯，看到我军戒备森严，就算到了我军阵前也必因害怕而撤退。趁着敌人力气衰竭士气低落之时，出动我军的精锐部队跟踪追击，将敌人一举歼灭。”

武王接着问：“如果敌人探知我军紧随其后，于是事先埋伏下精锐部队，然后，假装撤兵不止以诱我深入。等到我军进入其埋伏圈时，敌人就掉转头来配合其伏兵向我反击，有的袭击我军前方，有的袭击我军后方，有的逼近我军营垒，搞得我军上下大为恐慌，乱成一团，士卒们纷纷擅离职守，碰到这种情况又该怎么办呢？”

太公说：“可以把我军分为三队，分头跟踪追击敌人，但千万不要走进了敌人的埋伏圈。等到三队人马会合之后，有的攻打敌人的前后，有的攻击敌人的两侧，并严明号令，使士卒迅猛出击，一往无前。这样，敌人就一定会被打败。”

绝道第三十九

武王问太公说："率领军队深入敌国境内，敌我双方相互对峙、彼此抗衡。敌人截断了我军运输粮食的通道，又迂回到我军侧后，从前后两面对我军实施夹击。我军想攻又无法取胜，想守又不可能长久，碰到这样的情况，该怎么处理呢？"

太公说："只要是深入到敌国境内作战，一定要观察清楚地理形势，务必先占领有利的地形，凭借山林、险阻、水泉、林木以求得阵势的稳固。在一些关口、桥梁处严加防范，对城邑、坟墓等地形的便利也应了然于心。做到了以上几点，那么我军就能坚不可摧。敌人既无法切断我军的粮道，又无法迂回到我军的后方，不能从前后两面夹击我方。"

武王又问："当我军通过高大茂密的丛林、广阔无边的沼泽、平坦开阔的地方时，我们的盟军由于误时没有及时赶到，我们突然与敌人狭路相逢。想进攻恐怕不能取胜，想防守又担心不能坚固，就在进退两难的时候，敌人又从两旁包抄过来，将我军两侧团团围住。他们同时还迂回到我军前后，从前后两面实施夹击，这使得全军上下大为恐慌，对此又该如何处理呢？"

太公回答说："大凡率军作战的方法，应当事先派遣侦察人员，在距离敌人二百里的地方，详细了解敌人所在的地理位置。如果地形对我军不利，就用武冲车结成营垒向前推进，同时安排两支后卫军跟随其后。两者的间距远的可达百里，近的则为五十里，一旦发生什么紧急情况，前后即可互相救援。我军若能经常保持这种完善而坚固的部署，就一定不会遭受伤亡和失败了。"

武王说："讲得好啊！"

略地第四十

武王问太公说："我军乘胜追击到敌国境内，夺取了他们的土地，但还有大城未能攻下，城外另有敌军占据着险要的地理位置，同我军相顽抗。我军想要围攻城邑，又担心城外的敌军突然逼近向我发起进攻，与城内的敌人里应外合，对我形成两面夹攻之势，致使我全军上下一片混乱、惊恐万状。遇到这种情况，应该怎样处理呢？”

太公说：“但凡围攻城邑，一定要将战车和骑兵安置到离城较远的地方，屯兵守卫并严加防范，隔断城内外敌人之间的联系。这样相持到一定的时间，城内的敌人粮食断绝，而城外的敌人又无法给他们运送粮食，这就会使城内的守军心生恐惧，他们的将领就一定会投降。”

武王问：“城内的敌人粮食断绝，城外的粮食又无法运送进去，两边的敌人就会暗中联系，约定时间并立下誓言，密谋突围。选定某一天晚上，这些走投无路的敌人趁着夜色杀出城去，与我军展开了殊死搏斗。他们的战车、骑兵及精锐部队，有的向我军内部发起了冲击，有的向我军外围发起了进攻，士卒们一下子六神无主，慌了手脚，全军上下一片混乱，敌人眼看就要反败为胜。碰到这种情况，又该怎么办呢？”

太公说：“像这种情况，就应该将我军分为三个部分，仔细察看地形，选择有利的位置来驻扎。详细了解敌人城外部队所在的位置以及那些还未攻陷的城市、堡垒的情况，故意给敌人留下一条活路，以引诱城内守军外逃。但一定要小心戒备，防止敌人逃跑。因为突围的敌军慌乱恐惧，他们不是想逃入深山老林，就是想撤向其他城邑。所以我军首先要赶走敌人城外的部队，接着出动战车和骑兵，在距城较远的地方阻击那些先突围的敌人，一个也不要让他们逃脱。这样，被围困在城中的敌军就会误以为其先头部队已经突围成功，打通了一条逃跑的道路，他们的精兵强将就一定会继续突围出城，城内只留下一些年老体弱的士卒。这时，我军的战车和骑兵长驱直入，直捣敌营，敌人的守城部必定不敢继续突围。但千万注意不要马上同敌人交战，而应该断绝其粮道，将敌人围困在城中。时间一长，敌人必然投降。攻占敌军城邑之后，不要焚烧储备的粮食，不要毁坏百姓的房屋，坟地的树木和庙祠的丛林不可砍伐，已经投降的敌军士卒不可杀戮，被俘的敌人不可任意地侮辱惩罚。要向他们表示仁爱，要对他们施加恩惠，还应向敌国军民郑重宣告：‘所有罪责都归咎于无道君主一人身上。’这样，天下就会心悦诚服了。”

武王说：“说得好极了！”

火战第四十一

武王问太公说："率领军队深入到敌国境内，碰上生长茂盛的荒草遍布在我军的四周，我们的队伍已行军数百里，人马都非常疲乏劳累，迫切地需要休整。而敌人却乘着天气干燥、风速很快的便利条件，在我军上风处放火，又派其战车、骑兵和精锐部队，在我军后方重兵埋伏，致使我三军混乱，纷纷逃窜。遇到这种情况，应该如何处理呢？"

太公说："在这种情况下，应该架起云梯、飞楼，登高远望，仔细观察前后左右有什么异常情况发生。一旦发现敌人在我前方点火，我军也立刻在自己前方点火以使火烧成一片；同时又在我军后方点火以便烧出一块空地，这样敌人的火攻就无法发挥作用。敌人如果攻打过来，我军就率领队伍撤退到那块黑黑的空地上坚守。前来进攻的敌人此时落在我军后面，看到火起，必定退走。我军凭借这块黑黑的空地来布兵设阵，派手执强弓劲弩的勇武之士护卫在我军左右两侧，又继续焚烧我军前后的荒草。这样，敌人就不能加害于我了。"

武王又问："敌人既在我军左右放火，又在我军前后放火，滚滚浓烟覆盖了我军阵地。敌人的主力部队趁此机会向我军据守的空地发起突袭，对此又该怎么办呢？"

太公说："遇到这种情况，应当把我军结成四武冲阵的队形，同时让手执强弓劲弩的勇武之士护卫在左右两侧。这种办法虽然不能取得胜利，但也不会导致失败。"

垒虚第四十二

武王问太公说："用什么办法可以知道敌人营垒的虚实和敌军调遣兵力的情况呢？"

太公说："作为一军的统帅，必须上知天道，下知地理，中知人事。登上高处往下望，来观察敌情的变化；眺望敌人的营垒，就可知道其内部的虚实；观察敌方士卒的动态，就可知道敌军兵力调遣的情况。"

武王追问："怎么才能知道这些事情呢？"

太公说："如果听不到敌营里传出鼓声，也听不到大铃声，又看到敌军营垒上空有许多鸟儿在飞翔而且一点儿也不恐惧，空中也没有飞扬的尘土，那么可以断定敌人是在用假人欺骗我们，这座营垒实际上是座空营。如果敌人仓猝撤兵不久，惊魂未定又急匆匆地返回，就说明敌人调动兵力过于忙乱。调兵太忙乱，前后的士卒就不能按顺序排列；不能按顺序排列，那么行列阵势就必然混乱。在这种情况下，我军可快速出兵去攻打敌人，即使是以少攻多，也一定会取得胜利。"

【原文】

卷五　豹韬

林战第四十三

武王问太公曰："引兵深入诸侯之地，遇大林，与敌分林相拒。吾欲以守则固，以战则胜，为之奈何？"

太公曰："使吾三军分为冲陈，便兵所处，弓弩为表，戟楯为里，斩除草木，极广吾道，以便战所；高置旌旗，谨敕三军，无使敌人知吾之情，是谓林战。林战之法：率吾矛戟，相与为伍；林间木疏，以骑为辅；战车居前，见便则战，不见便则止；林多险阻，必置冲陈，以备前后；三军疾战，敌人虽众，其将可走；更战更息，各按其部，是谓林战之纪。"

突战第四十四

武王问太公曰："敌人深入长驱，侵掠我地，驱我牛马；其三军大至，薄我城下，吾士卒大恐，人民系累为敌所虏。吾欲以守则固，以战则胜，为之奈何？"

太公曰："如此者，谓之突兵，其牛马必不得食，士卒绝粮，暴击而前。令我远邑别军，选其锐士，疾击其后；审其期日，必会于晦。三军疾战，敌人虽众，其将可虏。"

武王曰："敌人分为三四，或战而侵掠我地，或止而收我牛马，其大军未尽至，而使寇薄我城下，致吾三军恐惧，为之奈何？"

太公曰："谨候敌人未尽至，则设备而待之。去城四里而为垒，金鼓旌旗，皆列而张，别队为伏兵；令我垒上多积强弩，百步一突门，门有行马，车骑居外，勇力锐士隐伏而处。敌人若至，使我轻卒合战而佯走。令我城上立旌旗，击鼙鼓，完为守备。敌人以我为守城，必薄我城下。发吾伏兵，以冲其内，或击其外。三军疾战，或击其前，或击其后。勇者不得斗，轻者不及走。名曰突战。敌人虽众，其将必走。"

武王曰："善哉！"

敌强第四十五

武王问太公曰："引兵深入诸侯之地，与敌人冲军相当，敌众我寡，敌强我弱，敌人夜来，或攻吾左，或攻吾右，三军震动。吾欲以战则胜，以守则固，为之奈何？"

太公曰："如此者，谓之'震寇'。利以出战，不可以守。选吾材士强弩，车骑为之左右，疾击其前，急攻其后，或击其表，或击其里，其卒必乱，其将必骇。"

武王曰："敌人远遮我前，急攻我后，断我锐兵，绝我材士，吾内外不得相闻，三军扰乱，皆散而走，士卒无斗志，将吏无守心，为之奈何？"

太公曰："明哉！王之问也。当明号审令，出我勇锐冒将之士，人操炬火，二人同鼓，必知敌人所在。或击其表，或击其里，微号相知，令之灭火，鼓音皆止，中外相应，期约皆当，三军疾战，敌必败亡。"

武王曰："善哉！"

敌武第四十六

武王问太公曰："引兵深入诸侯之地，卒遇敌人，甚众且武，武车骁骑绕我左右，吾三军皆震，走不可止，为之奈何？”

太公曰：“如此者，谓之‘败兵’。善者以胜，不善者以亡。”

武王曰：“为之奈何？”

太公曰：“伏我材士强弩，武车骁骑为之左右，常去前后三里，敌人逐我，发我车骑，冲其左右。如此，则敌人扰乱，吾走者自止。”

武王曰：“敌人与我车骑相当，敌众我少，敌强我弱，其来整治精锐，吾阵不敢当，为之奈何？”

太公曰：“选我材士强弩，伏于左右，车骑坚阵而处。敌人过我伏兵，积弩射其左右，车骑锐兵疾击其军，或击其前，或击其后，敌人虽众．其将必走。”

武王曰：“善哉！”

乌云山兵第四十七

武王问太公曰：“引兵深入诸侯之地，遇高山磐石，其上亭亭，无有草木，四面受敌，吾三军恐惧，士卒迷惑。吾欲以守则固，以战则胜，为之奈何？”

太公曰：“凡三军处山之高，则为敌所栖；处山之下，则为敌所囚。既以被山而处，必为乌云之阵。乌云之阵，阴阳皆备，或屯其阴，或屯其阳。处山之阳，备山之阴；处山之阴，备山之阳。处山之左，备山之右；处山之右，备山之左。其山，敌所能陵者，兵备其表，衢道通谷，绝以武车，高置旌旗，谨敕三军，无使敌人知吾之情，是谓山城。行列已定，士卒已陈，法令已行，奇正已设，各置冲阵于山之表，便兵所处，乃分车骑为乌云之阵。三军疾战，敌人虽众，其将可擒。”

乌云泽兵第四十八

武王问太公曰：“引兵深入诸侯之地，与敌人临水相拒。敌富而众，我贫而寡，逾水击之则不能前，欲久其曰则粮食少。吾居斥卤之地，四旁无邑，又无草木，三军无所掠取，牛马无所刍牧，为之奈何？”

太公曰："三军无备，牛马无食，士卒无粮，如此者，索便诈敌而亟去之，设伏兵于后。"

武王曰："敌不可得而诈，吾士卒迷惑，敌人越我前后，吾三军败乱而走，为之奈何？"

太公曰："求途之道，金玉为主，必因敌使，精微为宝。"

武王曰："敌人知我伏兵，大军不肯济，别将分队以逾于水，吾三军大恐，为之奈何？"

太公曰："如此者，分为冲陈，便兵所处，须其毕出，发我伏兵，疾击其后；强弩两旁，射其左右。车骑分为乌云之阵，备其前后，三军疾战。敌人见我战合，其大军必济水而来，发我伏兵，疾击其后，车骑冲其左右，敌人虽众，其将可走。凡用兵之大要，当敌临战，必置冲陈，便兵所处，然后以车骑分为乌云之阵，此用兵之奇也。所谓乌云者，乌散而云合，变化无穷者也。"

武王曰："善哉！"

少众第四十九

武王问太公曰："吾欲以少击众，以弱击强，为之奈何？"

太公曰："以少击众者，必以日之暮，伏于深草，要之隘路；以弱击强者，必得大国之与，邻国之助。"

武王曰："我无深草，又无隘路，敌人已至，不适日暮；我无大国之与，又无邻国之助，为之奈何？"

太公曰："妄张诈诱，以荧惑其将，迂其道，令过深草，远其路，令会日暮，前行未渡水，后行未及舍。发我伏兵，疾击其左右，车骑扰乱其前后，敌人虽众，其将可走。事大国之君，下邻国之士，厚其币，卑其辞。如此，则得大国之与，邻国之助矣。"

武王曰："善哉！"

分险第五十

武王问太公曰："引兵深入诸侯之地，与敌相遇于险阸之中。吾左山而右水，敌右山而左水，与我分险相拒。各欲以守则固，以战则胜，为之奈何？”

太公曰：“处山之左，急备山之右；处山之右，急备山之左。险有大水无舟楫者，以天潢济吾三军。已济者亟广吾道，以便战所。以武冲为前后，列其强弩，令行阵皆固。衢道谷口，以武冲绝之，高置旌旗，是谓车城。凡险战之法，以武冲为前，大橹为卫，材士强弩翼吾左右。三千人为屯，必置冲阵，便兵所处。左军以左，右军以右，中军以中，并攻而前。已战者还归屯所，更战更息，必胜乃已。”

武王曰：“善哉！”

【译文】

林战第四十三

武王问太公说：“率军深入敌方境内，遇到森林地带，与敌人各占森林一部分相对峙。我想做到防御就能稳固，进攻就能取胜，应该怎么办？”

太公回答说：“将我军部署为冲阵，配置在便于作战的地方。弓弩布设在外层，戟盾布设在里层，并斩除草木，广开道路，以便于我军的战斗行动。高高地悬挂旗帜，严格约束全军，不要让敌人觉察我军的情况，这就是所说的在森林地区作战。森林地带作战的方法是：将我军使用矛戟等兵器的士兵混合编组为战斗分队。如果森林中树木稀疏，就以骆兵辅助作战，并把战车布置在前面，发现有利战机就攻打，没有发现有利战机就停止行动。如果森林中多是险阻地形，就必须部署为冲阵，以防敌人攻击我军前后。一定要使我军迅猛英勇地战斗，这样即使敌人众多，也会被我军击败遁逃。我军要轮番作战，轮番休息，各部均按编组行动，这就是森林地带作战的一般原则。”

突战第四十四

武王问太公说："敌人长驱直入，侵掠我土地，抢夺我牛马。他们大军蜂拥而至，迫近城下。我军士兵大为恐惧，民众被拘禁成为俘虏。在这种情形下，我想做到进行防守则能坚固，进行战斗则可取胜，应该怎么办？"

太公回答说："像这类敌军，叫作突袭性的敌军。他们的牛马必定缺少饲料，士卒也肯定没有粮食，所以一味凶猛地向我们进攻。在这种情况下，应命令我远方驻地的其他部队，挑选精锐的士兵，迅速而猛烈地攻击敌人的后方。同时计算好会师的时间，务必使其在夜色昏暗时分与我会合。而后我军迅猛地发起总攻，同敌军交战，即使敌人人数众多，其主将也可被我军俘虏。"

武王又问："如果敌人分为三四部分，以一部向我进攻以侵掠土地，以另一部暂时驻扎以掠夺我方的牛马财物。其主力尚未完全到达，而使一部分兵力进逼我城下，以致我全军恐惧不安，应该怎么办才好？"

太公回答说："应该仔细观察情况，乘敌人尚未完全到达之前就完善守备，严阵以待。在离城四里的地方构筑营垒，把金鼓旌旗都布设、张扬起来，并另派一队人马为伏兵。令我方营垒上的部队多集中强弩，每百步设置一个供部队出击的暗门，门前安放拒马等障碍物，战车、骑兵配置在营垒外侧，勇锐士兵隐蔽埋伏起来。敌人如果到来，可先派我轻装部队迎战，随即佯装不敌败退，并令我守军在城上竖立旗帜，敲击鼙鼓，充分做好防守准备。敌人因此会认为我方主力在防守城邑，其军必定进逼到我城下。这时我方应突然出动伏兵，或突击敌军中枢，或攻击敌人的外围。同时再令我全军迅猛出击，奋勇战斗，既攻击敌人的正面，又攻击敌人的后方，使敌人中勇猛的无法战斗，轻快的来不及逃跑。这种战法称为突战。即使敌人众多，其主将也会战败而逃。"

武王说："讲得很好！"

敌强第四十五

武王问太公说："率领军队深入敌国境内，恰好遭遇上敌人的突击部队。敌众我寡，敌强我弱，敌军趁着夜色前来袭击，有的攻打我军的左翼，有的攻打我军的右翼，致使我军惊恐害怕。我想要作战能够取得胜利，防守能够牢不可破，那应该怎么办呢？"

太公说："这样的敌人叫作'震寇'。对付这种敌人，以出战为利，而不适合选择防守。所以，应该挑选勇武的士卒和强劲的弓弩，以战车、骑兵护卫在他们左右，迅猛攻击敌人的正面，快速攻击敌人的后面，既攻打敌军的外围，又攻打敌军的核心。在这种情况下，敌军士卒必定乱成一团，他们的将帅也必定惊恐害怕，敌人必定会被打败。"

武王又问："敌人在远处阻截我军的前方，又急速地进攻我军的后方，同时还截断我军的精锐部队，阻遏我军的勇武之士，使他们无法及时地增援，导致我军前后方失去联系。面临这种情况，全军上下一片混乱，都纷纷脱离队伍各奔东西，士卒丧失了战斗意志，将官也失去了固守的决心，对这样一种状况又该如何处理呢？"

太公说："君王所问的这个问题真是高明啊！在这样的情况下，应该明申号令，出动我军队伍中勇猛精锐的士卒，每人手执火炬，二人同击一鼓，这样就一定能探明敌人所在的位置。然后发起进攻，或攻击敌人的外部，或攻击敌人的内部。攻击时，让部队都佩戴暗号，以便互相识别，并命令部队扑灭火炬，停止击鼓。之后来个里应外合，按照事先约定的计划行动，全军迅猛出击，奋勇作战，敌人必然遭到失败。"

武王说："说得好啊！"

敌武第四十六

武王问太公说："率军深入敌国境内，突然遭遇敌人，敌人人数众多且凶猛，并用厉害的战车和骁勇的骑兵包围我军。我军上下都感到震惊，纷纷逃跑，无法制止。这时该怎么办？"

太公回答道："处于这种境况的军队称为'败兵'。善于用兵的

人，可以反败为胜；不善于用兵的人，也可能因此而败亡。”

武王问道：“如何处置这种情况呢？”

太公回答道：“应该埋伏我军的材士强弩，并把威力大的战车和骁勇的骑兵配置在两翼，伏击地点通常定在距我主力前后约三里的地方。敌人如果来追击，就出动我军的战车和骑兵，攻击其两侧。这样，敌人就会混乱，我方逃跑的士兵也会自动停止逃跑。”

武王问道：“敌我双方的战车和骑兵相遇，敌众我寡，敌强我弱。敌人进攻时阵势整齐，士卒精锐。我军虽然与敌对阵而战，却难以抵挡，该怎么办呢？”

太公答道：“在这种情况下，应挑选我军的材士强弩，埋伏在两侧，并把战车和骑兵布置成坚固的阵形进行防守。当敌兵通过我军的埋伏之处时，就用密集的强弩射向敌人的两翼，并出动战车和骑兵以及精锐士卒猛烈地攻击敌军。或攻击敌人前方，或攻击其侧后方，这样即使敌人人数众多，也会被我们打败逃走。”

武王说：“好啊！”

乌云山兵第四十七

武王问太公说：“率军深入敌国境内，遇到高山巨石，山峰高耸，没有草木，四面受敌。我军因而感到恐惧，士兵迷惑不知所措。我想做到要防守则稳固，要进攻就能取胜，应该怎么办呢？”

太公答道：“凡是把军队安扎在山顶上，就容易被敌人隔绝孤立。凡是把军队安扎在山麓，就容易被敌人所围困囚禁。既然是在山地作战，那就必须布成乌云之阵。所谓‘乌云之阵’，就是对山南山北等各个方面都要戒备。军队或者驻扎在山的北面，或者驻扎在山的南面。驻扎在山的南面时，要戒备山的北面；驻扎在山的北面时，要戒备山的南面；驻扎在山的左面时，要注意戒备山的右面；驻扎在山的右面时，要注意戒备山的左面。山上凡是敌人能攀登的地方，都要派兵守备，交通要道和能通行的各地，要用战车加以阻绝，高挂旗帜以便于联络。同时要严谨整治全军上下，严阵以待，不要让敌人察知我军情况，这样便形成了一个所谓的‘山城’。部队的行列已经排定，士卒也已经列阵，军中的法令已经发布，巧妙的谋略也已经确定，各都队都编成冲阵，配置在山上比较突出的高地上。布置时要考虑到便于军队作战的需要，然后再把战车和骑兵分布成乌云之阵。这样，三军猛烈地同敌人作战，敌人即便人数众多，其将领也可被我军擒获。”

乌云泽兵第四十八

武王问太公说：“率军深入敌国境内，与敌人隔河相对峙，敌人供给充足，兵力众多。我军供给贫乏，兵力不足。我想渡河进攻，却无力前进。我想拖延时日，但粮食缺乏。而且我军处在荒芜贫瘠的盐碱之地，附近既没有城邑又没有草木，军队没有地方可以掠取物资，牛马无处可以放牧，应该怎么办呢？”

太公回答道：“军队没有战备，牛马没有饲料，士卒没有粮食，在这种情况下，应当寻找机会，骗过敌人，迅速向别处转移，并在后面埋设伏兵以防敌人追击。”

武王说：“如果敌人不受骗，我军士卒迷惑恐惧。敌人进攻至我军前后，我军溃退败逃，应该怎么办？”

太公说：“这时寻求退路的办法是，用金银财宝诱惑敌人抢夺，同时贿赂敌方使者以了解敌军军情。此事必须精密细致，不使敌人察觉最为重要。”

武王又问：“敌人已侦知我方设有伏兵，大军不肯渡河，另派一支小部队渡河向我方进攻，我全军震惊恐慌，应该怎么办？”

太公答道：“遇到这种情况，我军应布置为四武冲阵，配置在便于作战的地方。待敌军全部渡河后，出动我方伏兵，猛烈攻击敌人后方，强弩从两旁射向敌人左右。同时我军把战车和骑兵列成乌云之阵，在前后机动戒备，然后全军发起猛烈攻击。敌人发现我军与他的小部队交战，其大军势必会渡河前来，此时可出动我方伏兵，猛烈攻击其大军侧后，并用战车和骑兵冲击敌军两翼。这样，敌人即使众多，也会被我打败。大凡用兵，其基本原则是，当与敌人对阵作战时，必须设置冲阵，

把它部署在便于作战的地方，然后再将战车和骑兵布成乌云之阵，这就是出奇制胜的方法。所谓乌云，就是像乌散云合那样，灵活机动，变化无穷。”

武王说：“好啊！”

少众第四十九

武王问太公说：“我想要以少击众，以弱击强，那该怎么办呢？”

太公答道：“要以少击众，必须利用日暮昏暗之际，把军队埋伏在杂草丛生的地带，在险隘的道路上截击敌人。要以弱击强，就必须得到大国的支持和邻国的支援。”

武王又问：“如果我方没有深草地带可供设伏，又没有狭隘道路可以利用，敌人大军到达时正巧又不在日暮时分，同时我方既没有大国的支持，又没有邻国的支援，那该怎么办呢？”

太公回答道：“应当虚张声势，用引诱欺骗等手段来迷惑敌将。诱使敌人迂回前进，使其必定经过深草地带。引诱敌人走远路，耽误时间，使得他们正好在日暮时分同我军交战。要乘敌人的先头部队尚未完全渡水、后续部队还来不及宿营的有利时机，出动我方伏击部队，猛烈地攻击敌人两翼，同时令我方的战车和骑兵扰乱敌人的前后方。这样，即使敌人众多，也会被我们打败。要恭敬事奉大国的君主，礼遇结交邻国的贤士，多送金钱，言辞谦逊。这样，就会得到大国的支持、邻国的援助了。”

武王说：“真是高明的战术啊！”

分险第五十

武王问太公说：“率军深入敌国境内，同敌人相遇在险隘的地带，我军所在的地形是左依山丘右临水泽，而敌军右傍山丘左临水泽，敌我双方各据险要，相互对峙。在这种情况下，双方都想做到防守则稳固，进攻则可取胜，应该怎么办呢？”

太公回答道：“当我军占领山的左侧时，应迅速戒备山的右侧。

占领山的右侧时，应迅速戒备山的左侧。碰到险要地区的大江大河，又无法找到船只，就用天潢等器械将我军渡过去。已经渡过江河的先头部队，要迅速开辟道路、抢占有利地形，以便于我军作战。要用武冲战车掩护我军前后，布列强弩，以使我军行列和阵形稳固。对交通要道和山谷谷口，要用武冲战车加以阻绝，并高挂旗帜，这样就构成了一座车城。大凡险要地带作战的方法是，把武冲战车配置在前，以大盾牌为防护，用材士强弩保护左右两翼。每三千人为一屯，编成进攻性的冲阵，配置在便于作战的地形上。战斗时，左军用于左翼，右军用于右翼，中军用于中央，三军并肩作战，向前推进。战斗过的部队回到原驻地休整，未战斗过的部队依次投入战斗；轮番作战，轮番休息，一直到取得胜利为止。”

武王说：“好啊！”

【原文】

卷六　犬韬

分合第五十一

武王问太公曰：“王者帅师，三军分为数处，将欲期会合战，约誓赏罚，为之奈何？”

太公曰：“凡用兵之法，三军之众，必有分合之变。其大将先定战地、战日，然后移檄书与诸将吏，期攻城围邑，各会其所，明告战日，漏刻有时。大将设营布陈，立表辕门，清道而待。诸将吏至者，校其先后，先期至者赏，后期至者斩。如此则远近奔集，三军俱至，并力合战。”

武锋第五十二

武王问太公曰："凡用兵之要，必有武车、骁骑、驰阵选锋，见可则击之，如何则可击？"

太公曰："夫欲击者，当审察敌人十四变。变见则击之，敌人必败。"

武王曰："十四变可得闻乎？"

太公曰："敌人新集可击，人马未食可击，天时不顺可击，地形未得可击，奔走可击，不戒可击，疲劳可击，将离士卒可击，涉长路可击，济水可击，不暇可击，阻难狭路可击，乱行可击，心怖可击。"

练士第五十三

武王问太公曰："练士之道奈何？"

太公曰："军中有大勇、敢死、乐伤者，聚为一卒，名曰冒刃之士；有锐气壮勇强暴者，聚为一卒，名曰陷阵之士；有奇表长剑、接武齐列者，聚为一卒，名曰勇锐之士；有拔距伸钩、强梁多力、溃破金鼓、绝灭旌旗者，聚为一卒，名曰勇力之士：有逾高绝远、轻足善走者，聚为一卒，名曰寇兵之士；有王臣失势，欲复见功者，聚为一卒，名曰死斗之士；有死将之人子弟，欲与其将报仇者，聚为一卒，名曰敢死之士；有赘婿人虏，欲掩迹扬名者，聚为一卒，名曰励钝之士；有贫穷愤怒、欲快其心者，聚为一卒，名曰必死之士；有胥靡免罪之人，欲逃其耻者，聚为一卒，名曰幸用之士；有材技兼人，能负重致远者，聚为一卒，名曰待命之士。此军之练士，不可不察也。"

教战第五十四

武王问太公曰："合三军之众，欲令士卒练士，教战之道奈何？"

太公曰："凡领三军，必有金鼓之节，所以整齐士众者也。将必先明告吏士，申之以三令，以教操兵起居，旌旗指麾之变法。故教吏士，使一人学战，教成，合之十人：十人学战，教成，合之百人；百人学战，教成，合之千人；千人学战，教成，合之万人；万人学战，教成，合之三军之众；大战之法，教成，合之百万之众。故能成其大兵，立威于天下。”

武王曰：“善哉！”

均兵第五十五

武王问太公曰：“以车与步卒战，一车当几步卒？几步卒当一车？以骑与步卒战，一骑当几步卒？几步卒当一骑？以车与骑战，一车当几骑？几骑当一车？”

太公曰：“车者，军之羽翼也，所以陷坚阵，要强敌，遮走北也。骑者，军之伺候也，所以踵败军，绝粮道，击便寇也。故车骑不敌战，则一骑不能当步卒一人。三军之众成阵而相当，则易战之法，一车当步卒八十人，八十人当一车；一骑当步卒八人，八人当一骑；一车当十骑，十骑当一车。险战之法，一车当步卒四十人，四十人当一车；一骑当步卒四人，四人当一骑；一车当六骑，六骑当一车。夫车骑者，军之武兵也，十乘败千人，百乘败万人；十骑败百人，百骑走千人。此其大数也。”

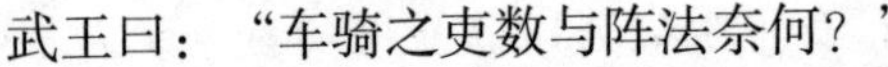

武王曰：“车骑之吏数与阵法奈何？”

太公曰：“置车之吏数，五车一长，十车一吏，五十车一率，百车一将。易战之法：五车为列，相去四十步，左右十步，队间六十步。险战之法：车必循道，十车为聚，二十车为屯，前后相去二十步，左右六步，队间三十六步；五车一长，纵横相去二里，各返故道。置骑之吏数：五骑一长，十骑一吏，百骑一率，二百骑一将。易战之法：五骑为列，前后相去二十步，左右四步，队间五十步。险战者：前后相丢十步，左右二步，队间二十五步。三十骑为一屯，六十骑为一辈；十骑一吏，纵横相去百步，周环各复故处。”

武王曰：“善哉！”

武车士第五十六

武王问太公曰：“选车士奈何？”

太公曰："选车士之法，取年四十已下，长七尺五寸已上，走能逐奔马，及驰而乘之；前后、左右、上下周旋，能束缚旌旗；力能彀八石弩，射前后左右，皆便习者，名曰武车之士，不可不厚也。"

武骑士第五十七

武王问太公曰："选骑士奈何？"

太公曰："选骑士之法，取年四十已下，长七尺五寸已上；壮健捷疾，超绝伦等；能驰骑彀射，前后、左右、周旋进退；越沟堑，登丘陵，冒险阻，绝大泽，驰强敌，乱大众者，名曰武骑之士，不可不厚也。"

战车第五十八

武王问太公曰："战车奈何？"

太公曰："步贵知变动，车贵知地形，骑贵知别径奇道，三军同名而异用也。

"凡车之死地有十，其胜地有八。"

武王曰："十死之地奈何？"

太公曰："往而无以还者，车之死地也。越绝险阻，乘敌远行者，车之竭地也。前易后险者，车之困地也。陷之险阻而难出者，车之绝地也。圮下渐泽，黑土黏埴者，车之劳地也。左险右易，上陵仰阪者，车之逆地也。殷草横亩，犯历深泽者，车之拂地也。车少地易，与步不敌者，车之败地也。后有沟渎，左有深水，右有峻阪者，车之坏地也。日夜霖雨，旬日不止，道路溃陷，前不能进，后不能解者，车之陷地也。此十者，车之死地也。故拙将之所以见擒，明将之所以能避也。"

武王曰："八胜之地奈何？"

太公曰："敌之前后，行陈未定，即陷之。旌旗扰乱，人马数动，即陷之。士卒或前或后，或左或右，即陷之。陈不坚固，士卒前后相顾，即陷之。前往而疑，后恐而怯，即陷之。三军卒惊，皆薄而起，即陷之。战于易地，暮不能解，即陷之。远行而暮舍，三军恐惧，即陷之。此八者，车之胜地也。将阴于十害、八胜，敌虽围周，千乘万骑前驱旁驰，万战必胜。”

武王曰：“善哉！”

战骑第五十九

武王问太公曰：“战骑奈何？”

太公曰：“骑有十胜九败。”

武王曰：“十胜奈何？”

太公曰：“敌人始至，行陈未定，前后不属，陷其前骑，击其左右，敌人必走；敌人行陈整齐坚固，士卒欲斗，吾骑翼而勿去，或驰而往，或驰而来，其疾如风，其暴如雷，白昼如昏，数更旌旗，变易衣服，其军可克；敌人行阵不固，士卒不斗，薄其前后，猎其左右，翼而击之，敌人必惧；敌人暮欲归舍，三军恐骇，翼其两旁，疾击其后，薄其垒口，无使得入，敌人必败；敌人无险阻保固，深入长驱，绝其粮路，敌人必饥；地平而易，四面见敌，车骑陷之，敌人必乱；敌人奔走，士卒散乱，或翼其两旁，或掩其前后，其将可擒；敌人暮返，其兵甚众，其行陈必乱，令我骑十而为队，百而为屯，车五而为聚，十而为群，多设旌旗，杂以强弩，或击其两旁，或绝其前后，敌将可虏。此骑之十胜也。”

武王曰：“九败奈何？”

太公曰：“凡以骑陷敌，而不能破阵，敌人佯走，以车骑返击我后，此骑之败地也；追北逾险，长驱不止，敌人伏我两旁，又绝我后，此骑之围地也；往而无以返，入而无以出，是谓陷于天井，顿于地穴，此骑之死地也；所从入者隘，所从出者远，彼弱可以击我强，彼寡可以击我众，此骑之没地也；大涧深谷，翳荟林木，此骑之竭地也；左右有水，前有大阜，后有高山，三军战于两水之间，敌居表里，此骑之艰地也；敌人绝我粮道，往而无以返，此骑之困地也；汙下沮泽，进退渐洳，此骑之患地也；左有深沟，右有坑阜，高下如平地，进退诱敌，此骑之陷地也。此九者，骑之死地也。明将之所以远避，闇将之所以陷败也。”

战步第六十

武王问太公曰："步兵与车骑战奈何？"

太公曰："步兵与车骑战者，必依丘陵险阻，长兵强弩居前，短兵弱弩居后，更发更止。敌之车骑，虽众而至，坚陈疾战，材士强弩，以备我后。"

武王曰："吾无丘陵，又无险阻，敌人之至，既众且武，车骑翼我两旁，猎我前后，吾三军恐怖，乱败而走，为之奈何？"

太公曰："令我士卒为行马、木蒺藜，置牛马队伍，为四武冲阵。望敌车骑将来，均置蒺藜，掘地匝后，广深五尺，名曰'命笼'。人操行马进退，阑车以为垒，推而前后，立而为屯，材士强弩，备我左右。然后令我三军，皆疾战而不解。"

武王曰："善哉！"

【译文】

分合第五十一

武王问太公说："君王率领军队，三军分散在几个地方，想按期集合，会同作战，告诫将士赏罚条令，该怎么做？"

太公说："但凡用兵的法则，由于三军人数众多，必定有分合的变动。率军大将事先确定战斗的地点、作战的时间，然后下达文书给部下各将属，约定进攻包围的城邑，各自会聚在一定的地方，明确地告知战斗的日期、各部军队到达的时间。然后，大将设立营帐，布陈阵式，在辕门竖立木杆，观日影记时，清理道路，等待各将属的到来。各将吏到来的，核定到来的先后，在约定时间之前到来的，给以奖赏，在约定时间之后到来的，斩首。采用这样的措施，不论远近就会赶来集合，三军都到了，共同努力，会同作战。"

武锋第五十二

武王问太公说：“用兵的要领，就是要有战车、骁骑、冲锋陷阵的精锐军队，发现机会，就发起攻击。那么，怎样的机会才可以发起攻击呢？”

太公说：“想要攻击敌人，应当仔细周密地察明敌方的十四种情况，这些情况出现了，就攻击敌方，敌人必定失败。”

武王问：“十四种情况是怎样的，可以说来听听吗？”

太公说：“敌人刚刚集结，可以发起攻击；敌方人马没有进食，可以发起攻击；敌方天时不顺，可以发起攻击；敌方未占据有利地形，可以发起攻击；敌方正在奔跑，可以发起攻击；敌人没有戒备，可以发起攻击；敌人疲劳，可以发起攻击；故方将帅离开自己的士卒，可以发起攻击；敌人长途跋涉，可以发起攻击；敌人正在渡河，可以发起攻击；敌方忙乱时，可以发起攻击；敌人通过险阻狭路时，可以发起攻击；敌方行列不整时，可以发起攻击；敌人军心恐怖时，可以发起攻击。”

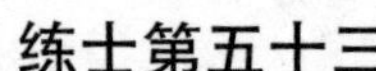

练士第五十三

武王问太公说：“选编士卒的方法是怎样的呢？”

太公说：“军中勇气非凡、不畏死伤的，编聚为一卒，叫作‘冒刃之士’；锐气十足、强壮猛鸷的，编聚为一卒，叫作‘陷阵之士’；长相特异、善使长剑、步履操练整齐的，编聚为一卒，叫作‘勇锐之士’；大力强悍、能溃金破鼓、砍断敌方旌旗的，编聚为一卒，叫作‘勇力之士’；能翻山越岭、长途跋涉、腿快善于奔走的，编聚为一卒，叫作‘寇兵之士’；曾为王公大臣而今失势、想要重建功勋的，编聚为一卒，叫作‘死斗之士’；为阵亡将帅后代、想替先辈报仇的，编聚为一卒，叫‘敢死之士’；曾沦为低贱的赘婿或曾被俘虏、想遮掩而重新扬名的，编聚为一卒，叫作‘励钝之士’；因贫穷而愤怒、想使自己快乐起来的，编聚为一卒，叫作‘必死之士’；免罪的犯人、想避其耻辱的，编聚为一卒，叫作‘幸用之士’；才技过人、能委以重任、成就远大目标的，编聚为一卒，叫作‘待命之士’。这就是选编士卒的方法，不能不仔细考察。”

教战第五十四

武王问太公说：“聚合三军，操练士卒，教他们作战的方法，该如何进行？”

太公说：“但凡统领三军，用鸣金擂鼓来指挥进退，这是用来使士卒行动整齐一致的。将帅必须先行明确地告知下属将佐，并且多次申明相关的命令，然后教习操练战斗动作，以及根据旗帜指挥信号的变化而采用相应行动的方法。所以，先教下级将佐，进行单兵操练。教成之后，再十人合练；十人操练成功，再百人合练；百人操练成功，再千人合练；千人操练成功，再万人合练；万人操练成功，再三军合练。进行大战的训练，操练成功，就可聚合百万之众进行操练，这样就能组织起强大的军队，立威于天下。”

武王说：“好啊！”

均兵第五十五

武王问太公说：“以战车与步兵作战，一辆战车能抵当几名步兵？多少步兵能抵当一辆战车？以骑兵与步兵作战，一名骑兵能抵当几名步兵？多少名步兵能抵当一名骑兵？以战车与骑兵作战，一辆战车能抵当几名骑兵？几名骑兵能抵当一辆战车？”

太公说：“战车，是军队的羽翼，用来攻陷坚固的阵地、拦截强敌、堵住败北逃跑的敌人。骑兵，是军队的侦察和尖兵，用来追击败兵、断绝粮道、袭击放松警戒的敌兵。所以战车和骑兵运用不当，一名骑兵还不能抵当一名步兵。三军的诸兵种布列成阵势，车、骑、步卒配合得当，那么平坦地形的战法是，一辆战车可抵当步兵八十人，八十名步兵可抵当一辆战车；一名骑兵可抵当步兵八人，八名步兵抵当一名骑兵；一辆战车能抵当十名骑兵，十名骑兵抵当一辆战车。险地的战法是，一辆战车抵当步兵四十人，四十名步兵抵当一辆战车；一名骑兵抵当步兵四人，四名步兵抵当一名骑兵；一辆战车抵当六名骑兵，六名骑兵抵当一辆战车。战车骑兵，是军队的精兵，十辆战车可以打败千人，百辆战车可以打败万人；十名骑兵可以打败百人，百名骑兵可以赶跑千人，这些只是一个大概的数字。”

武王问：“战车和骑兵的军官数量怎么配置，阵法怎么布列？”

太公说：“配置战车的军官数量为：五辆战车设置一长，十辆战车设置一吏，五十辆战车设置一率，百辆战车，设置一将。平地作战的布阵方法是：五辆战车为一列，首尾相距四十步，左右间距十步，每队间距六十步。险地作战的布阵方法是：战车必须沿道路前进，十辆战车为一聚，二十辆战车为一屯，每辆战车间距二十步，左右六步，队间相距三十六步；五辆战车设一长，活动范围是前后左右各两里，出巡之后，按原路返回。配置骑兵的军官数量为：五名骑兵设一长，十名骑兵设一吏，百名骑兵设一率，二百名骑兵设一将。平地的作战布阵为：五名骑兵为一列，首尾相距二十步，左右间距四步，队间相距五十步。险地作战布阵为：前后相距十步，左右间距二步，队间相距二十五步。三十名骑兵为一屯，六十名骑兵为一辈；十名骑兵设一吏，其活动范围前后左右各为百步，来回往复，按原路巡视。”

武王说：“好啊！”

武车士第五十六

武王问太公说：“怎样选拔战车上的武士呢？”

太公说：“选拔战车武士的标准是：选取年龄在四十以下，身长七尺五寸以上，跑能追上奔走的马，赶上正在行驰的战车而跳上去。在战车上，能前后、左右、上下周转自如地战斗，能牢牢地执掌大旗；力能拉开八石的强弓，能娴熟地射向前后左右之敌。这样的人才称得上优秀的战车武士，给他们的待遇不可不优厚。”

武骑士第五十七

武王问太公说：“怎样选拔骑士呢？”

太公说：“选拔骑士的标准是：年龄在四十以下，身长七尺五寸以

上，身强力壮，行动矫健敏捷，超过常人；能骑马奔驰，在马上拉弓射箭，能灵活地应战前后左右之敌，进退自如；能策马跨沟堑，登丘陵，冒险阻，穿大泽，追强敌，扰乱众多敌军。这样的人可称之为勇猛的骑士。对这样的人，不可不给予优厚的待遇。”

战车第五十八

武王问太公说：“怎样进行车战呢？”

太公说：“步兵作战，贵在把握战机的变化；兵车作战，贵在掌握地形；骑兵作战，贵在了解小道捷径。步、车、骑名称同为三军，但其作用并不一样。”

“兵车作战有十种死地，八种胜地。”

武王问：“十种死地是怎么一回事？”

太公说：“能去而无法退回，是车战的死地；翻越险阻，长途追击敌人，是车战的竭地；前易后险，是车战的困地；陷落在险阻之中难以出来，是车战的绝地；坍毁低下、浸水池沼、黏土难行，是车战的劳地；左面险阻右面易行，要向上爬坡，是车战的逆地；杂草丛生，要越过深水大泽，是车战的拂地；兵车少而又战场平坦，与步兵配合不相当，是车战的败地；后有沟渠，左有深水，右有高坡，是车战的坏地；日夜连续下雨，多日不停，道路毁坏塌陷，前不能进，后不能退，是车战的陷地。这十项，就是车战的死地。愚蠢的将领之所以被俘，就是不知道避开这十死之地，聪明的将领正是千方百计能够避开这十死之地。”

武王问：“八胜之地是怎么回事呢？”

太公说：“敌人的前后行阵没有布定，出动战车就能攻破他。敌人旗帜纷乱，人马调动频繁，出动战车就能攻破他。敌方士卒或前或后，或左或右，杂乱无章，出动战车就能攻破他。敌阵不坚固，士卒前后观望，出动战车就能攻破他。敌人前进时犹疑不决，后退又感到恐惧，进退间，举棋不定，出动战车就能攻破他。敌方全军惊恐，挤成一团，出动战车就能攻破他。在平坦的战场作战，时至日落还未结束战斗，出动战车就能攻破他。敌军长途行军，到曰落才安营下寨，全军恐慌，出动战车就能攻破他。此八项，是车之胜地。将帅明白这车战的十害、八胜，敌人纵然四面包围，出动千辆战车、万名骑士，正前突击，两侧进攻，我方也每战必胜。”

武王说：“说得好啊！”

战骑第五十九

武王问太公说：“骑兵作战是怎样的？”

太公说：“骑兵作战有十胜、九败。”

武王问：“十胜是怎样的？”

太公说：“敌人刚到，行阵没有布定，前后没有联系上，那么攻破敌人的先头骑兵，袭击敌人的左右侧，敌人必定败逃。敌人行阵整齐坚固，士卒斗志旺盛，那么，我方骑兵从侧翼拖住敌人，时而奔驰而去，时而奔驰而来，来往快疾如风，实施突击则猛烈如雷霆，从白天到黄昏，经常变更旌旗、服装，这样做，就可战胜敌人。敌人行阵不坚固，士卒缺乏斗志，那么，我方骑兵逼近敌军的前后，从左右两侧发动攻击，敌军必定感到恐惧。敌人日落黄昏时想收兵回营，全军心怀畏惧，那么，我方骑兵窥视在敌军两侧，快速地袭击敌军后卫，逼近敌军营垒的入口，不让他们撤回，敌人必败。敌人没有险阻可依凭，行阵不坚固，那么，我方骑士长驱直入，断绝敌人的粮道，敌人必定饥饿。战场地势平坦无险，毫无隐蔽，四面都可以见到敌兵，那么我方车骑联合进攻，敌人必乱。敌人奔跑，士卒散乱，那么我方骑兵或者从侧翼攻击，或者从前后袭击，敌军将帅就可被生擒。敌人黄昏返回，士卒很多，他们的行阵必定混乱，那么，令我方骑兵十人编为一队，百人编为一屯，兵车五辆编为一聚，十辆编为一群，多插旌旗，配备强弓，或者攻击敌军两侧，或者堵截敌军前后，敌将可以被抓获。这就是骑战的十胜之法。”

武王问：“九败是怎样的呢？”

太公说：“以骑兵攻击敌人，而不能攻破敌阵，敌人假装逃跑，却以兵车骑兵返回袭击我军后方，这是骑战的败地。追逐败兵，翻越险

阻，直追不舍，敌人就会埋伏在我军两侧，并断我后路，这是骑战的围地。去而无法返回，进而无法出来，这叫作陷入天井，困于地穴，这是骑战的死地。进入之处狭隘，回归之路遥远，敌人就可以以弱击强，以寡击众，这是骑战的没地。大涧深谷，林木繁盛杂乱，骑兵难以活动，这是骑战的竭地。左右有水，前有高大土坡，后有崇山峻岭，三军在两条河中间战斗，而敌方占据有利地势，这是骑战的艰地。敌人断绝我方粮道，我军去而无法返回，这是骑战的困地。泥泞低洼，沼泽遍布，进退艰难，这是骑战的患地。左有深沟，右有坑洼高坡，高高低低，坑坑洼洼，看上去却好像平地，自己的进退，都会招来敌人的攻击，这是骑战的陷地。这九项，就是骑战的死地。这些正是高明的将帅远避的，也正是愚蠢将帅所以失败的原因。”

战步第六十

武王问太公说：“步兵与战车、骑兵的作战方法是怎样的？”

太公说：“步兵与战车、骑兵作战，必须依托丘陵险阻，长兵器和强弩配置在前面，短兵器和弱弩配置在后面，轮番出击，更换休整。即使敌人的战车骑士大批到达，我方则布下坚固的阵势，快速出击，并且以精兵猛将和强弩戒备在后方。”

武王问：“如果我方既无丘陵又无险阻作为依托，进攻而来的敌人又多又凶猛，以战车骑兵攻击我方两侧，又攻击我方前后，我军军心恐慌，溃乱奔逃，面对这种情形该怎么办呢？”

太公说：“命令我方士卒制作行马、木蒺藜等阻障器材，集中牛马，编成队伍，结成四武冲阵。远远看到敌方战车骑士将要到来，遍置蒺藜，四周挖掘壕堑，宽深各五尺，名叫‘命笼’。让人牵着马匹进退，把坏车组接成临时的营垒。推动它们前后移动，停止下来，就成为营寨，安排精兵猛将强弩，警戒在左右。然后号命三军，冲锋陷阵不得懈怠。”

武王说：“说得好啊！”